JÜRGEN TRITTIN

Stillstand made in Germany

W0052696

GOLDMANN
Lesen erleben

Das Buch

Wir Deutschen sind für mehr Klimaschutz und mehr Bildung. Zu viel Ungleichheit finden wir schlecht, den modernen Finanzmarkt halten wir für ein großes Übel. Die Verteilung des Wohlstandes im Land halten wir für ungerecht, und einem unregulierten freien Markt stehen wir kritisch gegenüber. Wir Deutschen bekennen uns links. Doch sobald eine Wahl ansteht, entscheiden wir uns für rechts. Hinter diesem Verhalten steckt eine Blockade – ein paradoxes Sich-selbst-im Weg-Sein, das aus dem Spannungsfeld zwischen grundsätzlicher Veränderungsbereitschaft und ihrer tatächlichen Umsetzung resultiert.
Um aus dieser Einbahnstraße herauszukommen, brauchen wir Mut zum Wandel. Ein anderes Land ist möglich und nötig, ist Jürgen Trittin überzeugt. Denn mehr Gerechtigkeit und Nachhaltigkeit liegen im Interesse aller Menschen.

Der Autor

Jürgen Trittin, geboren 1954, ist Abgeordneter der Bundestagsfraktion von Bündnis 90/DIE GRÜNEN. Er hat Sozialwissenschaften in Göttingen studiert. Nach dem Abschluss arbeitete der Diplom-Sozialwirt als wissenschaftlicher Mitarbeiter, Pressesprecher und freier Journalist. Seit 1980 ist er Mitglied der GRÜNEN. Von 1998 bis 2005 war er Minister für Umwelt, Naturschutz und Reaktorsicherheit, von 2009 bis 2013 Fraktionsvorsitzender der GRÜNEN. Trittin ist verheiratet und hat Tochter und Enkelin.

www.trittin.de

Jürgen Trittin

Stillstand made in Germany

Ein anderes Land
ist möglich!

GOLDMANN

Dieses Buch ist in Zusammenarbeit
mit Ralph Obermauer entstanden.

Dieses Buch ist auch als E-Book erhältlich.

Verlagsgruppe Random House FSC® N001967
Das FSC®-zertifizierte Papier *Salzer Alpin* für dieses Buch
liefert Salzer Papier, St. Pölten, Austria.

1. Auflage
Aktualisierte und erweiterte Taschenbuchausgabe Februar 2016
Wilhelm Goldmann Verlag, München,
in der Verlagsgruppe Random House GmbH
Copyright © 2014 der Originalausgabe
by Gütersloher Verlagshaus, Gütersloh,
in der Verlagsgruppe Random House GmbH, München.
Umschlaggestaltung: UNO Werbeagentur, München,
unter Verwendung von Motiven von
© Thomas Trutschel / Getty Images
DF · Herstellung: Str.
Druck und Bindung: GGP Media GmbH, Pößneck
Printed in Germany
ISBN: 978-3-442-15878-2
www.goldmann-verlag.de

Besuchen Sie den Goldmann Verlag im Netz
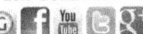

INHALT

VORWORT ZUR TASCHENBUCHAUSGABE

Ich habe das vorliegende Buch in der ersten Jahreshälfte 2014 geschrieben, unter dem Eindruck der zurückliegenden Bundestagswahl vom September 2013 und der ersten Monate der großen Koalition an der Bundesregierung unseres Landes. Das Buch versuchte sich an einer über den Tag hinausschauenden politischen Zeitdiagnose.

Ein gutes Jahr später glaube ich sagen zu können, dass das allermeiste an dieser Diagnose nach wie vor gültig ist. Und das nicht nur, weil sich von der Bundestagswahl bis zum Schreiben dieses Vorworts fast gar nichts an den Umfragewerten der Parteien geändert hat. In ein Buch dieser Gattung fließen allerdings hier und da auch Einschätzungen ein, die eine Nähe zur Tagespolitik haben. Ich habe für die vorliegende Taschenbuchausgabe an der einen oder anderen Stelle behutsame Änderungen und Aktualisierungen vorgenommen. Die Leserinnen und Leser werden feststellen, dass diese Verbindungen zur aktuellen Bundespolitik in den Kapiteln 1, 4 und 5 am häufigsten sind. Die Kapitel 2 und 3 schildern recht grundsätzlich die beiden größten politischen Herausforderungen unserer Zeit. Sie konnten fast unverändert bleiben.

Seit die erste Ausgabe dieses Buches erschien, haben wir krisenhafte außenpolitische Entwicklungen in unzähligen Regionen gesehen, die nicht Gegenstand des Buches waren. Die Krisen in Irak und Syrien sowie in der Ukraine sind auch zum Zeitpunkt der Drucklegung der Taschenbuchausgabe noch lange nicht überwunden. Sie laufen in ihrer zerstörerischen Dynamik vor unseren Augen ab und verdienen ein eigenes Buch.

Das gilt auch für die Flucht- und Migrationsbewegungen unserer Zeit, die ja nicht zuletzt Auswirkungen einiger dieser Krisen sind. Seit Jahren schon ist Europa Ziel einer steigenden Zahl von Menschen, die vor unerträglichen Zuständen, vor Krieg und Zerstörung fliehen. Viel zu viele von ihnen sind an den Grenzen gestorben. Im Jahr 2015 sind sehr viele gekommen, in den nächsten Jahren werden viele weitere versuchen, Europa zu erreichen. Die Abschottungspolitik ist gescheitert, die europäische Asyl- und Migrationspolitik braucht einen Neuanfang. Dieses Buch ist vor den Geschehnissen des Sommers 2015 entstanden, es kann auf diese Fragen nicht mehr eingehen. Es widmet sich mit der Ungleichheit und der Klimakrise aber zwei globalen Fragen, die zu den größten Migrationsgründen der Gegenwart und Zukunft gehören. Man kann und sollte es also auch im Lichte dieser Problematik lesen.

Auf die Europapolitik und die internationale Klimadiplomatie bin ich allerdings im Buch bereits eingegangen. Soweit es ging, habe ich versucht, diese Passagen zu aktualisieren. Doch auch da stecken wir mitten im Geschehen. Wir werden gemeinsam in den nächsten Monaten erleben, wie sich diese historischen Vorgänge vor unseren Augen weiter entwickeln. Während die Taschenbuchausgabe gedruckt wird, soll in Griechenland ein drittes Hilfspaket endlich die Lösung der Schuldenspirale bringen und die UN-Klimakonferenz in Paris ein neues Klimaabkommen beschließen. Die Leserinnen und Leser werden die Ergebnisse schon kennen, wenn sie dieses Buch in Händen halten. Ich hoffe sehr, dass sie besser ausfallen, als das vom Spätsommer 2015 aus zu erwarten ist.

Sollte sich der innenpolitische Stillstand in unserem Land, dem sich dieses Buch vor allem widmet, im Januar 2016 als überwunden herausstellen, dann sollte mich das freuen. Als politischer Zeitgenosse befürchte ich allerdings, was mich als Buchautor befriedigen muss: dass die Zeitdiagnose dieses Buches noch länger gültig bleibt, als uns allen lieb sein kann.

Jürgen Trittin, im September 2015

EINLEITUNG

Deutschland Mitte des Jahrzehnts. Die Wirtschaft brummt. Uns geht es gut, jedenfalls den meisten von uns. Jedenfalls geht es uns besser als unseren Nachbarn. Damit das so bleibt, haben wir 2013 eine Große Koalition gewählt. Politischer Streit ist abgemeldet. Wir haben nur noch eine 20-Prozent-Opposition. Es ist das Biedermeier 2.0 – Stillstand made in Germany.

Doch wir können uns den Stillstand nicht leisten.

Der Klimawandel schreitet fort. Wachstum ohne Rücksicht auf die Belastbarkeit der Erde schafft eine sich aufschaukelnde Krise. Die Böden werden übernutzt, Arten sterben weiter aus. Die heutige Art der Industrie, der Landwirtschaft, der Stromerzeugung zerstört die Lebensgrundlagen des Menschen. Wir müssen sie umbauen.

Der Kapitalismus hat sich globalisiert. Er hat Wohlstand geschaffen und Menschen aus der Armut befreit. Doch er hat auch allmächtige Finanzmärkte geschaffen und wachsende Ungleichheit. Ungleichheit produziert globale ökonomische Krisen. Im Platzen der New Economy 2000, in der Finanzkrise von 2008 offenbarte sich der Zyklus von Boom und Crash. Ungleichheit befördert Spekulation, führt Familien, Banken und ganze Staaten in Überschuldung – ja, in den Bankrott. Der Kapitalismus bedroht seine eigenen Grundlagen. Wir müssen ihn umbauen.

Klimawandel und Ungleichheit sind die beiden großen historischen Herausforderungen unserer Zeit. Sie verlangen nichts weniger als eine große Transformation von Wirtschaft und Gesellschaft. Dieses Buch plädiert dafür, sich diesen Herausforderungen zu stellen. Nur wenn wir die wachsende Ungleichheit angehen, nur wenn wir den Klimawandel bekämpfen, wird es uns auch künftig gut gehen. Nur dann kann es unseren Kindern und Enkeln gut gehen. Von ihnen haben wir diese Erde nur geborgt.

Ich streite für demokratische Politik. Es gibt keine Ohnmacht der Politik, außer einer politischen Selbstentmachtung. Es gilt, globalisierten Märkten einen demokratischen Rahmen zu geben. Nur mit einem Rahmen funktionieren Märkte. Nur damit kann dem Marktversagen des Klimawandels begegnet werden. Nur damit kann der Schweinezyklus von Boom und Crash gebremst werden.

Deutschland ist stark. Deutschland trägt eine große Verantwortung. Wenn Deutschland sich aktiv aufmacht, Finanzmärkte zu regulieren und Ungleichheit zu bekämpfen, wird Europa mitziehen. Wenn Deutschland wieder zum Antreiber des Klimaschutzes wird, dann wird Europa es auch. Der Stillstand made in Germany aber blockiert Europa. Und er blockiert die Welt ausgerechnet in dem Moment, in dem die USA und China sich in Sachen Klimaschutz endlich in Bewegung setzen[1].

Wir müssen den Stillstand made in Germany durchbrechen. Das Biedermeier 2.0 darf nicht zum Dauerzustand werden. Ein anderes Land ist möglich. Ein anderes Land ist nötig, wollen wir uns den globalen Herausforderungen stellen.

Wir brauchen eine große soziale und ökologische Transformation. Und sie braucht politische Mehrheiten.

Deshalb wirbt dieses Buch für eine Politik des Ökologischen Materialismus. Es reicht nicht, über die Probleme Bescheid zu wissen. Das Wissen über den Klimawandel ist notwendig, aber nicht hinreichend. Es reicht leider auch nicht, empört zu sein. Empörung über Ungerechtigkeit und Ungleichheit überwindet noch nicht die Furcht vor den Mächtigen.

Aus gesellschaftlichen Mehrheiten für einen Wandel werden nur politische Mehrheiten, wenn die kurzfristigen Interessen der Menschen mit den langfristigen Zielen des Umbaus zusammenkommen. Nur wenn die Angst zu verlieren nicht zur Blockade wird, kommt Mut zum Wandel auf. Deshalb gehören Ökologie und Gerechtigkeit, der Kampf gegen den Klimawandel und gegen die Ungleichheit, untrennbar zusammen.

Nur mit einer Politik des Ökologischen Materialismus lässt sich der Stillstand made in Germany überwinden. Nur mit Ökologie und Gerechtigkeit ist ein anderes Land möglich.

Mir hat die Arbeit an diesem Buch Spaß gemacht. Dass es so wurde, verdanke ich vielen. Vor allem Ralph Obermauer, mit dem ich sieben Jahre zusammenarbeiten durfte – mein guter Ghost. Für kritische Lektüre und viele Hinweise danke ich unter anderem Philip Bohle, Michael Busch, Angelika

Büter, Arnd Grewer, Thomas Krause, Lars Kreiseler, Nina Lösche, Ariane Nonnenmacher, Stefan Tidow und meinem Lektor Peter Schäfer.

1. EBENEN DER BLOCKADE

VOM WOLLEN UND WÄHLEN

Widerstände gegen die Veränderung des Landes finden sich auf vielen Ebenen. Die Barrikade gegen eine ökologische Modernisierung und gegen mehr Gerechtigkeit verläuft dabei mitten durch uns selbst hindurch. Die Blockierer sind nicht immer die anderen. Wir sind es selbst.

Die Blockierer sind nicht immer die anderen. Wir sind es selbst.

Viele Menschen in unserem Land wissen, dass es mit unserer Wirtschaft und Lebensweise nicht einfach so weitergehen kann. Sie meinen es ernst, wenn sie den Anrufern der Umfrage-Institute ihre Unterstützung für Klimaschutz, Mindestlohn, Energiewende oder gerechte Steuern mitteilen. Wenn sie mit großen Mehrheiten sagen, dass sie sich eine gerechtere Verteilung wünschen und eine umweltfreundlichere Wirtschaft, dann meinen sie das auch.

Diese allgemeinen Antworten lassen sich leicht geben.

Wenn es aber an das konkrete Handeln geht, kommt Verunsicherung auf. Veränderung ist anstrengend.

Es muss nämlich in jede Innovation – vor allem am Anfang – investiert werden. Der eine oder andere muss sich umstellen und unter Umständen seine Gewohnheiten komplett umkrempeln. Umbau meint Aufbau *und* Abbau, es gibt Gewinner *und* Verlierer. Eine traditionsreiche Branche kommt in Schwierigkeiten und muss einer neuen Platz machen. Die Vorteile des Neuen sind noch nicht greifbar, der Verlust des Alten aber schon spürbar. Kurz: Es wird unbequem. Der tatsächliche Veränderungsstress ist etwas anderes als eine wohlfeile Meinungsäußerung. Viele kennen das vom Sport. Man wollte sich schon immer mehr bewegen, aber dummerweise war der Arbeitstag wieder so lang, es ist schon dunkel, man muss noch einkaufen – und schon entfällt der Waldlauf oder der Besuch im Fitness-Studio. Der Sport wird vertagt, oft auf den Sankt-Nimmerleins-Tag.

Bei politischen Entscheidungen ist das nicht anders. Man schiebt die nötige Veränderung auf, hört auf die Warner, die Verzagten und die Bewahrer des Bestehenden. Für viele Menschen ist es ohne Weiteres vereinbar, morgens für den Wandel zu reden und mittags dem Bremser die Stimme zu geben. Klimaschutz muss sein, aber »die Wirtschaft« muss ebenfalls laufen. Mehr Gerechtigkeit? Ja, aber man darf die Reichen nicht aus dem Land treiben, schließlich geben sie uns Arbeit. Man kann das ambivalent nennen, kompliziert oder auch schizophren. Die Wahrheit ist: Wir haben eben unterschiedliche Wünsche und Bedürfnisse. Und diese widersprechen sich häufig. Wenn es ernst wird, haben die Menschen ein untrügliches Gespür für ihre unmittelbaren und kurzfristigen Interessen.

Wie kann das Vernünftige und langfristig Vorteilhafte

das Prinzip der schnellen Wunscherfüllung aus dem Rennen werfen?

Ein schlechtes Gewissen führt selten zu einer dauerhaften Verhaltensänderung. Eine entscheidendere Motivation ist noch immer die des eigenen Vorteils. Menschen ändern ihr Verhalten vor allem, wenn sie einen Vorteil darin erkennen und erfahren. Und so kann man in der Gesellschaft viele Menschen zu mehr Veränderungsbereitschaft ermuntern und ihnen Vorteile in Aussicht stellen. Oder man kann ihnen durch Warnungen und Drohungen Angst vor der Veränderung einjagen.

Veränderung gilt als riskant. Gerade hier in Deutschland und gerade in einer Zeit, in der es dem Land wirtschaftlich noch gut geht. Die Selbstblockade entsteht in einem Spannungsfeld zwischen grundsätzlicher Veränderungsbereitschaft und tatsächlicher Umsetzung. Wir Deutschen sind nicht schizophren. Wir kennen unsere Prioritäten.

Wir Deutschen sind nicht schizophren. Wir kennen unsere Prioritäten.

In den letzten Jahren wurde eine Geschichte rauf- und runtererzählt. Sie überlagert fast alle anderen. Sie geht so: Die erfolgreiche Wirtschaftsnation Deutschland muss sich im Konkurrenzkampf mit den aufstrebenden Nationen der Welt behaupten: mit China, Indien, Brasilien, der Türkei, Russland und anderen. Diese Geschichte vom Wettbewerb der Nationen dominiert die Einstellung der Deutschen zur Globalisierung, zum Klimawandel und zum Rest Europas. Sie ist nicht vollkommen absurd, zeichnet aber ein stark vereinfachtes und letztlich falsches Bild von der Welt. Sie sortiert die Menschen vor allem in nationale Gruppen ein, nicht in die Gruppe der Arbeitnehmer, Investoren, Flüchtlinge oder Touristen. Sie appelliert in der zusammenwachsenden Welt an das alte Kollektiv der »Nation« gegenüber den »Fremden«. Und vor allem: Sie schürt Angst. Eine Angst, die doch verwundern muss.

Fast ist es so, als würde der FC Bayern nicht mehr in der Bundesliga spielen wollen, aus Angst, doch mal ein Spiel pro Saison zu verlieren. Deutschland ist aus den Wettbewerbskämpfen auf den Weltmärkten des letzten Jahrzehntes als klarer Sieger vom Platz gegangen. Klar, das gilt nicht für alle Deutschen. Viele hierzulande haben von den Erfolgen der deutschen Exportwirtschaft überhaupt nicht profitiert. Das international strahlende Beispiel der deutschen Volkswirtschaft bedeutet nach innen, dass Millionen in prekären oder schlecht bezahlten Jobs arbeiten, dass Millionen seit Jahrzehnten keine Einkommenszuwächse haben.

Aber im Vergleich mit anderen Staaten, deren Unternehmen auf den Weltmärkten verloren haben oder chancenlos sind, geht es vielen in Deutschland derzeit sehr gut. Diese dem Anschein nach einheitliche Nation, diese trügerische, aber suggestive Gesamtidee der sogenannten »deutschen Wirtschaft« – sie steht gut da. Sie hat im Wettbewerb fürs Erste gewonnen.

Und obwohl gar nicht alle etwas davon haben: Auf der intuitiven Ebene fühlen sich viele Deutsche zugehörig zu dieser erfolgreichen Wirtschaftsnation. Ihren Erfolg und Vorsprung möchte man nicht gefährden. Bevor wir »unsere« Industrie durch zu hohe Löhne und zu viel Klimaschutz im Wettbewerb schwächen, halten wir uns doch lieber an das, was »unsere« Wirtschaftsführer und die von ihnen unterstützten Politiker uns sagen.

Und so stimmen wir Deutschen gegen unsere eigenen Werte und gegen unsere eigenen langfristigen Interessen ab.

Bevor wir selbst zurückstecken, und die anderen uns »über den Tisch ziehen«, treffen wir eine Prioritätsentscheidung. Wir leben als Wettbewerbsgewinner Germany auch ohne große Veränderungen ganz gut.

Diese Story von der erfolgreichen Wirtschaftsnation im globalen Wettbewerb ist bei aller Geschmeidigkeit der Angela Merkel das Geheimnis ihres Erfolges. Der Appell an den verdrucksten deutschen Kollektiv-Egoismus ist – wie auch die Angst vor »den anderen« – archaisch. Er sollte in unserer Zeit keinen Platz mehr haben. Er verleitet dazu zu vergessen, wovon wirtschaftlicher Erfolg heute abhängt, wie verflochten und international Wirtschaft heute funktioniert, wer alles an den Produkten mitarbeitet, die aus Deutschland stammen, wie viel wir anderen verdanken und wie stark unser Wirtschaftswunder vom Wohlergehen anderer Volkswirtschaften abhängt. Und er widerspricht in vielerlei Hinsicht dem, was wir Deutsche eigentlich denken und wollen, wie wir uns sehen und wie wir gesehen werden wollen.

Viele von uns wollen weltoffen, international und empathisch sein. Wir sind gute Nachbarn, hilfsbereit und kooperativ. »Die Welt zu Gast bei Freunden«, so lautete das Motto der WM 2006, nicht »die Welt zu Gast beim Wirtschaftskönig«! Junge Deutsche studieren im Ausland, und ausländische Studierende machen in Deutschland ihren Abschluss. Wir sind das reiselustigste Volk der Welt, 11 Millionen Touristen besuchen jedes Jahr Berlin. Ist nicht eher die Welt unsere Heimat?

Auch in der harmlosen Form der Kartoffelsuppenköchin und Autokanzlerin Angela Merkel hat der Wirtschaftswunderstolz etwas Kurzsichtiges, Kleingeistiges und Rückwärtsgewandtes. Das offenbart sich regelmäßig, wenn AfD, CDU oder CSU das wahre Gesicht des Nationalkonservatismus zeigen und mit Ressentiments gegen Zuwanderer Punkte machen. In CSU-Kampagnen wie »Wer betrügt, der fliegt« offenbarte sich die Kehrseite des Eigenstolzes: die Verachtung der anderen.

Die Fixierung auf den Wettbewerb der Völker zieht. Auch bei uns. Aber typisch deutsch ist das schon lange nicht mehr. Und leider sind derartige Gefühle nicht nur in Deutschland auf dem Vormarsch. In vielen anderen Ländern wird die entsprechende Geschichte heute noch weitaus aggressiver und chauvinistischer erzählt. Ob in Dänemark, Ungarn, in Frankreich oder Großbritannien, in Indien oder Russland, in vielen Staaten sind extrem nationalistische, rechtspopulistische und manchmal offen neofaschistische Kräfte auf dem Vormarsch.

Mit der »Alternative für Deutschland« und ihren Ablegern haben wir solche Kräfte nun auch in Deutschland in einigen Landtagen sowie in Gestalt von *PEGIDA* auf den Straßen nicht nur Dresdens, sondern vor unzähligen Flüchtlingswohnheimen.

Auch wenn man die Macht der nationalen (Angst-)Visionen versteht, so bleibt es verblüffend, wie wenig konsequent die Menschen das, was sie zu denken scheinen, in die politische Tat umsetzen. Seit Jahren beschweren sich Mehrheiten der Bevölkerung über die Gier an den Finanzmärkten, über die deregulierten Banken und Hedgefonds, wenn sie Millionengewinne einsacken und Verluste auf den Steuerzahler abwälzen. Über Steuerbetrüger wie Uli Hoeneß, Klaus Zumwinkel und Alice Schwarzer. Seit Jahren empören sie sich über die Ausbeutung von Arbeiterinnen und Arbeitern, deren Lohn nicht zum Leben reicht und vom Steuerzahler aufgestockt werden muss. Immer wieder beklagen die Deutschen, wie fragwürdig sie doch das immer weitere Auftürmen von materiellem Wohlstand auf Kosten der Umwelt finden. Doch politische Angebote, die daran wirklich etwas ändern wollen, die werden nur von einer Minderheit gewählt.

Bevor man über Wahlkampffehler spricht, bevor wir uns über die Manipulation der Öffentlichkeit und den grassierenden Lobbyismus Gedanken machen, müssen wir uns über etwas Fundamentales klar werden: Die Menschen spüren die Macht derer, gegen die man vorgehen müsste, um solche Zustände zu verändern. Sie spüren, dass es sie ganz unmittelbar und ganz schnell treffen könnte, wenn Finanzmarktakteure große Summen Kapital aus Deutschland abziehen, wenn Unternehmen Jobs verlagern oder abschaffen. Sie mögen verstehen, dass es langfristig besser wäre, den Finanzmarkt an die Kandare zu nehmen und faire Löhne zu zahlen, statt Niedriglöhne aus Steuern aufzustocken. Doch der Weg dahin scheint ihnen riskant. So lässt man lieber alles, wie es ist, solange es noch einigermaßen geht.

Widersprüchliche Interessen und Ansichten teilen die Bevölkerung oft in unterschiedliche Gruppen und Lager. Dann läuft der Widerspruch nicht durch die Einzelnen hindurch. Dann stehen sich Anhänger und Gegner der Braunkohle gegenüber, Arbeitgeber und Arbeitnehmer, Vermieter und Mieter. In vielen Fällen aber tragen wir den Konflikt in unserem Inneren aus: Ein Werbetexter kann für ein Unternehmen arbeiten, das Billigfleisch in Entwicklungsländer exportiert und dort die Bauern aus dem Markt drängt. Zugleich kann er dem Zielland durchaus eine eigenständige Entwicklung aus der Armut heraus gönnen und Treibhausgase reduziert sehen wollen.

Man kann dieses Dilemma den Menschen nicht vorwerfen. Zumindest nicht allen. Sicher: Es gibt die, denen das Schicksal der Armen, der leidenden Tiere oder der sterbenden Arten einfach schnuppe ist. Es gibt diejenigen, die voller Ressentiments sind, die Menschen aus anderen Ländern, mit anderen Religionen oder mit anderer Hautfarbe für alles verantwortlich machen oder gar für genetisch unterlegen halten. Aber, dem Erfolg von Thilo Sarrazins neuem-altem Rassismus zum Trotz: Ich will nicht glauben, dass diese Menschen in unserem Land in der Mehrheit sind.

Die Mehrheit in unserem Land ist empathisch, ökologisch interessiert und ansprechbar auf die nötigen Veränderungen. Doch sie glaubt heute, im zweiten Jahrzehnt des 21. Jahrhunderts, noch nicht daran, dass die nötigen Veränderungen machbar sind, ohne sich selbst und den bisherigen Lebensmodellen zu viel zuzumuten.

Diese innere Ambivalenz oder auch Priorität ist schon mit vielen Worten beschrieben worden. »Erst kommt das Fressen, dann kommt die Moral.« – »Die Basis bestimmt den Überbau.« Und so weiter. Wir werden die Blockade nicht auflösen können, wenn es uns nicht gelingt, jenseits einer kleinen Gruppe von Bildungsbürgern und Aktivisten die breite Mehrheit der Menschen zu überzeugen, dass es in ihrem Interesse ist, jetzt und bald tiefgreifende Veränderungen durchzuführen. Auch wenn es dabei nicht ohne Unruhe und Konflikte zugeht. Auch wenn es Ärger gibt.

Wir sollten wissen, dass das möglich ist. Mittlerweile ist Deutschland fast vollständig aus der Atomkraft ausgestiegen, 35 Jahre nachdem die Anti-Atom-Bewegung sich auf den Weg gemacht hat. Grüne wurden verlacht, als sie sagten, dass man mit Sonne und Wind Strom erzeugen kann. Heute liefern Sonne und Wind mehr Strom als die noch laufenden Atomkraftwerke.

Heute wird es als selbstverständlich angesehen, dass bei Staatsempfängen die Lebenspartner von Schwulen und Lesben genauso eingeladen werden wie heterosexuelle Ehepartner. Diese Prognose hätte in den 80er-Jahren Kopfschütteln ausgelöst.

All das zeigt: Tiefgreifende Veränderungen sind möglich – sowohl gesellschaftliche als auch wirtschaftliche. Und Deutschland fängt ja nicht bei null an, das Land ist heute bereits weltoffener und klimabewusster als früher, und es ist in dieser Hinsicht weiter als viele unserer Nachbarstaaten.

Dennoch: Wir verschließen die Augen vor den beiden großen Fragen unserer Zeit, der ökologischen und der ökonomischen. Wir verschleppen den Umbau der Industriegesellschaft zu einer nachhaltigen, klimafreundlichen und ressourcenleichten Produktionsweise. Und wir verschleppen die Zivilisierung des einzigen Wirtschaftssystems, das geblieben ist, des Siegers der großen Systemauseinandersetzung des 20. Jahrhunderts, des globalisierten und bis heute schlecht regulierten Kapitalismus. Zum Teil, weil wir uns selbst nicht trauen. Zum Teil, weil die Übermacht derer, die vom jetzigen Zustand profitieren, groß ist.

Das zu durchbrechen ist nicht nur eine Frage des Mutes oder des Wollens. Menschen trauen sich mehr, wenn es ihren Interessen nützt. Und nur mit Koalitionen von Interessen kann man erfolgreich mächtigen Einzelinteressen begegnen. Wir brauchen einen neuen *Ökologischen Materialismus*, der sowohl das gesellschaftliche Bewusstsein als auch unsere Politik durchdringen muss.

Die Umweltbewegung wurde lange als »postmaterialistisch« beschrieben. Man meinte, den Ökos ginge es nur um einen anderen Lebensstil, um Werte jenseits des »materiellen« Wohlstandes. Doch das ist verkürzt und falsch. Wir müssen uns klarmachen: Ökologische Politik vertritt handfeste materielle Interessen von Menschen. Sie erhält die materiellen Grundlagen unseres Lebens: Wasser, Luft, Böden für Nahrungsmittel und vieles mehr. Ein Weltsystem des materiellen Austausches zwischen Mensch und Umwelt muss so gestaltet werden, dass es nicht zusammenbricht. Die Menschen müssen ihre eigenen Interessen und die ihrer Kinder darin erkennen.

Der Ökologische Materialismus, wie wir ihn brauchen, geht daher weit über bloße Hinweise auf den schönen Eigenwert der Natur hinaus.[2] Wer in seinem Sinn handelt, hat den praktischen Vorteil und materiellen Nutzen vorausschauenden Handelns im Sinn: Auf diese Weise tun wir nicht nur der Natur etwas Gutes, sondern wir sorgen für eine gewinnträchtige Ökologie, die das soziale Leben verbessert. Das Letzte, was wir brauchen, sind Appelle an das schlechte Gewissen.

INTERESSEN VON HEUTE GEGEN DIE VON MORGEN: STANDORTWETTBEWERB UND DER KAMPF UM ARBEITSPLÄTZE

Seit Jahrzehnten gibt es kein stärker schlagendes Argument in der politischen Debatte als das der »Arbeitsplätze«. Wer glaubwürdig behauptet, Jobs zu schaffen, macht Punkte. Wer im Verdacht steht, Jobs zu gefährden, kassiert Tore.

Damit eng verwandt ist die Drohung des Globalisierungszeitalters schlechthin, die Abwanderung von Unternehmen. Standortkonkurrenz, das ist das Synonym für den Machtzuwachs von Kapital, Investoren und Unternehmenseignern. Standortkonkurrenz ist schlicht Erpressung, jedenfalls erfahren gewählte Regierungen sie so, wenn sie täglich mit Abwanderung bedroht werden.

Senk mir dir Löhne, erlass mir die Steuern, verschone mich mit Umweltstandards, und ich komme! Tue das Gegenteil, und ich gehe! In den USA subventionieren die Bundesstaaten den Stromverbrauch von Chemiebetrieben, also wird auch hier gefordert, Chemiebetriebe bei Ökosteuer, EEG-Umlage und Mineralölsteuer zu verschonen. Sonst wird Deutschland deindustrialisiert, während die USA sich reindustrialisieren, so heißt es. Sonst sind die fetten Jahre vorbei, denn dann wandern die Arbeitsplätze eben dorthin oder nach Osteuropa, Asien, Südasien etc.

Diese Drohungen wirken, selbst wenn sie faktenfrei vorgetragen werden. So liegt der Anteil der Industrie an der Wertschöpfung in Deutschland seit rund 15 Jahren zwischen 21 und 23 Prozent – Tendenz zuletzt aufwärts –, während er in den USA von rund 22 Prozent Mitte der Neunziger auf 16 Prozent im Jahr 2012 gesunken ist.[3] Die Drohung wirkt trotzdem – nicht nur beim Bundesverband der Deutschen Industrie, der an seine eigene Propaganda glaubt. Es wirkt in der Presse, in den Gewerkschaften und natürlich bei Kanzlerin und Wirtschaftsminister.

Der Arbeitsplatz – die Möglichkeit also, gegen Lohn für den Investor Werte zu schaffen – bleibt der König der politischen Debatte. Und er bleibt es bis heute, obwohl wir in Deutschland so wenige Arbeitslose haben wie seit Jahrzehnten nicht mehr. Er ist das überragende Interesse der Bürger dieser Gesellschaft. Denn Arbeit zu haben heißt an der Gesellschaft teilzuhaben – nicht nur an ihrem Wohlstand, sondern auch am sozialen und kulturellen Leben. Im Arbeitsplatz fokussiert sich das Versprechen des demokratischen Kapitalismus an die Bürger der Gesellschaft.

Die GRÜNEN mussten das schon früh lernen. Wer eine ökologische Transformation der Wirtschaft anstrebt, der kann nicht verschweigen, dass dabei in bestimmten Sektoren Arbeitsplätze verloren gehen. In Atomkraftwerken, in der Weißblech- und Verpackungsindustrie, in den Callcentern drangsalierender Push-Verkäufer, im Kohlebergbau. Knapp und hart gesagt: Nicht jeder Arbeitsplatz ist gleich wünschenswert. Und nicht jeder wird erhalten bleiben.

Solche Wertungen muss eine Politik der Transformation machen, und auf den Gegenwind muss sie sich gefasst machen. Sie muss zeigen können, dass sie den Menschen andere, ja, bessere Beschäftigung bietet, bessere Möglichkeiten, sich den Lebensunterhalt zu verdienen und Anerkennung zu finden. Sie muss reale und greifbare Alternativen bieten. Und zwar bessere als die Verteidiger des Status quo.

2009 haben die GRÜNEN ihren Bundestagswahlkampf nach der Finanzkrise und bei hoher Arbeitslosigkeit unter das Motto *1 Million Jobs* gestellt. Wir konnten glaubwürdig zeigen, dass unsere Politik Jobs in vielen neuen Bereichen schaffen würde. So wappneten wir uns gegen den zu erwartenden Angriff, man könne sich die grüne Wohlfühlpolitik in Krisenzeiten nicht leisten. *Aus der Krise hilft nur grün –* lautete der Slogan eines Wahlkampfes, der mit 10,7 Prozent das beste Ergebnis aller Zeiten im Bund erbrachte.

Angst vor Jobverlust, das trumpft nicht nur in Krisenzeiten. Das mussten die GRÜNEN 2013 lernen. Sie starteten mit dem Slogan *Deutschland ist erneuerbar.* GRÜNE stritten für einen Erfolg der Energiewende, gerechte Löhne und mehr Investitionen in Bildung und Betreuung, finanziert durch Subventionsabbau und höhere Steuern auf hohe Einkommen und sehr große Vermögen. Ohne Zweifel hätte ein solcher struktureller Wandel sehr viel mehr und sehr viel bessere Arbeit geschaffen.

Doch die einfache Propaganda zog mehr. Wirtschaftsverbände drohten mit Arbeitsplatzverlusten, bis hin zu irrsinnigen Kalkulationen, wie viele Millionen Jobs denn eine moderate Steuererhöhung kosten würde. Man stellte die Energiewende als Wettbewerbshemmnis dar und schürte erfolgreich Ängste vor einer angeblichen Gefährdung des Erfolgs deutscher Unternehmen durch grüne oder rot-grüne Politik. Meine Partei landete – trotz historisch drittbestem Resultat – bei einem enttäuschenden Ergebnis von 8,4 Prozent.

Wir hatten es nicht geschafft klarzumachen, wer von den verstärkten Investitionen in Bildung, Betreuung und Klimaschutz profitieren würde, auch nicht, wo neue Arbeitsplätze entstehen würden. Obwohl 80 Prozent der Deutschen für einen gesetzlichen Mindestlohn waren, bescherten sie einer Kanzlerin ein Rekordergebnis, die dagegen war. Das Scheitern der FDP an der Fünf-Prozent-Hürde zwang ihr diesen dann später auf.

Merkels Argument: Sozial ist, was Arbeit schafft. Für sie zählt jeder Job gleich, egal worin er besteht oder wie er bezahlt ist. Jede Arbeit ist wünschenswert, auch wenn der Steuerzahler den Lohn aufstocken muss. Der Billiglohnjob, die entwürdigende Tätigkeit, auch bei Drohung mit Entzug des sozialen Existenzminimums, jeder Job ist zumutbar. Hauptsache, die Menschen arbeiten. Eine

> **Merkels Argument: Sozial ist, was Arbeit schafft. Eine solche Haltung ist des 21. Jahrhunderts unwürdig.**

solche Haltung ist eines modernen Landes im 21. Jahrhundert unwürdig.

In linksintellektuellen, alternativen und bildungsbürgerlichen Kreisen ist eine Art Gegenbewegung populär: Man sieht das Ende der Arbeitsgesellschaft gekommen. Es gebe immer weniger zu tun. Man müsse also den Rest der Arbeit besser verteilen und die Menschen an andere Formen der Tätigkeit und Anerkennung gewöhnen. Zur Absicherung solle man allen Bürgerinnen und Bürgern ein bedingungsloses Grundeinkommen gewähren.

Diese Vision findet viele Unterstützer, doch im politischen Alltagsgeschäft ist sie chancenlos. Die große Mehrheit der Menschen in Deutschland empfindet sie als abwegig. Teilhabe an dieser Gesellschaft ist wesentlich über die Teilhabe an Arbeit definiert. Von der Arbeitswelt ausgeschlossen zu sein empfinden Arbeitslose als Ausschluss aus der Gesellschaft. Dieser Ausschluss trifft nicht nur die Kinder in Familien, die über mehrere Generationen von Hartz IV leben müssen. Der Ausschluss bedroht die prekarisierten Kreativen in Berlin ebenso wie jene jungen Menschen, die auf der Suche nach Arbeit von Praktikum zu Praktikum geschickt werden. Langanhaltender Ausschluss von der Arbeitswelt ist Quelle vielfachen Leids und auch schwerer Erkrankungen – von Depressionen bis zu einem höheren Risiko an Herz-Kreislauf-Erkrankungen.

Die Kräfte des Wandels müssen zeigen können, wo die neuen Jobs sind, auch wenn diese teilweise erst im Entstehen begriffen sind. Denn die millionenfache Angst vor Arbeitslosigkeit ist eines der mächtigsten Motive, die den Unterstützern des Status quo in die Hand spielen.

»REFORM« ALS DROHUNG: DER NEOLIBERALISMUS HAT DEN WANDEL DISKREDITIERT

Für einen erheblichen Teil der Bevölkerung hat die Angst vor Veränderung vernünftige Gründe. Sie liegen in den Erfahrungen der letzten Jahrzehnte.

In meiner Jugend war der Begriff der Reform positiv besetzt. Reform, das war mal links. Reform war Willy Brandts Regierungserklärung mit der Botschaft »Mehr Demokratie wagen«, Reform war eine Kampfansage an den »Muff von tausend Jahren« unter den Talaren. Reform war die Einführung des BaFöG, das Hunderttausenden als Erste in ihren Familien Zugang zu höherer Bildung verschaffte, das war die Einführung von Gesamtschulen und der reformierten Oberstufe, das war die Entkriminalisierung des Sexualstrafrechts. Reform, das war auch die Einführung der gesamtwirtschaftlichen Steuerung durch das Stabilitäts- und Wachstumsgesetz der Großen Koalition. Kurz gesagt, in den 70er-Jahren des letzten Jahrhunderts war Reform das Aufbrechen schwerer Verkrustungen, vor allem aber die Verwirklichung von mehr Teilhabe in der Gesellschaft.

Heute ist es für viele Menschen, gerade wirtschaftlich Schwächere, schwer geworden, dem Begriff »Reform« etwas Gutes abzugewinnen. Viel zu oft war Reform ein Synonym für sozialen Rückschritt und Ausschluss aus der Gesellschaft. »Reform« ist heute ganz anders belegt, mit einem anderen »Frame« versehen. Reform heute ist neoliberal aufgeladen, es steht für Deregulierung, für weniger Sicherheit, mehr Armutsrisiko und weniger Demokratie. Diese reale

Erfahrung hat die Angst vor Veränderung erhöht. So haben Konservative leichtes Spiel.

Das Bittere ist: Für diese Diskreditierung von Veränderung, für die Umdeutung von Reform sind auch Regierungen der linken Mitte mitverantwortlich. Das gilt auch für die rot-grüne Regierung, an der ich selbst beteiligt war. Nach der langen und starren Kohl-Ära rief man 1998 nach »Reformen«. Die Deutschen wollten, dass Gesellschaft und Staat einmal kräftig durchgepustet wurden.

Rot-Grün veränderte viel. Der Widerstand war zunächst groß, doch vieles von dem, was wir damals angestoßen haben, ist heute akzeptiert und hat unser Land vorangebracht. Wir begannen den Atomausstieg und bauten zügig die Erneuerbaren Energien aus. Die damals eingeleitete Energiewende wurde ein beispielloser Erfolg. Wir liberalisierten die Gesellschaft, führten eingetragene Lebenspartnerschaften für gleichgeschlechtliche Partner ein und öffneten das Staatsbürgerschaftsrecht so weit es eben ging – mit einem Unions-dominierten Bundesrat. Auch in den Bereichen Landwirtschaft und Verbraucherschutz trieben GRÜNE eine Entwicklung voran, an deren Ende wir noch lange nicht angekommen sind. All das waren Reformen, die heute von einer breiten Mehrheit für gut befunden werden.

In der zweiten rot-grünen Legislatur trieben dann vor allem der SPD-Bundeskanzler Gerhard Schröder und sein damaliger Wirtschaftsminister Wolfgang Clement (heute FDP) die sogenannte Agenda 2010 voran. An diesem Reformpaket scheiden sich bis heute die Geister. Der neoliberale Mainstream der Ökonomen und Wirtschaftsverbände hält diese Reformen für die Initialzündung des deutschen Wirtschaftswunders der letzten Jahre und der heutigen Dominanz in Europa. Der übrig gebliebene linke Teil der deutschen Öffentlichkeit und die durch Schröders Agenda auch im Westen parlamentsfähig gewordene Linkspartei halten sie für Satans eigenes Gebräu, das die Menschen tief ins Unglück gestürzt hat.

Beide Wahrnehmungen sind Verkürzungen, die mehr mit Ideologien als mit Wahrheit zu tun haben. In Wahrheit steht Deutschland auf den Weltmärkten aus sehr vielfältigen Gründen gut da. Die Agenda 2010 dürfte davon nur der kleinste Teil sein. Die deutsche Wirtschaftsstärke von heute geht vor allem auf andere Faktoren zurück, etwa auf die Stärke der Exportwirtschaft in den kernindustriellen Bereichen von Maschinen- und Anlagenbau, Automobil, Chemie, Umwelttechnik – alles Bereiche übrigens, in denen eher hohe Löhne gezahlt werden. Ein großer Nachfrageschub aus wachsenden Schwellenländern und stabile Preise für deutsche Waren im europäischen Ausland durch den Euro haben ebenfalls beigetragen. Dennoch pflegen viele neoliberale Meinungsmacher bis heute den Mythos, die deutsche Wirtschaft stehe so gut da, weil Rot-Grün damals den Arbeitslosen ordentlich Dampf gemacht habe.[4]

Selbst diese Seite der Geschichte stimmt nur zum Teil. Denn die Agenda 2010 hat zunächst einmal die Sozialleistungen ausgeweitet und das real existierende Armutsproblem in der Gesellschaft offenbart. Diese Agenda enthielt einerseits viel Richtiges. Eine gewisse Flexibilisierung des deutschen Arbeitsmarktes über Leih- und Zeitarbeit war sinnvoll, um Neueinstellungen zu erleichtern. Deutschland wies bei Rekordarbeitslosigkeit gleichzeitig einen Rekord an Überstunden aus. Es ging also auch darum, Arbeit besser zu verteilen. Die erfolgte Zusammenlegung von Arbeitslosenhilfe und Sozialhilfe war richtig. Warum sollten arbeitslose Frauen keinen Anspruch auf Arbeitsförderung und Weiterbildung haben, nur weil sie vor ihrer Scheidung Hausfrauen waren? Warum sollten Jugendliche nach der Schule in die Sozialhilfe abgeschoben werden?

Aber die Agenda enthielt unzählige soziale Härten, die nicht nur ungerecht und unwürdig für die Betroffenen waren, sondern auch keinerlei positive Effekte für die Wirtschaftskraft und den Arbeitsmarkt des Landes hatten. Das Sanktionsregime für die Empfänger von sogenannten Hartz-IV-Leistungen ist nur ein Beispiel. Von der Reform der Arbeitslosenhilfe – und vor allem von ihren Propagandisten – ging ein Signal der Schikane und des Ausgrenzens aus, nicht eines des Förderns von Langzeitarbeitslosen. Von Anfang an fehlten ein Mindestlohn und eine Regelung zur gleichen Honorierung von Leiharbeit.

So wie sie dann verabschiedet – und durch die Union im Bundesrat noch verschärft wurde –, muss man aus heutiger Sicht feststellen, dass die Reformen der Agenda 2010 für den neu entstandenen gigantischen Niedriglohnsektor in Deutschland mitverantwortlich sind. Noch ein Jahrzehnt danach kämpfen wir darum, die notwendigen Begleitmaßnahmen endlich nachzulegen.

Aber das Reformpaket der Agenda 2010 war noch aus einem anderen Grund unausgewogen. Es enthielt keinerlei Zumutungen für die wirtschaftlich starken Etagen der Gesellschaft. Im Gegenteil: Durch die rot-grüne Steuerreform entlasteten wir die Reichen und Gutverdienenden massiv. Es sank zwar der Eingangssteuersatz für die Niedrigverdiener von 25,9 Prozent im Jahr 1998 auf 15 Prozent im Jahr 2005, aber wir senkten eben auch den Spitzensteuersatz, und zwar deutlich zu weit. Die Steuerausfälle bei der öffentlichen Hand schafften massive Haushaltsprobleme. Wir befreiten außerdem Veräußerungsgewinne bei Unternehmensverkäufen von der Steuer. Da knallten an der Frankfurter Börse die Champagnerkorken, damit hatten sie gar nicht gerechnet. Dieser Fehler machte eine Reihe von spekulativen Deals in der Unternehmenslandschaft lukrativ. Doch jenseits von Details: So entstand in den letzten Jahren ein Bild von »Reform« im Steuer- und Sozialbereich, das für sozial Schwache immer schlecht und für Gutverdienende, Unternehmerinnen und Unternehmer sowie Kapitalbesitzer immer gut ausging.

Reform ist was für Reiche. Das ist keine Frage des Images, des Eindrucks. Es wurde Realität. Sie kann heute in den Einkommens- und Vermögensverteilungsstatistiken sowie in der Schuldensituation des Staates besichtigt werden.

Reform ist was für Reiche. Das ist keine Frage des Images, des Eindrucks. Es wurde Realität.

Die auf Rot-Grün folgende Große Koalition hat dieses Bild mit der Einführung der Abgeltungssteuer auf Kapitalerträge – Zinsen und Aktiengewinne wurden plötzlich weniger hoch besteuert als der Arbeitslohn – und der Rente mit 67 noch einmal bestätigt. Reiche, die bisher in der Spitze wenigstens 42 Prozent Einkommensteuer zahlen mussten, gingen nun anonym mit 25 Prozent auf ihre Kapitalgewinne nach Hause, während normale Arbeitnehmer mit jeder Lohnerhöhung sofort an der Quelle besteuert wurden. Und, in einer Zeit, in der die wenigsten Arbeitnehmerinnen und Arbeitnehmer über 60 überhaupt noch arbeiten konnten, setzte die Große Koalition das formelle Renteneintrittsalter hoch. Das lief auf eine Rentenkürzung hinaus, die man nicht glaubhaft als Beitrag zur Generationengerechtigkeit kostümieren konnte.

Bezahlt hat diese »Reformpolitik« vor allem die SPD. Lag sie 2002, vor der Agenda 2010, bei 38,5 Prozent, so fiel sie 2005 auf 34,2 Prozent. Nach Müntingferings Rente mit 67 krachte die SPD 2009 auf 23 Prozent und Schwarz-Gelb hatte trotz Rekordergebnissen von GRÜNEN und LINKEN 2009 eine solide Mehrheit.

Anders gesagt: Mit sozial unausgewogenen Reformen haben Parteien der linken Mitte ihre eigene Mehrheitsfähigkeit untergraben. Vor allem aber haben sie die Angst vor Veränderung bestätigt und bestärkt und sich so ein strategisches Dilemma beschert. Warum sollte heute ein sozial progressiv oder auch schlicht »links« denkender Mensch die Begriffe »Reform« und »Wandel« emotional noch begrüßen oder mit Hoffnung und Aufbruch in eine bessere Zukunft verbinden?

Die Transformation Deutschlands zu mehr Gerechtigkeit, zu mehr Ökologie, sie wird keine »Reform« sein dürfen.

> **Die Transformation Deutschlands zu mehr Gerechtigkeit, zu mehr Ökologie, sie wird nicht »Reform« heißen dürfen.**

Nach der Finanzkrise 2009 entstand der Eindruck, die neoliberale Meinungsführerschaft sei beendet. Einige hofften, dass sich die generelle Reformrichtung nun umdrehen würde. Und eine Weile lang dominierte in Sonntagsreden und Kommentarspalten die Kritik an der »Gier« und am ungeregelten Kapitalismus. »Wir haben es mit Exzessen der Märkte zu tun. Aufgabe des Staates in einer sozialen Marktwirtschaft ist Kontrolle. Der Staat ist Hüter der Ordnung.« So Angela Merkel am 15. Oktober 2008.

An ihrer Seite zog ein fränkischer Wurstfabrikant – im Hauptberuf Präsident des FC Bayern – durch die Talkshows und Verbandstagungen und sagte Sätze wie diese: »In den vergangenen 20 Jahren sind in der Finanzwelt Menschen am Werk gewesen, die einen katastrophalen Job gemacht haben. Uns wurde vorgegaukelt, dass viele Finanzprodukte so unglaublich wichtig seien. Dabei hatten diese nur ein Ziel: die Taschen gewisser Leute voll zu machen.« (DIE WELT 2012) Und: »Die Finanzwelt zeigt keine Bereitschaft, zur Volkswirtschaft beizutragen. Eine Krankenschwester trägt mehr zur Volkswirtschaft bei als ein Spekulant.« (Brand Eins 2011). Das alles war so ernst gemeint wie der Satz von Uli Hoeneß aus dem Jahre 2005 in der BILD: »Ich weiß, dass das doof ist. Aber ich zahle volle Steuern.«[5]

Unter dem Eindruck, dass der Neoliberalismus ideologisch in die Defensive geraten sei, ein handlungsfähiger Staat re-legitimiert werde und die neoliberale Privatisierungswut nachließe, entstand das grüne Wahlprogramm 2013, dessen Leitmotiv das einer ökologisch-sozialen Transformation war, eines grünen Wandels. Doch da hatten wir GRÜNE die Bereitschaft zum Wandel im Zeitgeist überschätzt.

Auf der einen Seite wollten große Teile der wirtschaftlichen Eliten in diesem Land weiterhin »Reformen« im neoliberalen Sinne eines Abbaus des Wohlfahrtsstaates. Sie wechselten bloß die Rhetorik, nicht die Politik. Auf der anderen Seite verstanden viele Arbeitnehmer, Rentner und sozial schwächere Menschen den Begriff Reform ebenfalls noch in diesem Sinne. Sie empfanden ihn eher als Drohung. Zusammen mit der guten Wirtschaftslage verstärkte das ein Grundgefühl, dass man besser nichts ändern solle.

KAPITALISMUS ALLEIN ZU HAUS: SYSTEM OHNE AUFSICHT, WIRTSCHAFT OHNE WEITSICHT, ELITEN OHNE RÜCKSICHT

Es gibt nicht nur Blockaden. Es gab und gibt umwälzende Veränderungen. Bloß handelt es sich nicht um demokratisch gewünschten, von gesellschaftlichen Mehrheiten getragenen Wandel. Der Zeitgeist der Jahrzehnte nach dem Mauerfall war marktliberal dominiert. Auch Regierungen der linken Mitte sorgten dafür, dass die von Ronald Reagan und Margaret Thatcher vorangetriebene Radikalisierung des Kapitalismus durchgezogen wurde.

Man öffnete die Kapital-, Güter- und Arbeitsmärkte ohne einen ausreichenden politischen Rahmen, ohne dem Markt international Regeln zu geben. So setzte man bewusst die Regierungen aller Staaten unter den Druck der Standortkonkurrenz und der Abwanderungsdrohung.

Der Wettbewerb auf den Weltmärkten dominiert über die Demokratie. Politische Entscheidungen werden davon getrieben und bestimmt. Globalisierung meint zunächst eine massive Gewichtsverschiebung zwischen Markt und Demokratie.

Darauf hat deutsche, europäische und internationale Politik bis heute keine überzeugende Antwort gegeben. Immer noch sind viele Player in den politischen und ökonomischen Führungsetagen überzeugt, ein möglichst ungehinderter Markt werde alle Probleme am besten lösen. Eine Reihe von Freihandelsabkommen wird derzeit verhandelt, meist hinter verschlossenen Türen, meist mit dem Ziel, ökologische und soziale Standards als »Handelshemmnisse« zu vermindern (TTIP, TISA, CETA etc.). Man meint, Politik müsse sich auf ein Minimum beschränken, das darin besteht, die Funktionsvoraussetzungen des Marktes, also Eigentumsrechte, öffentliche Sicherheit und ein Mindestmaß an sozialer Absicherung zu gewähren. »Neoliberal« – so mag heute niemand mehr genannt werden. Und doch lässt sich diese Haltung anders als in diesem Schlagwort nicht zusammenfassen. Nach dem *Lehman*-Desaster schmückt man sich nicht mehr mit diesem Etikett – doch im Kern bestimmt der Neoliberalismus bis heute durchgehend die Politik vieler Staaten diesseits und jenseits des Atlantiks.

Und das trotz eines offenkundigen doppelten Marktversagens in zwei globalen Großkrisen: Klimawandel und Finanzkrise.

Den Klimawandel kann man in der Sprache der Ökonomie knapp erklären: Die Preise auf den Märkten für Energie, Verkehr und Wärme kalkulieren ohne die Kosten, die der Handel auf diesen Märkten verursacht: drastische Umweltschäden.

In der Finanzkrise hat ein international deregulierter Markt für Finanzdienstleistungen die halbe Welt in eine Wirtschaftskrise gestürzt, deren gigantische Kosten kaum jemand seriös kalkulieren konnte. Verschiedene Autoren haben es versucht, Schätzungen liegen zwischen 5 und 10 Billionen Dollar.[6] Deutschland scheint rund 500 Milliarden Euro verloren zu haben.[7]

Dennoch bleiben politische Vorstöße, diese Märkte so zu regulieren, dass sie nicht langfristig ihre eigenen Grundlagen zerstören, bis heute immer wieder in Ansätzen stecken. Denn der Druck des globalisierten Wettbewerbs ist kurzfristig so stark, dass die politischen Eliten ihm nichts entgegensetzen können – oder wollen.

Die letzten Jahrzehnte haben gezeigt, dass der globalisierte Kapitalismus gigantische Umwälzungen verursacht. Und um jeglichem Missverständnis vorzubeugen: Es gibt überwältigende und beeindruckende Früchte dieses Wandels. Hier spricht kein Planwirtschaftler, kein Gegner des internationalen Handels. Der Eintritt in den Weltmarkt zu ihren Bedingungen hat vielen Staaten riesige Wohlstandsgewinne gebracht, hat Entwicklungsländer zu Schwellenländern gemacht und Millionen Menschen aus der absoluten Armut geholfen. Es entstanden chinesische, indische, brasilianische, türkische Mittelschichten. Und am meisten haben davon die klassischen Industrieländer, einschließlich Deutschland, profitiert.[8]

Aber: Der rein marktgetriebene Wandel hat ein Doppelgesicht. Seine hässliche Fratze sind Ausbeutung, Umweltzerstörung, Finanzcrashs, hoch verschuldete Staaten. Der globalisierte Kapitalismus schafft Wohlstand und Elend. Er unterhöhlt dabei seine eigenen Grundlagen. Die alleinige Bestimmung des Wirtschaftskreislaufs durch Angebot und Nachfrage, durch Konsumenten- und Kapitalistenmacht, durch weitgehend freie Güter-, Arbeits- und Kapitalmärkte ist destruktiv und verursacht Zivilisationsprobleme von gewaltigem Ausmaß.

Es ist uns eben noch nicht gelungen, eine dauerhaft befriedigende Lösung für dieses Systemproblem zu finden. Der Untergang des Sozialismus war erst der Anfang. Denn nun müssen wir uns en detail darum kümmern, wie eine Wirtschaftsordnung, die nachhaltigen Wohlstand und zivilisierte Gesellschaften hervorbringt, aussieht. Und das in globalem Maßstab. Es gibt keine Rückkehr zu einem Sozialismus in nationalen Grenzen oder zu einem rheinischen Wohlfühlkapitalismus im Regionalmaßstab.

Der Systemkonflikt ist mit dem Sieg des Kapitalismus

nicht vorbei. Der siegreiche Kapitalismus liegt im Clinch mit sich selbst.

Der Systemkonflikt ist mit dem Sieg des Kapitalismus nicht vorbei. Der siegreiche Kapitalismus liegt im Clinch mit sich selbst.

Wir stehen vor der historischen Menschheitsaufgabe, das derzeitige Weltmarktgeschehen zu regulieren, zu justieren, umzubauen und einzuhegen, bis am Ende etwas anderes dasteht, dessen Namen wir vielleicht noch gar nicht kennen, das aber dann wieder wirklich den Zwecken der Menschen dient.

Wenn ich also in diesem Buch von Stillstand und Blockade spreche, dann heißt das nicht, dass sich in unserer Welt und in unserem Land nichts verändert hat. Die letzten Jahrzehnte haben riesige Veränderungen gebracht: technologische, gesellschaftliche, wirtschaftliche. Doch dieser Wandel läuft ungesteuert, anarchisch, ohne Ziel und ohne Weitsicht. Er treibt die Bevölkerungen vieler Staaten in eine Richtung, die sie kaum mehr mitbestimmen und nicht wirklich wollen. Die Blockade, von der ich spreche, ist eine Blockade demokratischer Politik. Diesen Stillstand müssen wir überwinden, um die globalisierte Welt so zu gestalten, dass sie uns nicht in den ökologischen und sozialen Abgrund reißt.

In dieser Zukunftsblockade verbünden sich mächtige Eliten und Profiteure des Status quo mit den auf kurzfristigen Erfolg ausgerichteten Motiven vieler Menschen und ihren Ängsten.

Politik hat immer auch den Zweck der Verabredung, der Koordination. Der Markt löst Koordinationsprobleme nicht.

Warum soll ich aufhören, CO_2 auszustoßen, wenn der andere auf der anderen Seite des Globus damit weitermacht? Höre ich alleine auf, nutzt es dem Klima nichts. Warum soll ich den Ärger mit dem Umbau meines Energiesystems auf mich nehmen? Der Markt alleine sagt mir, es ist billiger, das nicht zu tun. Verbrennen wir beide weiter CO_2, stürzen wir unsere gemeinsame Welt in den Abgrund.

Nur Politik kann dafür sorgen, dass CO_2 einen Preis hat, in den alle Kosten eingehen. Nur Politik kann einen Rahmen schaffen, in dem ein Markt entsteht, der sich nicht selbst zerstört.

Bleiben wir bei der reinen Wettbewerbslogik, produzieren wir langfristig Barbarei. Wettbewerbsgewinner stehen nur kurzfristig gut da. Wirtschaftlich starke Staaten, wirtschaftlich starke Schichten und Milieus, wirtschaftlich starke Unternehmen sehen keine dringende Notwendigkeit, das System zu verändern. Und sie haben gute Mittel, solche Veränderungen zu blockieren. Doch mittel- und langfristig leiden auch sie unter den Folgen. Soziale und wirtschaftliche Krisen ziehen dann auch die ehemals Starken mit runter. Und die ökologischen Krisen, mit denen wir bei einem ungebremsten Klimawandel und der weiteren Zerstörung der Böden und Meere rechnen müssen, werden alle treffen.

Es geht um Systemveränderung. Wir leben in einer Welt vieler Zwischen-, Misch- und Unterformen, mit einer starken Dominanz des kapitalistischen Prinzips. Die oft geäußerte Weltsicht, nach der »der Kapitalismus« gesiegt habe und die heutige Welt eine des globalisierten reinen Kapitalismus sei, ist stark verkürzt. Dieser Kapitalismus ist vielfältig, widersprüchlich und gebrochen. Er hat nichts mit den einfachen Feindbildern mancher radikaler Linker zu tun.

> Dieser Kapitalismus ist vielfältig, widersprüchlich und gebrochen. Er hat nichts mit den einfachen Feindbildern mancher radikaler Linker zu tun.

Hierzulande gibt es – immer noch – einen starken Sozialstaat, Inseln der Genossenschaftswirtschaft, einen starken öffentlichen Bankensektor. Es gibt in vielen Staaten öffentliche Gesundheitssysteme, Energieversorger in öffentlicher Hand, selbstverwaltete Betriebe, Staatsunternehmen. Es gibt stark und schwach regulierte Märkte, offene Grenzen und geschlossene, hohe Umweltstandards und niedrige. Die Welt ist komplex.

Seit ich in der Politik bin, trete ich für eine umfassende soziale und ökologische Transformation ein. Am Ende einer solchen Entwicklung stünde nicht das Ende des Kapitalismus. Es gäbe auch weiterhin Investitionen, Verzinsung, private Unternehmen, Eigentum. Und doch: Am Ende einer solchen Transformation stünde ein anderes System als das, was wir heute haben.

Derzeit allerdings sieht es nicht besonders gut aus für eine solche Transformation. Die Blockade ist international stark, in Europa und auf der Ebene der G20. Und auch bei uns im Land herrscht Stillstand. Kurz nach der Finanzkrise öffnete die Eurokrise ein »Fenster der Gelegenheit«, endlich entscheidende Impulse für eine Regulierung der internationalen Märkte zu setzen. Doch die Gelegenheit verstrich. Das hat damit zu tun, dass es einen Akteur in dieser globalen Auseinandersetzung immer weniger gibt: Europa.

DIE FINANZKRISE UND DIE KRISE EUROPAS

Links reden, rechts wählen – das ist keine deutsche Marotte. Als Folge der Finanzkrise wurden erst einmal reihenweise konservative und wirtschaftsliberale Regierungen gewählt. In Griechenland ausgerechnet die konservative *Nea Demokratia* (Neue Demokratie), die den größten Teil jener Schulden aufgehäuft hat, die heute durch eine brutale Sparpolitik abgebaut werden sollen. Regierungen links der Mitte? Die durften in Island den von der Rechten herbeigeführten Staatsbankrott abwickeln – und wurden danach zugunsten der rechten Bankrotteure umgehend wieder abgewählt! Und auch die linke *Syriza*-Regierung in Griechenland kommt nicht umhin, zunächst harte Sanierungsmaßnahmen umzusetzen, obwohl sie für ein Ende der Austerität gewählt wurde.

Gerade dort, wo die Krise wirklich zugeschlagen hat, zeigte sich wieder einmal: Krisen sind keine guten Zeiten für eine Politik der linken Mitte. Weder Finanz- noch Eurokrise haben zu einer nennenswerten Reform des Kapitalismus geführt. 2009 war nur das Ende einer besonders plumpen und offenen neoliberalen Propaganda. Hinter den Sonntagsreden und nachdenklichen Kommentaren zur Krise, unter einer neuen »mäßigenden« konservativen Rhetorik kam es nicht zu einer Umkehr, sondern eher noch zu einer Verrohung, einer weiteren Bereicherung finanzstarker Eliten, einem weiteren Sozialstaatsabbau und weiteren Rückfällen in nationale Egoismen.

In Krisenländern wie Spanien, Portugal, Irland, Griechenland wurde die Staatsquote zurückgeführt, Steuern wurden gesenkt und Sozialleistungen gekürzt. Das war das Krisenrezept, das deutsche Wirtschaftseliten, ihre neoliberalen Ökonomen und die Regierungen der starken Länder der Eurozone, allen voran Deutschland, empfahlen. Investitionen in die Zukunft, Beteiligung der reichen Eliten an den Kosten der Krise, alles Fehlanzeige.

Die Ergebnisse der Sparpolitik sind bescheiden. Selbst

der Primus der europäischen Ökonomie, Deutschland, liegt mit seinem Bruttoinlandsprodukt von 2013 mit 109 Prozent nicht weit über dem Niveau vor dem Einbruch 2008. Die zweitstärkste Volkswirtschaft, Frankreich liegt bei 96 Prozent unter dem Vorkrisenniveau. Spanien (87 Prozent), Irland (91 Prozent), Portugal (86 Prozent) und Griechenland (68 Prozent) liegen deutlich unter dem Vorkrisenniveau.[9]

Offensichtlich ist Sparen nicht geeignet, Wachstum zu stimulieren – und die Staatsschulden sind dadurch nicht weniger, sondern mehr geworden. Dazu hätte mehr investiert werden müssen. »Sparen, bis es quietscht« – das Rezept des CDU/CSU-Fraktionsvorsitzenden Volker Kauder hat dagegen viele Europäer in Armut und Depression gestürzt. Die Austeritätspolitik hat den europäischen Gedanken gründlich diskreditiert.

In den Krisenländern kam es zu Massenprotesten, die sich zum Teil heftig gegen Deutschland richteten. Das taten auch rechte Parteien: Berlusconi zog 2014 im traditionell europafreundlichen Italien mit antideutschen Parolen in den Wahlkampf. Mit der Fünf-Sterne-Bewegung tauchte in Italien eine heterogene, aber antieuropäische Bewegung auf. In Griechenland gewann die Linke, aber offene Neonazis bekamen ein Zehntel der Stimmen.

Den stärksten Rechtsruck sahen wir 2014 aber nicht in den von der Krise am härtesten getroffenen Ländern, sondern im Kern der Europäischen Union. In Frankreich, England und Dänemark zum Beispiel wurden rechtspopulistische Parteien zur stärksten Kraft. In Österreich schnitt die FPÖ mal wieder sehr stark ab, in Deutschland zog mit der *Alternative für Deutschland* eine ebenso nationalistische wie wohlstandschauvinistische rechte Partei in das Europaparlament ein.

Der Trend nach rechts ist in Europa zwar nicht flächendeckend, aber in wichtigen Ländern ist er sehr stark und bedrohlich. Besonders bedrohlich wird es, wenn konservative Parteien darangehen, den rechten Rand dadurch hoffähig zu machen, dass sie ihnen zum Fraktionsstatus verhelfen. David Cameron hat die Europagegner im Jahr 2014 mit der Dänischen Volkspartei, den »Wahren Finnen« und der AfD sogar zur drittstärksten Fraktion gemacht.

Was fördert diese antieuropäischen, rechtspopulistischen wie auch wohlstandschauvinistischen Haltungen und damit die Abkehr von Europa?

Wir haben es mit den politischen Folgen der Finanzkrise und der nachfolgenden Staatsschuldenkrise zu tun. Die von den Europagegnern immer wieder vorgebrachte angebliche Brüsseler Bevormundung ist ein Klischee, für das viele Menschen kaum ein echtes Beispiel nennen können.

Die Krise hat die Blockade für eine zukunftsweisende Politik überall in Europa verstärkt. Das mag überraschen. Denn schließlich gibt es auch eine Bewegungsform von Geschichte, bei der Fortschritt aus Krisen und katastrophenartigen Ereignissen folgt. So führte die Weltwirtschaftskrise 1929 zum New Deal der Roosevelt-Ära, zwei Atomkatastrophen führten zum Ausstieg aus der Atomenergie in Deutschland, fürchterliche Umweltschäden in Luft, Böden und Wasser im Deutschland der 70er-Jahre brachten eine fortschrittliche Umweltpolitik auf den Weg.

Nach der Weltwirtschaftskrise von 1929 in den USA legte der Roosevelt'sche New Deal die Grundlage für den Wiederaufstieg der USA. 2009 blieb ein Green New Deal in Europa aus. So dümpelt der Kontinent in der Krise vor sich hin, in den Krisenländern verlängert sich soziale Not, auf den Finanzmärkten werden wieder Milliarden verdient, die

Europäische Union verliert Rückhalt bei ihren Bürgerinnen und Bürgern und wird durch starke, politisch extreme Kräfte bedroht.

Nun war die Europäische Union immer beides, Agentur für Integration, Völkerverständigung und ökologischen Fortschritt sowie auch Instrument einer Wirtschaftselite, die Freihandel propagierte und auf soziale und ökologische Standards wenig gab. Die Europäische Union war immer ein Antreiber des Wandels, bloß ging der nicht immer in die richtige Richtung. Ihre Erweiterung nach Süd- und später nach Osteuropa, verbunden mit einer Vertiefung der politischen Einheit, hat in den letzten Jahrzehnten bei aller Widersprüchlichkeit zu mehr Teilhabe für mehr Menschen, zu einem Gewinn an Rechtsstaatlichkeit sowie zu deutlich verbesserten sozialen, Verbraucher- und Umweltstandards geführt. Doch die Krise hat heute dafür gesorgt, dass die EU mit diesen Fortschritten nicht mehr verbunden wird.

Im Wesentlichen gibt es zwei Gründe für die europäische Krise. Man hat es versäumt, den Finanzmarkt streng zu regulieren. Und man hat es versäumt, die europäischen Volkswirtschaften aufeinander abzustimmen. Die Eurokrise ist nicht von überbordenden Staatsschulden ausgabewütiger Regierungen ausgelöst worden. Die Überschuldung von Staaten, Banken und Haushalten in Europa war Folge fehlender Regulierung und wirtschaftlicher Ungleichgewichte.

Die mangelnde Regulierung der Finanzmärkte führte dazu, dass viele Banken unhaltbare Geschäftsmodelle hatten. Viele Bürgerinnen und Bürger und viele Staaten verschuldeten sich im Übermaß, und schließlich fielen massenhaft private Kredite aus. Europäische Staaten waren gezwungen, ihre Banken zu retten. Bankschulden wurden zu Staatsschulden. Selbst solide Staaten wie Spanien gerieten so selbst in eine verschärfte Schuldenkrise. Starke Staaten waren gezwungen, schwache Staaten zu stützen.

Es gibt eine Währungsunion. Es gibt aber keine europäische Wirtschafts- und Finanzunion. Das Fehlen einer europäischen Wirtschafts- und Finanzpolitik hatte zudem befördert, dass die unterschiedlich starken europäischen Volkswirtschaften noch weiter auseinanderliefen.

Innerhalb Europas entwickelten sich riesige Ungleichgewichte. Einige starke Volkswirtschaften feierten riesige Exportüberschüsse und verdienten prächtig. Die schwächeren finanzierten ihre übermäßigen Importe vor allem auf Kredit, da sie ihren Konsum nicht aus eigenen Exporten finanzieren konnten. Finanziert wurde dieser Konsum auf Pump zum Teil durch die Banken des reichen Nordens. Knapp gesagt: Deutsche Banken liehen Griechenland Geld, damit Griechen bei deutschen Unternehmen einkaufen konnten. Eine Weile lang funktionierte dieses Modell prächtig. Aber auf Dauer geht das nicht gut.

Durch die gemeinsame Währung hatten die Defizitstaaten keine Möglichkeit, ihre Exporte durch Abwertung von Währungen zu verbilligen und anzutreiben. Die Schuldenberge wuchsen. Weil man einen gemeinsamen Währungsraum nicht durch eine gemeinsame Wirtschaftsunion ergänzt hatte, erntet man nun dramatisch verschärfte Verteilungskämpfe innerhalb Europas. Die politischen Erschütterungen des Jahres 2014 waren davon Ausdruck. Und die Eskalation der Griechenlandkrise im Sommer 2015 war es ebenfalls. Der Mangel an Einsicht in Teilen der europäischen Elite, vor allem bei der deutschen Bundesregierung, führte dazu, dass die destruktive Sparpolitik gegenüber Griechenland auf geradezu erpresserische Weise fortgesetzt wurde. Es gab nur das Versprechen auf eine spätere Umstrukturierung, aber noch keinen echten Schuldenschnitt, nur wenig neue Investitionen und kleine Schritte hin zu einer größeren wirtschaftspolitischen Integration. Die wirtschaftlichen Ungleichgewichte innerhalb der Eurozone bleiben bestehen. Die Wurzeln der Krise wurden so nicht bekämpft, während mit dem Kurssturz an Chinas Börsen die nächste Krise die globalen Aktienmärkte bedroht.

Unter den verschärften Wettbewerbs- und Verteilungsbedingungen ist die EU heute als Akteur für sozialen und ökologischen Fortschritt leider sehr geschwächt. Und obwohl vielen klar ist, dass ein deregulierter Finanzmarkt und ein unkoordinierter Freihandel die Probleme verursachen, gingen linke und ökologisch orientierte Parteien in Europa nicht gestärkt aus der Krise hervor. Eher stieg der soziale Druck auf die Wettbewerbsverlierer an. Und ökologische Politik wurde von vielen verzweifelten Akteuren als Wettbewerbshindernis im harten Kampf am europäischen Markt gesehen.

Großbritannien sabotiert die Finanzmarktregulierung, Polen den Klimaschutz, Frankreich die Agrarwende, Deutschland die Verbrauchobergrenzen für Spritfresser. Mit den neuen Klimazielen hat Europa sich faktisch vom Zwei-Grad-Ziel verabschiedet. Krisen führen eben nicht automatisch zu Fortschritt. Europa steckt mitten in seiner Krise. Als Akteur des Fortschritts ist es ein temporärer Ausfall. Es fehlt wichtigen Akteuren der Mut, auf die Krise Europas eine europäische Antwort zu geben.

STARKE LOBBY, SCHWACHE LOBBY: ORGANISIERTE INTERESSEN UND SCHWACHE DEMOKRATIE

Nach einer sehr einfachen Weltsicht hat in unserem Staat die Regierung »die Macht«. Aber *die* Macht gibt es nur im politischen Feuilleton. Meist meint man damit den jeweiligen Kanzler oder die Kanzlerin. Dann folgt auf den Begriff von *der* Macht der Kitsch von der »Höhenluft« und der »Einsamkeit der Macht«.

In Wirklichkeit gibt es *die* Macht so wenig wie *die* Politik. Nimmt man den direkten Einfluss auf das reale Leben der Menschen, dann machen politische Entscheidungen nur einen Teil der Mächte aus, die unsere Leben beeinflussen. So relativiert sich *die* Macht *der* Politik recht schnell.

Die Machtverhältnisse in Deutschland sind komplex. Macht ist auf viele Akteure verteilt. Selbst der mächtigste Einzelpolitiker im Lande, der oder die BundeskanzlerIn, ist von unzähligen Akteuren und Faktoren abhängig, kaum einmal völlig frei in einer Entscheidung. Wer unter den heutigen wirtschaftlichen und gesellschaftlichen Umständen von Macht redet, muss von der Macht des Finanzmarktes sprechen, von der Macht der großen Unternehmen und Konzerne, von der Macht der Verbände und Lobbys, von der Macht der Medien – und der Macht der Zivilgesellschaft. Im Zusammenspiel all dieser Akteure bilden sich die Machtverhältnisse in Deutschland heute. Und all das ist *die* Politik von heute.

Deutschland verfügt über eine sehr vielfältige Landschaft von Verbänden und Interessensgruppen. Darin organisieren sich Bürgerinnen und Bürger, Unternehmen, Arbeitnehmerinnen und Arbeitnehmer, Religionen, weltanschauliche Gruppen und vieles mehr. Diese Verbände üben Macht aus. Sie beeinflussen die öffentliche Diskussion, geben Stellungnahmen ab, kommunizieren mit uns Politikern auf allen Ebenen und versuchen, ihre Weltsicht und ihre Interessen voranzubringen.

Daran ist nichts auszusetzen, so organisiert sich unsere Gesellschaft. Demokratie ist auf diese Organisationen angewiesen, die Gesellschaft lebt in ihnen, demokratische Entscheidungsfindung muss sich mit der selbstorganisierten Gesellschaft verzahnen, sie einbeziehen. Verbände, Gewerkschaften, Initiativen, ja Lobbys gehören zur Demokratie.

Doch es kommt auf das richtige Maß an. Das heutige Ausmaß des Lobbyismus ist exzessiv. Es ist so exzessiv, dass es die Demokratie gefährdet. Denn Lobbyismus bedeutet auch extrem ungleiche Machtverteilung. Er kann die demokratisch legitimierte Entscheidung der Mehrheit der Bevölkerung aushebeln.

Die Menschen spüren das. Sie mögen es nicht, von Politikern regiert zu werden, die sich von Lobbyisten steuern lassen. Weshalb *Lobby* auch als Schimpfwort gilt. Man benutzt es in der öffentlichen Diskussion vor allem, wenn man die organisierten Interessen des politischen Gegners als halbseiden, illegitim, finster darstellen will. Was allzu oft berechtigt ist. Versucht wird allerdings auch, den Begriff negativ gegen weltanschaulich getriebene Verbände zu wenden, dann redet man von der »Umweltlobby« oder der »Tierschutzlobby«.

Dabei ist es hilfreich zu unterscheiden. Organisationen, die für bestimmte ethische Werte kämpfen, sind keine Lobbys. Lobbys vertreten Interessen, nicht Werte. Deshalb sind Tierschützer keine Lobbyisten. Die Verbände der erneuerbaren Energien betreiben sehr wohl Lobbyismus, die Deutsche Umwelthilfe (DUH) macht beides. Und noch etwas: Man erkennt nicht an der Anwesenheit eines Lobbyisten, ob ein Anliegen richtig oder falsch ist.

Aber: Lobby ist eben nicht gleich Lobby. Es sind gerade die wirtschaftlich stärksten Interessen, die sich oft durchsetzen. Die Bewahrer des Status quo haben einen strukturellen Vorteil. Sie verfügen, ob Bundesverband der Deutschen Industrie (BDI), Bundesvereinigung der Deutschen Arbeitgeberverbände (BDA), Industriegewerkschaft Bergbau, Chemie, Energie (IG BCE) oder Industriegewerkschaft Metall (IG Metall) über deutlich mehr Geld und mehr Kontakte als der Bund Umwelt und Naturschutz Deutschland (BUND), Greenpeace oder der Deutsche Paritätische Wohlfahrtsverband. Sie profitieren von der Angst vor jeglicher wirtschaftlicher Veränderung. Wirtschaftlich kurzfristig orientierte Lobbys werden heute tendenziell stärker, ökonomisch langfristig orientierte werden schwächer.

Lobbys hat es schon immer gegeben. Ob Altautorichtlinie, Partikelfilter oder Emissionshandel – es gab zu meiner Zeit als Bundesumweltminister kein umweltpolitisches Gesetzgebungsvorhaben, das nicht massivem Lobbydruck ausgesetzt war. Vorstandsmitglieder wie Ferdinand Piëch (VW) riefen noch spät abends an. Im Auftrag des Vorstandes machte gleichzeitig der Volkswagen-Betriebsrat beim SPD-Fraktionsvorsitzenden Druck, und in Sachen Emissionshandel reiste BASF-Vorstand Eggert Voscherau mir sogar im Wahlkampf nach. Genützt hat es wenig. Die Altautorichtlinie kam fast unverändert, der Partikelfilter kam mit zwei Jahren Verspätung, und der Emissionshandel wurde trotz Wehgeschrei des Verbandes der Chemischen Industrie (VCI) eingeführt.

Es gibt ein einfaches Rezept gegen Lobbyismus. Man hört sich die Lobby an – aber man macht sich nicht mit ihr gemein.

Es gibt ein einfaches Rezept gegen Lobbyismus. Man hört sich die Lobby an – aber man macht sich nicht mit ihr gemein.

Gegen die Umsetzung des von einem meiner Vorgänger, Klaus Töpfer (CDU), eingeführten Dosenpfands durch mich, Anfang der 2000er-Jahre, gab es über 200 Klagen von großen Handelsunternehmen oder von Brauereien. Die Einweglobby hat alle diese Prozesse verloren. Das hinderte den damaligen Ministerpräsidenten von Nordrhein-Westfalen, Wolfgang Clement (damals SPD, heute FDP), nicht daran, noch einmal zu versuchen, mich in einem langen Gespräch zu einem Aussetzen der Pfandpflicht zu bewegen. Er versprach mir ein Papier mit einem Lösungsvorschlag. Eine halbe Stunde später erhielt ich sein Fax. Allerdings nicht von einem Faxgerät der Landesvertretung NRW, sondern mit der Absenderkennung des *Kaufhof* am Alexanderplatz, in Berlin gegenüber dem Umweltministerium gelegen. Das Kaufhaus ist Eigentum jener *Metro*-Gruppe, die damals heftig gegen das Pfand kämpfte.

In diesem Beispiel kommt der Lobbyismus ebenso harmlos wie dilettantisch daher. Mittlerweile werden von Pharmalobbyisten komplette Textbausteine für Arzneimittelgesetze geliefert. Entwürfe zur Regulierung von Banken werden von Anwaltskanzleien gefertigt, deren Hauptmandanten eben diese Banken sind. Mit Eckart von Klaeden wechselte ein Staatsminister im Kanzleramt direkt von dort auf den Cheflobbyisten-Posten bei Daimler. Parallel zum Bekanntwerden einer BMW-Spende an die CDU in Höhe von 690 000 Euro blockiert die Bundesregierung in Brüssel einen für BMW ungünstigen Kompromiss zu europäischen CO_2-Obergrenzen für Autos. Dieser Lobbyeinfluss auf politische Entscheidungsträger untergräbt die Demokratie.

Aber ist es denn nicht wichtig, dass *die* Wirtschaft sich bei der Politik Gehör verschafft? Leben wir denn letztlich nicht alle von *der* Wirtschaft? Mag sein, bloß: Das Gerede von *den* Interessen *der* Wirtschaft ist so grundfalsch wie die Rede von *der* Politik.

Selbstverständlich sind die Interessen von Windkraftunternehmen nicht deckungsgleich mit denen von RWE oder E-on. Und die von Wacker-Chemie sind nicht identisch mit denen von BASF. Die Rede von *der* Wirtschaft dient dazu, die Machtverhältnisse in den großen Industrieverbänden zu verschleiern. Der Komment in diesen Verbänden wird von den großen Unternehmen – und hier in der Regel von den langsamsten der großen Unternehmen bestimmt. Auch innerhalb des organisierten Wirtschaftslobbyismus setzt sich die große, strukturkonservative Lobby in der Regel gegen kleine, mittelständische Innovatoren durch. Der kurzfristige Wettbewerbsvorteil verhindert oft die langfristige Stärkung der Wettbewerbsfähigkeit durch Innovation.

Die größte Lüge des deutschen Wirtschaftslobbyismus ist die Behauptung, den deutschen »Mittelstand« zu vertreten. Mit diesem Begriff ist weder die Mittelschicht noch der wirkliche Mittelstand gemeint. In einem Land, in dem die Mitte der Fluchtpunkt gesellschaftlicher Sehnsucht ist, wird die Sorge um den Mittelstand gern von Großkonzernen und Superreichen als Geisel genommen.

Die größte Lüge des deutschen Wirtschaftslobbyismus ist die Behauptung, den deutschen »Mittelstand« zu vertreten.

Nach den üblichen Kriterien fasst der Begriff »Mittelstand« alle Unternehmen zusammen, die bis zu 50 Millionen Euro Jahresumsatz erzielen und bis zu 500 Mitarbeiter beschäftigen. Die Interessen dieser Unternehmen und ihrer Eigentümer sind weder identisch mit denen der sogenannten »Mittelschicht« noch mit denen des »kleinen Mannes« und der durchschnittlich verdienenden Familien in Deutschland.

Dennoch: Dieser Mittelstand ist das Rückgrat der deutschen Wirtschaft. Rund zwei Drittel der sozialversicherungspflichtig Beschäftigten arbeiten in seinen kleinen und mittleren Unternehmen. Sie erwirtschaften rund 40 Prozent aller Umsätze. Und sie stellen in vielen Bereichen hochwertige Produkte her, die Deutschlands Erfolg auf den internationalen Märkten ausmachen. Gute, innovative Unternehmen mit qualifizierten und fleißigen Angestellten, deren Leistung nicht kleingeredet werden darf. In den großen Wirtschaftsverbänden aber, die sich mit dem beliebten Mittelstand schmücken, in den großen Verbänden des BDI gibt nicht der Mittelstand, da geben die großen Konzerne den Ton an.

Und selbst in der »Arbeitsgemeinschaft Selbstständiger Unternehmer«, die sich seit einigen Jahren scheinheilig als »Die Familienunternehmer« vermarkten, wird peinlich vermieden, eine Grenze zu ziehen zwischen kleinen und mittelständischen Unternehmen und Großunternehmen. So kann dann ein mehrfacher Milliardär als Mittelständler kostümiert durch die Talkshows ziehen, und niemand lacht ihn aus.

In Deutschland kann sich der Wirtschaftslobbyist auf seine Sozialpartner verlassen. Insbesondere die beiden großen Industriegewerkschaften Metall (IGM) und Bergbau/Chemie/Energie (IG BCE) sind weniger Gegenmacht als Bündnispartner des Strukturkonservatismus. Dass in

Deutschland der gesetzliche Mindestlohn erst zehn Jahre nach der Öffnung der Arbeitsmärkte – mit Ausnahmen – Realität wird, ist im Wesentlichen ihrer langen Weigerung zu danken. Einzig Ver.di, die Gewerkschaft, die die Verlierer des Wandels in den ausgelagerten Dienstleistungsbranchen zu vertreten hat, war schon lange dafür, und GRÜNE forderten ihn schon zur Einführung der Agenda 2010.

Noch konservativer ist die Haltung beider Großorganisationen bei ökologischen Innovationen. Von der Altautorichtlinie, dem Atomausstieg über den Partikelfilter bis hin zum Emissionshandel zögerten Gewerkschaften nicht, zusammen mit ihren Arbeitgebern und der CDU Demos und Fackelzüge gegen Klimaschutz zu organisieren. Der Vorsitzende der IG BCE denunziert die Energiewende bis heute bei jeder öffentlichen Gelegenheit. Dagegen ist der Thyssen-Krupp-Chef fast ein Öko. Schließlich ist die Windindustrie ein relevanter Nachfrager von Stahl.

Doch selbst die IG Metall schlingert. Demonstrierte sie vor Jahren noch für den Erhalt der fast 400 000 Arbeitsplätze in dieser (ihrer) Branche, trommelt sie heute zusammen mit der Stahlindustrie gegen angeblich zu hohe Strompreise. Dass die Börsenstrompreise in Deutschland in Wahrheit gesunken sind, interessiert die Blockadepartner dabei nicht.

Umweltverbände, Globalisierungskritiker, Sozialverbände sind dagegen eher schwache Kräfte. Vielfach erzeugen sie ihre Stärke in punktuellen Auseinandersetzungen mit verblüffenden Erfolgen. Ihr größter Erfolg war das Zurückkämpfen von Merkels Laufzeitverlängerung für Atomkraftwerke. Aber auch dieser Erfolg wäre ohne den mehrfachen Super-Gau in Fukushima nicht möglich gewesen. Der groß angelegten Anti-Energiewende-Kampagne der großen Wirtschaftslobbys, die wir in den letzten Jahren erlebten, hatten Umweltorganisationen und die Erneuerbaren-Branche erstaunlich wenig entgegenzusetzen.

Hinter den wirtschaftlich starken Lobbys stehen nicht nur ein paar Großverdiener, sondern auch deren Arbeitnehmer, oft in großer Zahl. So ist die Lobby der Autokonzerne in Deutschland nicht nur stark, weil Dieter Zetsche und die Kanzlerin sich gut verstehen, sondern weil diese weiß, dass Herr Zetsche für 275 000 Mitarbeiter und Mitarbeiterinnen spricht, davon rund 168 000 in Deutschland.

Auch hier sind wir Deutsche schwankend und widersprüchlich. Man möchte nicht von Lobbyisten regiert werden. Schließlich leben wir in einer Demokratie und wählen unsere Politiker nicht, damit sie Befehle aus der Chefetage von Siemens oder Daimler entgegennehmen. Aber wenn genau das geschieht, dann ist der öffentliche Aufschrei oft nicht allzu laut. Vielleicht wollen wir Deutsche ja doch von unseren Wirtschaftskapitänen regiert werden? Zumindest wenn es sich um die Kapitäne von erfolgreichen Unternehmen handelt, die als Aushängeschild gelten?

Banker sehen wir nicht mehr gerne im Kanzleramt, seit der Finanzkrise. Doch wenn die Autoindustrie die Stimme erhebt, dann erschauern wir. Da muss dann wohl was dran sein. Konservative, wirtschaftsliberale und sozialdemokratische Politikerinnen und Politiker dieses Landes wussten immer genau, dass es ihnen nicht schadet, als Handlanger deutscher Autoproduzenten dazustehen. Wir Deutsche haben es ihnen in Wahlen nicht übel genommen – bei allem Abscheu gegenüber Lobbyisten. Autokanzler oder Autokanzlerin – das gilt als Kompliment.

Im Grunde ist es ganz einfach. Gewählte Politiker sollten sich anhören, was Lobbyisten zu sagen haben. Das habe ich immer getan und dabei viel gelernt. Schließlich verfügen die

Verbandsvertreter oft über Wissen, das für politische Entscheidungen relevant ist. Und nicht jedes ihrer Argumente ist falsch. Von der Autoindustrie hängen fürwahr Hunderttausende Existenzen in diesem Lande ab. Doch die Aufgabe der demokratischen Politik ist es nicht, diese Industrie vor jeglichem Wandel abzuschirmen. Ganz im Gegenteil: Deutschland ist kein Wirtschaftsbetrieb, sondern eine Gesellschaft, die zukunftsfähig sein muss in einer Welt, die sich rapide wandelt. Nach den Gesprächen mit den Lobbyisten sollten Politiker ihnen die Tür zeigen, und dann sollten sie in Ruhe Entscheidungen treffen, die das Gemeinwohl, das Ganze der Gesellschaft, die zukünftigen Generationen und die natürlichen Lebensgrundlagen im Blick haben. Grundlage für die Entscheidungen sind Wahlen, Parteiprogramme, wissenschaftliche Erkenntnisse, Verhandlungsergebnisse, öffentliche Diskussionen – mit anderen Worten: Demokratie. Da müssen viele Interessen berücksichtigt werden. Aber am Ende müssen Entscheidungen getroffen werden, da kann man es nicht allen recht machen.

> **Deutschland ist kein Wirtschaftsbetrieb, sondern eine Gesellschaft, die zukunftsfähig sein muss.**

Klingt naiv? Angesichts der Praxis in Deutschland in den letzten Jahren scheint das in der Tat weltfremd zu sein. Die Macht, die der Lobbyismus heute errungen hat, verstärkt die Blockade gegenüber einer Politik zukunftsweisender Veränderung massiv. Auch weil die Argumente der starken Lobbys in den Medien dominieren. Das Hofschranzentum der BILD gegenüber Wirtschaftsführern steht in keinem Verhältnis zu der durchgehenden Verachtung, mit der gewählte Volksvertreter von dieser Zeitung behandelt werden.[10]

VIERTE GEWALT UND DIE MACHT ÜBER DIE KÖPFE: MEDIEN UND DER KAMPF UM DEUTUNG

Für die übergroße Zahl der Menschen findet Politik nur in den Medien statt. Nur eine Minderheit von Politikprofis, Politikwissenschaftlern, Juristen, Lobbyisten und sehr interessierten Bürgerinnen und Bürgern beschäftigt sich direkt mit den Vorlagen, Gesetzesentwürfen, Positionspapieren und Anträgen, die im Politikbetrieb produziert werden. Anders geht es gar nicht: Das Geschäft der demokratischen Selbststeuerung moderner Gesellschaften ist kompliziert.

Bürgerinnen und Bürger können sich das nicht alles zu Gemüte führen, kein Mensch hat die Zeit dazu. Dafür sind Medien da. Sie müssen das Geschehen aufbereiten, verständlich machen, das Wichtige auswählen und diskutierbar machen. Damit sind sie eine Macht.

Diese vierte Gewalt ist anders als die drei Gewalten Legislative, Exekutive und Judikative zwar im Grundgesetz begründet, aber nicht institutionalisiert. Aber Medien sind nicht nur durch das Grundgesetz geschützt. Sie sind auch ein Geschäft. Wenn sie vierte Macht sind, dann ist es die einzige Macht im Staat, die einem brutalen Verwertungs- und Kommerzialisierungsdruck offen unterliegt.

> **Wenn die Medien die vierte Macht sind, dann ist es die einzige Macht im Staat, die einem brutalen Verwertungs- und Kommerzialisierungsdruck offen unterliegt.**

Die ökonomische Krise insbesondere der Zeitungen hat diesen Druck massiv verstärkt. So sehr sich Medien mit ihrem demokratischen Auftrag schmücken – sie sind diejenige der vier Gewalten, die am meisten kommerzialisiert und ökonomisiert ist. Diese Kommerzialisierung beißt sich mit ihrem demokratischen Auftrag.

Viele Menschen glauben, die Politik finde »hinter verschlossenen Türen« statt, dort täten *die* Politiker, was sie wollen, und scherten sich nicht darum, was die Öffentlichkeit oder *das* Volk darüber denkt. Bis auf seltene Einzelfälle ist das Gegenteil der Fall. Nahezu alles, was im Politikbetrieb geschieht, ist öffentlich zugänglich. Sogar das informelle Geschehen, das Gemauschel und die internen Absprachen, all das wird – schon wegen des Interesses von Politikern, öffentlich präsent zu sein und aufgrund ständiger Kontakte mit Journalisten – fast immer irgendwann öffentlich. Sobald mehr als zwei Leute im Raum sind, steht man praktisch in der Öffentlichkeit.

Die Politik schert sich permanent darum, was *die* Öffentlichkeit oder *das* Volk von ihr denkt. Sie ist besessen davon. Tägliche Pressespiegel und Medienlage-Besprechungen zeigen uns politischen Akteuren stets die direkte Reaktion auf das Geschehen. Fast alle Umfragen zu Trends und Stimmungsschwankungen werden von allen Profis – oder ihren MitarbeiterInnen – wahrgenommen, sei es zu den Parteiwerten, zu Beliebtheitswerten oder zu einzelnen Sachfragen. Und sie werden in künftige Entscheidungen mit einbezogen. Mittwochs kann die Welt untergehen, erst mal wird geguckt, wie *wir* bei FORSA stehen. Das ZDF-Politbarometer heißt Gott sei dank so. Hieße es Politthermometer, würden Abgeordnete und Parteivorstände es sich freitags unter den Arm klemmen. Regierung und Opposition sind scharf wie Nachbars Lumpi darauf, zu wissen, was *die* Bevölkerung von ihnen denkt.

Wer oder was aber ist *die* Bevölkerung? Wie hören wir Politiker von den Bürgerinnen und Bürgern, von der Stimmung im Lande, von den Reaktionen auf Vorstöße, von den Wünschen nach Veränderung oder dem Widerstand gegen Reformen?

Es gibt – neben den Umfragen – den direkten Weg: über direkte Kanäle wie Bürgerpost, E-Mail und Social Media, über Demonstrationen und Veranstaltungen, über persönliche Kontakte.

Doch überlagert werden die direkten Kanäle durch die Medien. Was *die* Öffentlichkeit denkt, wie *die* Stimmung ist, erfahren wir aus den Medien. Selbst das, was über die direkten Kanäle kommt, wird von dem bestimmt, was in den Medien läuft. Darin liegt die enorme Macht der Medien.

Man hat die Rolle der Redaktionen und vor allem der Chefredakteure in Presse, Funk und Fernsehen mit der Rolle von Türstehern verglichen, »Gatekeeper«. Sie entscheiden darüber, wer ins Stadion reinkommt, was man mit hineinbringen darf, wer zu welchem Zeitpunkt zu welchem Thema reden darf und unter welchem Aspekt bestimmte Themen diskutiert werden. Medien, vor allem die Leitmedien, bestimmen die Tagesordnung.

Als Leitmedien bezeichnet man diejenigen Medien, die von wirklich allen im Geschäft gelesen oder gesehen werden und von denen das Gros der anderen Medien sich auch routinemäßig überzeugen lässt, dass etwas eine »Nachricht« oder ein »Thema« ist. In Deutschland sind das immer noch die großen Tageszeitungen wie BILD, FAZ, SZ, WELT, die Wochenmagazine DER SPIEGEL und DIE ZEIT, die Nachrichtensendungen von ARD und ZDF, im Netz *spiegel online* und *bild.de* und noch einige andere. Sie entscheiden, worüber geredet wird.

Natürlich ist diese Macht nicht unbegrenzt. Die Regierung hat ihre Agenda, und darüber *muss* geredet werden. Für

Oppositionsparteien ist es schon schwieriger. Lobbyisten und Nichtregierungsorganisationen sind auf das Wohlwollen der Gatekeeper für ihre Anliegen oder auf spektakuläre Aktionen angewiesen, um die Medien zur Berichterstattung zu bringen.

Auch die Regierungen sind aber bei der Bestimmung ihrer Agenda bereits oft getrieben von dem, was medial läuft. Eine einzige Geschichte der BILD über *Florida-Rolf* brachte den Bundestag dazu, das Gesetz über die Sozialhilfe im Ausland zu ändern. Das wurde teuer. Zuvor war es nämlich billiger, Sozialhilfe für in Kasachstan lebende Deutsche zu zahlen, weil es dort einen niedrigeren Lebensstandard gibt. Und es gab mehr deutsche Sozialhilfeberechtigte in Kasachstan als in Florida. Seit das eingeschränkt wurde, mussten höhere Regelsätze für die nach Deutschland gekommenen deutschen Aussiedler aus Kasachstan gezahlt werden.

Umgekehrt nutzen Politiker und Politikerinnen die Medien als Testgebiet. Man probiert durch sogenannte Testballons aus, wie ein Vorschlag ankommt. Risikofreudige Abgeordnete aus der zweiten Reihe (»Minenhunde«) werfen einen Vorschlag in die Öffentlichkeit, man schaut, wie er läuft, und sieht dann weiter. Das Kommentarecho bestimmt das weitere Vorgehen.

Wie Lobbymacht ist auch Medienmacht nichts Neues. Es gibt aber Indizien dafür, dass die Macht einiger weniger Medienakteure heute weiter angestiegen ist. Die Explosion des medialen Angebots und eine gesteigerte Mediennutzung haben dazu geführt, dass Politik tatsächlich transparenter geworden ist als zu Zeiten Konrad Adenauers. Politiker müssen sich einfach mehr darum kümmern, wie sie in den Medien erscheinen. Das hat auch sein Gutes. Gleichzeitig hat ein kultureller Wandel dazu geführt, dass die Aufmerksamkeitsspanne der Mediennutzer kürzer geworden ist, die Berichterstattung über Politik oberflächlicher und die Konkurrenz zu anderen Bereichen größer.

Unterhaltung, Sport, Klatsch werden von den Bürgerinnen und Bürgern mehr nachgefragt als Nachrichten über ihre demokratische Politik. Gleichzeitig bedrohen die Fürlau-Kultur im Internet und der Verlust der Anzeigen das Geschäftsmodell der traditionell gedruckten Zeitung. Online hat sich noch kein ebenbürtiges Geschäftsmodell entwickelt, bisher kommt fast nur über Werbung Geld rein.

All das setzt den politischen Journalismus unter Sparzwang und Ressourcenmangel, bei gleichzeitig hohem Konkurrenz- und Beschleunigungsdruck. Eigene Recherchen werden unerschwinglich, Abschreiberei und Rückgriff auf die Meldungen der Nachrichtenagentur dpa – mittlerweile nahezu ein Monopolist – sorgen für einen immer stärkeren Gleichklang in den Medien. So können immer weniger Leitartikler und Kommentatoren immer mehr Einfluss auf die Stimmung im Lande ausüben. Es gibt durch die Krise der Medien eine zunehmende Konzentration medialer Macht – und damit mehr Uniformität.

Dies ist keine einseitige Schuldzuweisung an die Medien. Das Publikum goutiert die Entwicklung durchaus. Bürgerinnen und Bürger zeigen sich politisch weniger interessiert und weniger bereit, Zeit für die Informationsaufnahme und Geld für die Informationsbeschaffung aufzuwenden. Die Boulevardisierung des politischen Diskurses zur Seifenoper bedient ein weit verbreitetes Bedürfnis. So verschlechtert sich das Angebot an politischer Öffentlichkeit aus Mangel an Nachfrage – und nicht nur aus Konzentrationsprozessen auf der Angebotsseite.

Medien haben ihren Einfluss oft zum Guten ausgeübt. Sicher wäre der Ausstieg aus der Atomkraft nicht gelungen, hätten nicht viele Journalistinnen und Journalisten immer wieder hartnäckig über Jahre recherchiert und auf die Risiken dieser Technologie aufmerksam gemacht. Sicher wäre die – immer wieder bedrohte, aber doch sehr weit fortgeschrittene – Liberalisierung der deutschen Gesellschaft in den letzten Jahrzehnten nicht möglich gewesen, hätten nicht viele Medien immer wieder auf die Grundlosigkeit von traditionellen Ressentiments hingewiesen.

Medienmacht kann ein günstiges Klima für Veränderungen erzeugen, sie kann Veränderungen aber auch unmöglich machen. Derzeit ist die Medienlandschaft gegenüber einer sozialen und ökologischen Reformpolitik eher ablehnend eingestellt. Sie ist Teil der deutschen Zukunftsblockade.

> **Medienmacht kann ein günstiges Klima für Veränderungen erzeugen, sie kann Veränderungen aber auch unmöglich machen.**

Das liegt auch daran, dass sich die Landschaft einflussreicher Medien ausdünnt, und zwar politisch asymmetrisch. Es gibt kaum mehr linksliberale Medien mit Einfluss, vor allem hinsichtlich der wirtschaftspolitischen Linie. Nach dem Ende der *Financial Times Deutschland* dominiert der Neoliberalismus nicht nur die Wirtschaftszeitungen und Nachrichtenmagazine, sondern auch die Wirtschaftsberichterstattung der Tageszeitungen von BILD über die FAZ bis zur *Süddeutschen*. Kaum jemand würde heute mehr John Maynard Keynes drucken, und die Argumente von Nobelpreisträgern wie Paul Krugman oder Joseph Stiglitz werden allemal noch in den *Blättern für Deutsche und Internationale Politik* ernst genommen. Ein gutes Magazin, aber: Weniger als 10 000 Exemplare werden verkauft.

Ausnahmen bestätigen auch hier die Regel. Thomas Pikettys Buch über das »Kapital im 21. Jahrhundert«[11] wurde zwar selbst in Regionalzeitungen vorgestellt – in der Regel aber mit Interviews und Artikeln gespickt, welche bemüht waren, die Fakten zur Vermögensungleichheit und der Herausbildung einer neofeudalen Oberschicht zu relativieren, wo man sie schon nicht widerlegen konnte.

Denn allen Finanzkrisen zum Trotz ist in den Chefredaktionen die Hegemonie des Wirtschaftsliberalismus ungebrochen. Auch nach der Finanzkrise, trotz Spaltung der Gesellschaft in wenige sehr Reiche, stagnierende Mittelschichten und viele Niedriglöhner und Arme, trotz des fortschreitenden Klimawandels und der kaum gebremsten Umweltzerstörung unterstützen viele tonangebende Leitmedien das deutsche Modell der letzten Jahre in unveränderter Form. Nach wie vor gilt dort der Sozialstaat als Hemmnis, nicht als Errungenschaft. Staatliche Aktivität steht unter Nutzlosigkeitsverdacht, Mindestlöhne akzeptiert man höchstens widerwillig, strengere ökologische Standards für deutsche Leitindustrien wie die Autoindustrie werden bekämpft. Die wichtigsten deutschen Leitmedien geben den Forderungen der großen Wirtschaftsverbände und der neoliberalen Ökonomenzunft großen Raum. Sie werden als neutrale »Experten« vorgestellt und sehr oft zitiert, andere Ansätze kommen kaum vor.

Ich will hier nur zwei Beispiele nennen. Die Energiewende wird seit einiger Zeit nur noch unter dem Aspekt der Kosten für Industrie und Stromkunden thematisiert. Dass Windstrom an Land, Sonnenenergie auf Freiflächen bereits heute billiger ist als Strom aus fossilen oder gar nuklearen Kraftwerken und sich weiter verbilligt, wird vielfach unterschlagen. Verschwiegen werden die horrenden Kosten der Atomkraft und der Kohlekraft. Die Früchte dieser langen medialen Schlagseite in der Berichterstattung können nun in der Energiepolitik der großen Koalition besichtigt werden.

Ein anderes Beispiel ist die Rentenpolitik. Ich bin nicht für die Rentenpolitik der Großen Koalition. Meine Priorität wäre die Verhinderung künftiger Altersarmut. Dagegen tut die Große Koalition nichts. Aber ihre Rentenpolitik wurde extrem einseitig und unfair kommentiert. Unmittelbar nach Unterzeichnung des Koalitionsvertrages setzte ein monatelanges mediales Trommelfeuer gegen die Mütterrente und die Rente mit 63 ein. Dass es eine grobe Ungerechtigkeit ist, die Erziehungsleistungen von Müttern, deren Kinder vor 1992 geboren wurden, nicht so zu berücksichtigen wie die von Müttern später geborener Kinder, das spielte keine Rolle mehr. Das macht zwei Drittel der Kosten des Rentenpakets aus. Nur der kleinere Teil floss in die Rente mit 63 für Arbeitnehmer, die 45 Jahre gearbeitet haben, Steuern und Sozialversicherung bezahlt haben und nun künftig keine Abschläge mehr bekommen, wenn sie etwas früher in Rente gehen. Das wurde als existenzielle Bedrohung für Deutschlands Wohlstand porträtiert.

Und zwar unisono. Es gab fast kein Medium, das Argumente, die für diese beiden Maßnahmen sprachen, überhaupt noch erwähnte. Eine Zensur findet nicht statt. Die braucht es auch nicht. Unterstützer der Mütterrente und der Rente mit 63, ein Großteil der Gewerkschaften, Kritiker der bisherigen Rentenpolitik und rund 85 Prozent der deutschen Bevölkerung hatten keinen Zugang zur deutschen »Öffentlichkeit«. Das ist praktizierte Medienmacht.

SELBSTBLOCKADE POLITIKVERDRUSS

Die mediale Darstellung von Politik hat aber noch einen anderen Effekt, weniger absichtlich und weniger im Sinne der bewussten Meinungsmache. Sie produziert und inszeniert Überdruss an Politik.

Manche nennen es Politikverdrossenheit oder Politikverdruss, andere sprechen von Entpolitisierung. Es ist in Deutschland hof- und mehrheitsfähig geworden, *die* Politik insgesamt doof zu finden, gewählte Politiker in Bausch und Bogen als korrupt, unfähig, bürgerfern, streitsüchtig, arrogant, abgehoben etc. zu verteufeln. Immer mehr Bürgerinnen und Bürger verstehen ihr Wahlrecht nur noch als lästige Pflicht, bei der es allerhöchstens gelte, das »kleinste Übel« zu wählen.

Vor allem *die* Parteien seien allesamt gleich schlimm und unfähig. Öffentliches Renommee genießen am ehesten noch Personen, die sich als betont »überparteilich« oder als »Querköpfe« inszenieren, als ganz besonders »frei denkende« Einzelne, möglichst enthoben von der Notwendigkeit, eine größere Anzahl von Menschen hinter einer Position zu versammeln, um sie durchzusetzen. Am besten sind sie jenseits der Siebzig. Dann werden diese Vaterfiguren zu Anne Will und Sandra Maischberger eingeladen.

Organisationen wie der ADAC oder die Kirchen hatten es bis vor Kurzem noch etwas leichter. Seit Franz-Peter Tebartz van Elst die Kirchensteuer in Limburg verprasste und der ADAC nach Gutdünken seine Autotests fälschte, ist auch das vorbei. Beide sind heute da, wo der Deutsche Gewerkschaftsbund beim Neue-Heimat-Skandal Anfang der 80er-Jahre war – zutiefst in ihrer Glaubwürdigkeit erschüttert.

Übrig geblieben als positiv besetzte Sympathieträger unserer Gesellschaft sind die vereinzelten Helden des Sports, der Unterhaltungsbranche und die Fußballklubs, selbst wenn sie von geständigen Steuergroßbetrügern geführt werden. Zumindest solange der Erfolg da ist und die Boulevardpresse noch nicht auf Mobbing umgeschaltet hat. Dass Uli Hoeneß seine Haftstrafe annahm, ist selbstverständliche Bürgerpflicht und nötigt bloß Horst Seehofer und Angela Merkel Respekt ab. Dass aber sein ehemaliges Fanmagazin BILD sich noch vor dem Urteil auf die Seite seiner Verdammer schlug, war so eklig, dass man mit dem Uli fast Mitleid haben musste.

Doch wir leben in einem der reichsten Länder der Welt, mit einem im Vergleich immer noch leidlich gut funktionierenden Gemeinwesen, relativ wenig Korruption, relativ wenig Kriminalität, einer hohen Lebenserwartung, einem großen und erschwinglichen Kulturangebot und einem – bei aller Kritik – recht gut funktionierenden Gesundheits- und Sozialsystem. Hier schreibt jemand, der vieles verändern und verbessern möchte und der viele Probleme sieht, aber man sollte eines anerkennen: Die deutsche Politik, auch diejenigen Parteien, die ich als politische Gegner betrachte und gerne und scharf kritisiere, haben in den letzten Jahrzehnten einiges geleistet und zustande gebracht. Wirtschaftlichen Wohlstand über die Jahrzehnte, den deutschen Vereinigungsprozess, die europäische Integration, umweltpolitische Fortschritte, eine gesellschaftliche Liberalisierung.

Wie kommt es, dass demokratische Politik hier so diskreditiert ist? Und wie kommt es, dass Politikverdrossenheit sich nicht nur dort breit macht, wo Menschen durch die Politik der letzten Jahre wirklich etwas verloren haben, sondern gerade unter Akademikern, Bildungsbürgern, Kulturschaffenden und Feuilletonisten, bei denen oft das gleiche Klischee regiert wie am Stammtisch?

Die Politikmüdigkeit der westlichen Gesellschaften ist ein kompliziertes Phänomen, das die Wissenschaft schon lange beschäftigt. Für das Projekt einer Transformation der Gesellschaft ist Politikverdruss nichts anderes als Gift.

Für die Transformation der Gesellschaft ist Politikverdruss nichts anderes als Gift.

»Schuld« scheinen mir alle Beteiligten zu sein. Medien stellen Politik aufgrund medialer Aufmerksamkeitsregeln und ökonomischer Zwänge in einem bestimmten unvorteilhaften Licht dar, Politikerinnen und Politiker nutzen diese Regeln zu ihrem persönlichen Vorteil und tragen Schritt für Schritt selbst zum schlechten Bild ihres Berufes bei. Bürgerinnen und Bürger fragen genau dieses Bild nach.

Hinzu kommt: Die Menschen vergessen, dass nicht *die* Bevölkerung *den* Politikern gegenübersteht, sondern sie selbst einander. Ihre Interessenskämpfe und Weltanschauungen treffen sich in der repräsentativen Demokratie im Medium parlamentarischer und außerparlamentarischer Institutionen über Interessensvertreter, Parteien und Verbände. Der deutschen Sehnsucht nach »Konsens« und der Idee, Politiker sollten doch einfach »das Nötige« tun, statt sich ständig zu zanken, liegt ein zutiefst reaktionäres Verständnis von der Einheit der deutschen Bevölkerung zugrunde. Diese Einheit gibt es nicht.

Wir sind viele. Wir sind unterschiedlich. Wir streiten über den richtigen Weg. Das nennt man Demokratie.

Wir sind viele. Wir sind unterschiedlich. Wir streiten über den richtigen Weg. Das nennt man Demokratie.

Politikverdrossenheit ist heute auf

der Rechten wie auf der Linken zu finden. In ihrem Wesen aber ist sie tendenziell rechts. Die Linke braucht politische Mobilisierung viel mehr als ein konservativ-neoliberales Projekt. Die Linke will Transformation über engagierte Bürgerbewegungen, öffentlichen Druck und demokratische Gesetzgebung durchsetzen. Die Rechte will nichts verändern und lässt den Markt machen. Dazu braucht sie eine bescheidene, zurückhaltende Politik. Politikverdruss hilft ihr. Eine Politik der Repräsentation, der Untätigkeit, der Symbole und der Scheinaktivität genügt ihr. Für die ökologisch-soziale Transformation ist Politikverdrossenheit Teil der großen Zukunftsblockade.

Das haben große Teile der Linken und des aufgeklärten Bürgertums in diesem Land nicht verstanden. Zur Bundestagswahl 2013 hatten wir eine kuriose Situation. Man war sich in intellektuellen Kreisen einig, dass der Wahnsinn ungezügelter Märkte dringend wieder in geregelte Bahnen gelenkt werden muss. Es gab breite Mehrheiten für eine gerechtere Verteilung von Einkommen, Vermögen und Chancen in dieser Gesellschaft, für ein ökologisches Umsteuern weg vom blinden Wachstum, für eine entschlossene Energiewende und eine Zügelung des Finanzmarktes.

Doch eine politische Mehrheit für eine Koalition, die diesen Wandel in praktisches Regierungshandeln hätte umsetzen können, war nicht in Sicht und hatte bei der Wahl keine Chance.

Stattdessen gab es eine neue Allianz, eine negative Allianz der Gleichgültigkeit. In früheren Jahren – ob im Kampf gegen die Wiederbewaffnung der 1950er, dem Kampf gegen die Notstandsgesetze der 1960er oder der Bewegung nach 1968 fanden sich breite gesellschaftliche Bündnisse aus Intellektuellen, Gewerkschaften, Bürger- und Arbeiterbewegungen, liberalen Mittelschichten zusammen und setzten fortschrittliche Reformen durch.

2013 hingegen lasen wir in vielen Studien, dass die Unterprivilegierten des Landes sich abwenden und ihre Interessen nicht mehr in Wahlen artikulieren.[12] So wie es ein Mittelschichts- und ein Unterschichtsfernsehen gibt – für die einen das Dritte, für die anderen die Casting-Shows –, so teilt sich die Gesellschaft in die Schichten, die teilhaben wollen, und in diejenigen, die politisch ausgeschlossen sein wollen oder werden. Der Ausschluss großer Teile der Bevölkerung von der politischen Willensbildung ist ein demokratisches Problem, von dem man meint, dass dies gerade linke und liberale Intellektuelle umtreiben müsste.

Falsch. Exakt in dieser Situation leistete sich das linksliberale Feuilleton eine Debatte über Wahlenthaltung und deklarierte diese zur fortschrittlichsten Lösung überhaupt. Ehemals kritische Intellektuelle bedienten sich in der Ressentiment-Kiste der Parteienverdrossenheit und behaupteten – so pauschal wie wahrheitswidrig –, *die* Politik kümmere sich nicht um die Themen, die *die* Menschen bewegen.

Das Bild der »Berliner Glocke« und der darin sitzenden »abgehobenen«, »machtversessenen und zukunftsvergessenen« Parteien kehrt immer wieder. Es ist ein Produkt von Denkfaulheit und Informationsarmut.

Wie viele unterschiedliche Positionen es zu dem jeweiligen Thema im politischen Spektrum gibt, wird regelmäßig verschwiegen. Bedient wird das Bild eines Betriebes, der nur um sich selbst kreist. Doch das Bild ist komplett falsch. Nahezu alle wichtigen Themen, die den Bürgerinnen und Bürgern auch nur im Entferntesten unter den Nägeln brennen könnten, von Verkehr, Lohnverhältnissen und Rente über Umweltverschmutzung, Lebensmittelsicherheit, Ge-

sundheitsversorgung bis zu Telefonwarteschleifen, Strom-
und Wasserversorgung etc. werden unter der »Berliner
Glocke« ohne Unterlass bearbeitet.

Das Rennen macht am Ende die mehrheitsfähige Kons-
tellation.

Viele Bürger machen, anstatt das anzuerkennen und weiter für die eigene Position zu streiten, *die* Politik als Gan-
zes verantwortlich. Es ist eine der größten Niederlagen der
gesellschaftlichen Linken, dass sie diesem Diskurs der Politikverdrossenheit aufgesessen ist und sich einen Konflikt
zwischen *den* Bürgern auf der einen und *den* Politikern auf
der anderen hat aufschwätzen lassen.

Den Tiefpunkt markierte 2013 Harald Welzer, der interessante Bücher zur Erinnerungspolitik und zum Klimawandel (*Klimakriege*) geschrieben hat. Er bekennt sich zu einer
Vision der »Postwachstumsgesellschaft«. Ich finde seine Position bedenkenswert. Sie ist allerdings nicht nur umstritten, sondern auch sehr minoritär, ja unpopulär. Mitten in
der heißen Phase des Wahlkampfes schwang sich Welzer
vor dem Millionenpublikum des SPIEGEL dazu auf, seine
Ansichten – etwa für eine Wirtschaft ohne Wachstum oder
für eine Europapolitik gegen Merkels Sparkorsett für Griechenland – zu denen *des* Souveräns zu erklären und ihre
mangelnde Durchsetzung *den* Parteien anzulasten, allen
gleichermaßen. Man solle gar nicht wählen gehen, das sei
die beste Lösung. Sinngemäß: Dann würden die da oben
verstehen, dass *das* Volk ihnen nicht mehr folge.

Die Behauptung, alle Parteien wollten in diesen Fragen
das Gleiche, und das Volk das Gegenteil, ist offenkundiger
Blödsinn. Die Menschen feierten mehrheitlich den Sparkurs
der Kanzlerin gegenüber den Krisenländern und freuten
sich über das deutsche Wachstum. Eine Partei, die beides

kritisch sah, die der GRÜNEN, verlor in den Wahlen. Denen gerade wollte Welzer die Stimme verweigern. Auch linker Stammtisch ist Stammtisch.

Diese Haltung drückt mit ihrem Ökopolitikverdruss eine grenzenlose und undemokratische Arroganz gegenüber der andersdenkenden – nicht ökofundamentalistischen – Mehrheit aus, um deren Überzeugung die Parteien des sozialen und ökologischen Reformlagers kämpfen, weil sie eben reale Veränderungen wollen und in die Breite tragen müssen. Der Frust darüber, dass sich eine Postwachstumsvision und eine Europapolitik, die Krisenländer nicht in Sozialabbau und Sparrezession schickt, noch nicht durchgesetzt haben, ist verständlich. Aber kein überzeugender Grund, keine Parteien, sondern nur noch *die* Politiker zu kennen.

Das gemeinsame Vorurteil von Unterschichten, akademischen Bildungsbürgern und restorganisierter Arbeitnehmerschaft lautete 2013: Die Parteien sind alle gleich, es ändert sich eh nichts. Politikverdruss ist faktisch nichts anderes als eine Aufforderung, das Land der politischen Rechten zu überlassen.

Politikverdruss ist faktisch nichts anderes als eine Aufforderung, das Land der politischen Rechten zu überlassen.

Es gibt weder *die* Politik noch *die* Wirtschaft oder *die* Presse. Es gibt ja auch nicht *den* Asylanten, *den* Amerikaner oder *den* Russen. Solche Pauschalisierungen sind immer falsch. Sie sind tendenziell diskriminierend. Vor allem sind sie ein Beweis eklatanter Denkfaulheit.

Die relevanten Konflikte verlaufen zwischen gesellschaftlichen Gruppen, Interessen, Weltanschauungen. Diese Konflikte werden an allen möglichen Orten dieser Republik ausgetragen, unter anderen im Deutschen Bundestag. Wer in diesen Auseinandersetzungen unterliegt, sollte die

Größe haben, das anzuerkennen und weiterzustreiten, statt ein homogenes politisches Establishment herbeizufabulieren, das dem ebenso homogen andersdenkenden Volk entgegenstünde.

Auf der politischen Linken spielt zudem bis heute noch eine grundlegende Skepsis gegenüber Regierungsmacht mit. Politikverdrossenheit ist im Kern Regierungsverweigerung. Regierung anzustreben ist verpönt, wird als Machtgeilheit gesehen. Gegenbild des fundamental kontaminierten politischen Betriebes der Parteien ist unter Linken das reine und pure politische Engagement, das nur auf der Straße, in Bürgerinitiativen, auf der Theaterbühne oder auf der Meinungsseite stattfindet. Für diese Art der Politik empfindet man Hochachtung. Von einer Institutionalisierung der eigenen, mehrheitsfähigen Überzeugungen will man lieber nichts wissen.

Der selbstgewählte Oppositionsopportunismus bei vielen Linkswählern ist nur das Spiegelbild zur Hybris der politischen Rechten.

Dieser selbstgewählte Oppositionsopportunismus ist nur das Spiegelbild zur Hybris der politischen Rechten. Während die Rechte glaubt, ihre Mehrheit sei von Gott gewollt, fühlen sich Linke in einer marginalisierten Oppositionsrolle so richtig von der Ungerechtigkeit der Welt bestätigt. Demokratie aber lebt vom Austausch zwischen Mehrheit und Minderheit. Da ist nichts höheren Mächten geschuldet. Es gibt kein Dauer-Abo der CDU auf das Kanzleramt. Mehrheiten werden erkämpft, nicht vergeben und nicht verweigert.

Deshalb geht es für die Kräfte links der Mitte darum, Allianzen zu bilden. Es geht um gesellschaftliche Anliegen, die über verschiedene Instrumente und Akteure real werden sollen. Dazu ist Regierungsmacht in vielen Fällen notwendig. Keine Bewegung der Straße, der Netzwelt oder der Theaterbühne kann echte politische Durchschlagskraft entwickeln, ohne irgendwann auch über Gesetze gesellschaftliche Wirklichkeit zu prägen. Es geht nicht um ein Entweder-Oder.

Es geht um einen Wandel, der aus der Gesellschaft kommt und der sich über Regierungsmacht unterstützt und verstärkt. Nichts anderes war die Liberalisierung der Lebensformen, der Atomausstieg, die Energiewende. All das haben GRÜNE nicht alleine erfunden, aber mitgetragen und in einer Regierungskoalition durchgesetzt. Eine Bewegung, die auf diesen entscheidenden Schritt verzichtet, degradiert sich selbst zu Stichwortgebern für die Sonntagsreden einer auf ewig CDU-geführten Regierung.

Wer vom Neoliberalismus auch in der wirtschaftspolitischen Praxis wegkommen will, wer den ökologischen Umbau der Wirtschaft weitertreiben will, wer eine Mittelklasse in Deutschland erhalten will und das Bildungs- und Lebensqualitätsniveau der Unterschichten verbessern will, wer Bildungs-, Kultur-, Verkehrs- und Energieinfrastrukturen besser finanzieren und öffentliche Schulden abbauen will, der braucht Regierungsmacht. Und dafür müssen wir den Politikverdruss in die Tonne treten!

Die Selbstblockade der gesellschaftlichen Linken durch den leiernden Blues der Parteienverdrossenheit ist fatal. Denn die Wiedereroberung demokratischer Gestaltungsfähigkeit gegenüber den Märkten ist ungeheuer aufwendig.

Wir brauchen einen anderen Ansatz, einen mutigen Weg für einen Green New Deal in Europa, der mehr Investitionen, soziale Mindeststandards, eine europäische Wirtschaftspolitik, einen Steuerpakt und eine entschlossene Reform des Finanzmarktes umfasst. Und wir brauchen endlich einen entschlossenen Klimaschutz in Europa, den es ohne eine handlungsbereite deutsche Regierung nicht geben kann.

Wie aber, so muss man die politik- und parteienverdrossenen Kritiker nun fragen, wie aber stellt man sich eine Zivilisierung des europäischen Kapitalismus vor, ohne Regierungsmacht zu erringen?

Eine lähmende Selbstblockade würde zur Rechten niemals passieren. Auch innerhalb von Union, FDP, assoziierter Verbändelandschaft und zugewandten Medien gibt es Unzufriedenheit, weitergehende Forderungen von Verbänden und Intellektuellen, neue radikale Randparteien. Mächtig wird über die Große Koalition genörgelt. Aber eine der Linken vergleichbare Selbstentmachtung durch Wahlenthaltung, Parteienverdruss oder Aversion gegen Regierungsmacht, das gibt es nicht. Im besitzbürgerlichen Lager kennt man seine Interessen. Links der Mitte dagegen schämt man sich dafür.

Jedoch: Die Scham ist vorbei. Wir wollen eine große Transformation – und dafür braucht es andere Mehrheiten. Die linke Mitte sollte sich nicht ins Bockshorn jagen lassen. Eines hat sie doch bei der letzten Bundestagswahl erfahren: Die rechte Seite fürchtet die andere Mehrheit mehr, als die linke dran glaubt. Seien wir selbstbewusst. Sonst wird der Stillstand made in Germany nicht durchbrochen, sonst bleibt es beim Kurs auf ökologische Gleichgültigkeit, größere Ungleichheit, auf ständige europäische Krisenverschleppung.

Die rechte Seite fürchtet die andere Mehrheit mehr, als die linke dran glaubt.

Parteien und Kandidaten können Wechselstimmung nicht alleine erzeugen. Es gibt sie nur, wenn alle zusammenarbeiten, es handelt sich um eine *gesellschaftliche* Wechselstimmung, die von *gesellschaftlichen* Akteuren getragen werden muss, zu denen die Parteien gehören, die sie aber nicht alleine stellen. Mit der Politikverdrossenheit hat sich das fortschrittliche Lager der deutschen Gesellschaft selbst aus dem Spiel geworfen. Sie wurde zum Teil der deutschen Zukunftsblockade.

2. AUF DAUER NUR SAUBER: 9 MILLIARDEN MENSCHEN AUF EINEM PLANETEN

Wenn wir doch so gut leben, warum sollen wir was ändern? Warum sollen wir den deutschen Stillstand auflösen, den GroKo-Konsens in Frage stellen, unsere weltweit bewunderte deutsche Wirtschaft und Gesellschaft umkrempeln? Und das mit ungewissem Ausgang!

Ganz einfach: Unsere heutige Lebensweise richtet riesige ökologische Schäden an. Deshalb brauchen wir die große Transformation. Wir brauchen schnell eine Transformation zu einer klimaverträglichen, kohlenstoffarmen und insgesamt nachhaltigen Wirtschaftsweise. Nur so können wir die natürlichen Lebensgrundlagen für unsere Nachkommen erhalten. Alles klar? So jedenfalls lautet die kurze Antwort. Noch kürzer ist sie in einem der Gründungsslogans meiner Partei, der GRÜNEN, ausgedrückt: »Wir haben die Erde von unseren Kindern nur geborgt.« Im Grunde wird einem heute auch kaum mehr jemand widersprechen, wenn man es so allgemein formuliert. Aber warum gehen wir dann mit dem Geliehenen so fahrlässig um?

Erkenntnis allein ist eben noch keine Politik. Die Freiheit zu handeln beginnt mit der Einsicht in die Notwendigkeit. Aber um Erkenntnis in Handeln umzusetzen, bedarf es weiterer Impulse. Wir könnten ja auch entscheiden, die Warnungen der Wissenschaftler in den Wind zu schlagen. Hier kommen Werte ins Spiel, letztlich moralische Entscheidungen. Aber die Moral allein stiftet noch keine Politik. Moral erzeugt Haltung, ist keine Handlung. In vielen Situationen wissen wir, was moralisch richtig wäre, handeln aber nicht danach. Es muss auch ein Interesse an Veränderung geben. Wir dürfen Erkenntnis, Werte und Interessen nicht gegeneinander ausspielen. Alle drei sind notwendig, allein aber nicht hinreichend. Erst der Zusammenhang von Erkenntnis, Werten und Interessen schafft den Impuls zu politischer Veränderung. Wir brauchen einen neuen Ökologischen Materialismus.

Dieser Ökologische Materialismus beginnt in der Wissenschaft. Wer sich den Erkenntnissen der Biologie und der Klimawissenschaften verschließt oder sie schlicht ignoriert, der braucht keinen Wandel, keine Transformation. Für den kann alles immer so weitergehen. Für diejenigen aber, die sich anhören, was unsere wissenschaftliche Gemeinde uns zu sagen hat über den Klimawandel, die Übernutzung der Böden, den kommenden Wassermangel, die Bevölkerungsentwicklung, die Entstehung tödlicher Krankheiten oder das Aussterben der Arten für diejenigen, die sich anschauen, welche Zerstörungen an den natürlichen Lebensgrundlagen des Menschen schon jetzt zu beobachten sind, für die kann diese Diagnose am Krankenbett des Planeten zur neuen Grundlage ihres Handelns werden, ihres Engagements, ihrer Weltanschauung, ihrer Politik.

Die Ausbeutung unserer natürlichen Umwelt für die Technologien, auf die wir den Wohlstand in der modernen Welt gegründet haben, ist nicht ewig möglich. Wir nutzen die natürliche Umwelt zum einen als Ressource, entnehmen ihr Rohstoffe für unsere Zwecke. Zum anderen nutzen wir sie als Deponie, Abfallhalde, Abgasraum oder kurz »Senke«.

Das Wissen über die Grenzen dieser Nutzung hat sich in den letzten Jahrzehnten rasant entwickelt. Manch apokalyptischer Kurzschluss und manch falsches Szenario konnten korrigiert werden, seit Dennis Meadows und seine Mitarbeiter ihren historischen Weckruf »Die Grenzen des Wachstums« im Jahr 1972 für den »Club of Rome« veröffentlichten. Anderes entpuppte sich als viel dramatischer als damals angenommen, vor allem der menschengemachte Klimawandel. Der ökologische Alarmschrei der frühen Umweltbewegung hat selbst dazu beigetragen, dass manches Problem – etwa das Ozonloch oder das Waldsterben in Deutschland – heute nicht mehr besteht oder nicht mehr ganz so dramatisch ist.

Eines aber hat sich nicht verändert: Man spricht noch heute von »planetarischen Grenzen« für ökologische Belastungen.[13] Und in der wissenschaftlichen Gemeinschaft herrscht heute Einigkeit darüber, dass bei einigen zentralen »Erdsystemprozessen« höchste Alarmbereitschaft angezeigt ist und massiv gegengesteuert werden muss.[14]

MENSCHEN IM TREIBHAUS

Das Erdklima erwärmt sich weiter. Und zwar ungebremst. Schon lange gibt es keinen Zweifel mehr: Der Klimawandel ist zum allergrößten Teil vom Menschen verursacht, mit einer überwältigenden Wahrscheinlichkeit von über 95 Prozent.[15] Wir verbrennen fossile Energieträger wie Kohle, Öl und Gas, um Strom zu erzeugen, uns fortzubewegen und unsere Gebäude zu heizen. So stoßen wir weltweit ungeheure Mengen von Treibhausgasen in die Atmosphäre. Rund ein Fünftel der Treibhausgase werden außerdem durch die Landwirtschaft verursacht. Und unsere Wälder, die das wichtigste der Treibhausgase, Kohlendioxid (CO_2), aus der Atmosphäre aufnehmen könnten, die roden wir.

Durch den Menschen ist die Menge an CO_2 in der Atmosphäre mittlerweile um ein rundes Drittel höher als vor der Industrialisierung. Man misst das in »parts per million« (ppm), also daran, wie viele Teilchen CO_2 auf eine Million Teilchen Luft in der Atmosphäre kommen. Von rund 280 ppm ist dieser Wert heute auf 393 ppm angestiegen.[16] Diese höhere Konzentration führt dazu, dass die Strahlungsenergie der Sonne auf der Erde stärker wirkt. Der sogenannte Strahlungsantrieb des Klimasystems steigt. Nach und nach erwärmt sich also das Klima. Seit Beginn des 20. Jahrhunderts ist es auf der Erde im globalen Durchschnitt bereits um 0,8 Grad Celsius wärmer geworden,[17] seit 1880 um 0,85 Grad Celsius.[18] Das hat sehr unangenehme Folgen.

Der größte Teil der zusätzlichen Energie landet in den Ozeanen. Zwischen 1971 und 2010 nahmen sie rund 90 Prozent davon auf und erwärmten sich in den oberen Wasserschichten um rund 0,4 Grad Celsius.[19] An den Polkappen schmilzt deshalb das Eis. In der Arktis hat die Eisdecke in den letzten Jahrzehnten bereits um 40 Prozent abgenommen. Der globale Meeresspiegel ist seit 1900 um rund 20 cm gestiegen, und er steigt immer schneller.[20] Die Ozeane nehmen nicht nur die erhöhte Temperatur auf, sondern auch das Kohlendioxid selbst. Ein knappes Drittel des vom Menschen seit Beginn der Industrialisierung freigesetzten Kohlenstoffes haben die Ozeane aufgenommen. Das sind seit 1750 rund 155 Milliarden Tonnen von insgesamt 545 Milliarden Tonnen.[21] Die Menge des menschlichen Kohlenstoffmülls ist so unvorstellbar groß, dass selbst unsere riesigen Ozeane überfordert sind. Sie sind übersäuert. Der pH-Wert der Meere ist bereits um 0,1 gesunken. Das hat für viele maritime Lebewesen und Ökosysteme tödliche Folgen.

Die Gletscher der Erde verschwinden. In den Alpen sind sie seit 1900 um mehr als die Hälfte geschrumpft[22], weltweit verloren sie in den letzten 25 Jahren über 275 Milliarden Tonnen Eis pro Jahr.[23] Und Extremwetterereignisse wie Stürme oder Hitze- und Dürreperioden häufen sich. Man kann es im Einzelfall nie so genau sagen, schließlich gab es immer Hitze und Stürme. Doch die Statistiken sind eindeutig, und der Zusammenhang mit dem Klimawandel wird von den Wissenschaftlern des IPCC als »sehr wahrscheinlich« eingeschätzt.

All diese Erkenntnisse, Beobachtungen und die Voraussagen, die Wissenschaftler daraus ableiten, verdichten und verfestigen sich. Die menschliche Aktivität hat ein Ausmaß erreicht, das das Erdklima massiv verändert und unsere Lebensgrundlagen bedroht. Wir haben es mit einer Grenze der Aufnahmefähigkeit unserer Atmosphäre und unserer Ozeane für die Abgase unserer Produktionsweise zu tun. Der Klimawandel ist unsere größte umwelt- und wirtschaftspolitische Herausforderung.

Die Wissenschaft hat daraus ihre Schlüsse gezogen und

uns mit Blick auf Politik und demokratische Willensbildungsprozesse nach langer Debatte das Zwei-Grad-Ziel vorgegeben. Das heißt: Nur wenn es uns gelingt, die Erwärmung des Klimas auf zwei Grad Celsius gegenüber der vorindustriellen Zeit zu begrenzen, können katastrophale Auswirkungen verhindert werden. Wohlgemerkt: 0,8 Grad Celsius Erwärmung sind heute bereits Fakt. Diesem Zwei-Grad-Ziel haben sich Deutschland sowie die Europäische Union politisch verpflichtet. Theoretisch zumindest. Denn aus diesem Ziel leiten sich die Umbauziele für die Transformation unserer Energie-, Verkehrs- und Bausektoren ab. Und da stockt es gewaltig. Diese Ziele sind kein Hobby, keine Vorliebe grüner Nervensägen, kein Lobbyismus bestimmter Unternehmen. Sie gründen sich auf einen Konsens der Wissenschaft. Wollen wir dieses Ziel einhalten, dann müssen wir bis zum Jahre 2020 weit über 80 Prozent der Menge an Klimagasen einsparen, die wir noch 1990 ausstießen.

Wie gesagt: An Wissen mangelt es uns nicht. Doch wir setzen es nicht in Handeln um. Wir halten unsere Versprechen nicht. Bis vor Kurzem gab es in Deutschland einen Allparteien-Konsens zum Klimaschutz – im Gegensatz zu den USA. Dieser Konsens machte Deutschland zu einem der Vorreiter und Antreiber beim Internationalen Klimaschutz. Das funktionierte so lange, wie die Früchte der Klimaschutzanstrengungen leicht zu ernten waren, weil sie tief hingen. Die De-Industrialisierung Ostdeutschlands, eine andere Abfallpolitik mit Recycling und Vorbehandlung und der Ausbau erneuerbarer Energien brachten massive Einsparungen. Deutschland senkte seine Treibhausgasemissionen um ein Fünftel von 1251 Millionen Tonnen 1990 auf rund 1000 Millionen Tonnen im Jahr 2005.[24]

Im Jahr 2012 allerdings stiegen Deutschlands Treibhausgasemissionen wieder. Vor allem CO_2, das wichtigste Treibhausgas, wurde um zwei Prozent mehr ausgestoßen. Einer der Hauptgründe ist die wieder zunehmende Braunkohleverstromung. Und 2013 ging der neue Trend munter weiter, der Ausstoß von CO_2 stieg um weitere 1,5 Prozent.[25] Bei den Treibhausgasen insgesamt stieg der Ausstoß um 1,2 Prozent. Deutschland wollte seinen Treibhausgasausstoß bis 2020 eigentlich um 40 Prozent *reduzieren*! Erreicht haben wir bisher 23,8 Prozent. Unter Schwarz-Gelb und der Großen Koalition ging es nun also wieder hoch.

Im Internationalen Klimaschutzranking von Germanwatch ist Deutschland 2015 deshalb vom 8. auf den 22. Platz abgesackt. In Europa durchlöchert Deutschland den Emissionshandel und blockiert leidlich ehrgeizige Verbrauchsobergrenzen für Automobile. Das Ergebnis: Europa fällt – gerade wegen Deutschland – als Motor des Internationalen Klimaschutzes aus – die CO_2-Emissionen wachsen weltweit ungebremst. 2013 stieß die Welt 36 Milliarden Tonnen CO_2 aus. Das sind 2,1 Prozent mehr als 2012 und 61 Prozent mehr als 1990.[26]

Klimaschutz ist die größte umweltpolitische Herausforderung, und Klimaschutz ist schwierig. Denn Klimaschutz ist Vorsorge. **Klimaschutz NACH der** Manche Schäden sieht man schon, **Katastrophe gibt es nicht.** das Schlimmste aber kommt erst noch. Mit Klimaschutz wollen wir eine zukünftige, irreparable Katastrophe vermeiden. Klimaschutz *nach* der Katastrophe gibt es nicht.

Das unterscheidet ihn von anderen Bereichen des Umweltschutzes. Dessen Erfolge beruhten oft auf der Überwindung eingetretener Schäden. So gelang es 1987 einem weltweiten Abkommen, dem Montrealer Protokoll, Stoffe, die zu einem Abbau der Ozonschicht führen (hauptsächlich FCKW, Fluorchlorkohlenwasserstoffe), weltweit zu reduzieren und schließlich ganz abzuschaffen. Zu diesem Zeitpunkt war das Ozonloch unübersehbar, und es wuchs rapide. Jetzt schließt es sich langsam wieder. Als der Wald starb, kam der Katalysator. Der Reaktorunfall in Harrisburg führte schon in den 80er-Jahren des letzten Jahrhunderts zum Stopp für neue Atomkraftwerke in den USA. Die Katastrophe von Tschernobyl gab der Anti-AKW-Bewegung in Deutschland den ersten großen Schub. Doch der Ausstieg aus der Atomkraft, den wir mit Rot-Grün auf den Weg brachten, wurde 2010 von Angela Merkel erst einmal wieder rückgängig gemacht. Es bedurfte einer zweiten Katastrophe, um den Ausstieg in Deutschland zu besiegeln.

Beim Klimaschutz können wir auf diesen Katastrophen-Mechanismus nicht hoffen. Ist der Schaden erst mal eingetreten, können wir ihn nicht mehr beheben. Das bedeutet, dass 9000 Millionen Menschen dazu gebracht werden müssen, vorbeugend zu handeln, ohne den Eindruck einer punktuellen, bebilderbaren, ereignishaften und eingetretenen Katastrophe. Eine gewaltige Herausforderung.

Umso mehr gilt für den Klimaschutz: Erkenntnis allein wird es nicht richten. Wir müssen an Werte wie an Interessen appellieren. Es ist *unmoralisch*, dass wir mit unserem Lebensstil ganze Länder absaufen lassen, vor allem arme. Es ist ungerecht, unseren Kindern und Enkeln eine Welt zu hinterlassen, die von Extremwetter, von Dürren und Überschwemmungen geprägt ist. Aber: Es ist *nicht in unserem eigenen Interesse*, einfach so weiterzumachen. Klimaschutz bietet sehr wohl kurzfristige Vorteile. Hybrid-Autos sparen Sprit, Elektroautos noch mehr. Gut gedämmte Wohnungen senken die Heizkosten, deutsche Investitionen haben Son-

nenstrom weltweit wettbewerbsfähig gemacht. Hunderttausende Arbeitsplätze entstanden.

Klimaschutz ist das Wahre, Gute und Profitable zugleich!
Hier finden Gutmensch und Geschäftsmann zusammen.
Wann hat man schon mal eine so eindeutige Lage?

VERSAUTE BÖDEN UND KNAPPE NAHRUNG

Es wird eng auf dem Acker. Und zwar schnell. Landwirt-
schaftlich nutzbare Fläche wird knapp. Dabei brauchen wir
mehr davon. Rund ein Drittel der globalen Ackerfläche ist
von Degradation oder Wüstenbildung betroffen.[27] Gleichzeitig wächst durch Bevölkerungsentwicklung und wachsenden Fleischkonsum die Nachfrage. Weltweit werden
unsere Böden »zerstört, verdichtet, verbaut, versiegelt und
übernutzt.«[28]

Wie auf das Klima, so übt der Mensch mittlerweile auf
die Erde im buchstäblichen Sinne starke, verändernde Ein-
flüsse aus, die langfristig sein eigenes Überleben bedrohen.
Wir zerstören und übernutzen Böden dabei auf vielfältige
Weise. Wir versiegeln Flächen durch den Bau von Siedlun-
gen, Städten und Straßen. Über verschmutze Luft und durch
Düngemittel gelangen Säuren und Stickstoff in die Böden,
was ihre Funktionen langfristig beschädigt. Nicht nachhaltige Landwirtschaft nutzt Böden kurzfristig aus, zerstört aber
langfristig ihre Fruchtbarkeit. Fruchtbare Böden wiederum
entstehen nur in sehr langen Prozessen. Schäden sind oft
irreversibel. Wir roden die Wälder, und als Folge erodieren
unsere Böden.

Knapp könnte man es so sagen: Wir fressen unseren Kindern die Äcker leer und sorgen anschließend dafür, dass sie unfruchtbar bleiben. Nicht nachhaltige Land- und Forstwirtschaft ist für 60–80 Prozent der Bodenerosion weltweit verantwortlich.[29]

> **Wir fressen unseren Kindern die Äcker leer und sorgen anschließend dafür, dass sie unfruchtbar bleiben.**

Wir nutzen heute rund ein Drittel der Landoberfläche der Erde für Ackerbau und Viehzucht.[30] Das ist mehr denn je. Seit Jahrzehnten holzen wir dafür Wälder ab, ein Prozess, der sich bis heute fortsetzt. Noch immer werden jährlich rund 10 Millionen Hektar Wald gerodet.[31] Die veränderte Nutzung von Land verursacht dabei rund 17 Prozent der CO_2-Emissionen.[32] Weltweit bringen wir massenhaft Stickstoffverbindungen als Dünger aus, rund 121 Millionen Tonnen pro Jahr.[33] Die überdüngten Böden werden ausgewaschen, das Zeug gelangt massenhaft in die Gewässer, in Grundwasser, in die Flüsse, ins Meer. Die Menge dieser Nährstoffe ist so gewaltig, dass sie in den Gewässern flächendeckend Schäden anrichtet. Sie führen zu Algenwachstum, Sauerstoffmangel und schließlich Zonen, in denen alles abstirbt. Seen und ganze Meereszonen »kippen um«. Wissenschaftler fordern, den Stickstoffeintrag auf höchstens ein Viertel der heutigen Menge zu reduzieren.[34]

Auch mit Bezug auf den Boden bewegen wir uns also auf eine Grenze zu, eine Grenze der Nutzung der Umwelt als Ressource für unsere Nahrung und als Senke für unsere Abfallstoffe. Zumindest wenn wir mit nicht nachhaltiger Landwirtschaft und einem weltweit überzogenen Fleischkonsum weitermachen. Obwohl vieles davon nicht in Deutschland selbst stattfindet, sind wir Deutsche über die globale Ökonomie an vielen Rodungen massiv beteiligt, vor allem über die Futtermittelproduktion, für deren Anbauflächen in anderen Ländern Wälder abgeholzt werden. Schon heute wandern etwa 30 Prozent der Weltgetreideernte in die Futtertröge. Menschen hungern, und wir füttern Schweine, Puten und Hühner. Deutschland nutzt über diesen Konsum indirekt rund 2,5 Millionen Hektar Landfläche für Sojaanbau in Südamerika.

Doch es ist nicht nur die direkte Nachfrage. Der von Deutschland und den anderen Industrieländern entwickelte Lebensstil hat sich globalisiert. Milliarden Menschen, die aus der Armut entkommen wollen und sie langsam überwinden, streben nach dieser Lebensweise. Das gilt nicht nur für die Nutzung von Auto, Klimaanlage oder Internet. Es gilt auch für den Konsum von Fleisch. Der von uns praktizierte Lebensstil ist zum Leitbild der Welt geworden – und deutsche Unternehmen von der Automobil- bis zur Fleischindustrie verdienen gut daran, dass immer Menschen diesem Leitbild nacheifern. Und auch hier bei uns vor Ort betreiben wir nicht nachhaltige Landwirtschaft in großem Stil, zersiedeln und betonieren wir Landschaft, schädigen unsere Böden. In Deutschland wurde noch im letzten Jahrzehnt jeden Tag eine Fläche von über 100 Hektar, also 140 Fußballfelder, neu versiegelt. Der Verbrauch sinkt langsam, 2012 waren es aber immer noch 74 Hektar pro Tag.[35]

Wissenschaftler schlagen verschiedene Grenzen der Nutzung von Land vor, um zu verhindern, dass es hier zu katastrophalen Entwicklungen kommt. Wir müssen bald damit aufhören, immer mehr Fläche für Landwirtschaft zu nutzen und dafür umzuwandeln.[36] Es ist das Wissen um die globalen Schäden und die Gefahren für unsere künftige Versorgung mit Nahrungsmitteln, das uns zwingt, die Blockade der Agrarwende in Deutschland aufzubrechen.

AUF DEM TROCKENEN

Nur 2,5 Prozent des Wassers auf unserem Planeten ist Süßwasser. Das sind 35 Millionen Kubikkilometer von insgesamt 1400 Millionen Kubikkilometer Wasser. Davon wiederum sind nur weit unter einem Prozent leicht zugänglich, befinden sich also in Seen, Flüssen und Talsperren. Das meiste ist in Gletschern, in Schnee und Eis, in Sümpfen und Bodenfeuchtigkeit gespeichert.[37] Wasser ist also knapp, und dieses knappe Gut verschmutzen wir immer mehr. Die Landwirtschaft verschmutzt Wasser durch Versalzung, Düngemittel und Pestizide. Die Industrie verschmutzt es durch ungeklärte Einleitung von Schadstoffen. Die Haushalte verschmutzen es mit Nähr- und Schadstoffen. Innerhalb des letzten Jahrhunderts hat sich die Nutzung des Süßwassers durch den Menschen verachtfacht, Tendenz steigend.[38] 70 Prozent des Wassers werden dabei von der Landwirtschaft genutzt, 20 Prozent von der Industrie. Vorsicht aber vor dem Impuls, mit dem Finger auf Industrie und Bauern zu zeigen, denn für wen produzieren die? Für uns.

Wasserknappheit ist bereits heute ein riesiges Problem. 1,1 Milliarden Menschen haben keinen Zugang zu sauberem Trinkwasser. 2,6 Milliarden Menschen haben keine sanitäre Grundversorgung.[39] Nach einer Prognose der UNEP (UNO-Umweltprogramm) wird sich diese Knappheit dramatisch verschärfen, wenn die derzeitigen Trends anhalten. Mitte des Jahrhunderts wird die Hälfte der Menschen Schwierigkeiten haben, ihren Wasserbedarf zu decken.[40] Die Wasserknappheit wird durch den Klimawandel enorm verschärft.

In vielen Ländern der Welt liegt das Problem vor allem darin, dass Wasser verschwendet und verschmutzt wird. In der Landwirtschaft geht fast die Hälfte des Wassers durch Ineffizienz einfach verloren, Industrieabwässer geraten vielerorts einfach ungeklärt in die Wasserreserven.[41]

Was hat das alles mit uns zu tun? In Deutschland gibt es doch genug Wasser, und hierzulande sinkt der Wasserverbrauch, so hört man. In einer globalisierten Ökonomie kommen wir aber nicht so einfach aus dem Schneider. Wir reden von Staaten und Regionen, aus denen wir Güter importieren. Vieles von dem, was wir importieren und bei uns konsumieren oder weiterverarbeiten, ist woanders unter hohem Wasserverbrauch produziert worden. Das gilt vor allem für Nahrungsmittel. Wer sind die größten Wassernutzer? Ackerbau und Viehzucht!

Und täglich grüßt die Currywurst: Wenn wir Sojabohnen importieren und an unsere Tiere verfüttern, haben wir Wasser aus Brasilien verbraucht. Um ein Kilogramm Fleisch herzustellen, braucht man 15 455 Liter Wasser. Für ein Kilo Tomaten braucht man nur 184 Liter, für ein Kilo Kartoffeln 255.[42] Natürlich verbrauchen wir auch über den Import von Industrieprodukten woanders Wasser. Das gilt sowohl für all die asiatischen Elektronikartikel als auch für die Vorprodukte der Autos, die wir hierzulande zusammenbauen. So kann man »virtuelle Wasserströme« ausrechnen. Deutschland importiert danach etwa 125 Milliarden Kubikmeter Wasser bzw. Wasserverbrauch jedes Jahr.

Länder, die viele Agrarprodukte exportieren, exportieren also auch Wasser, die USA etwa exportieren pro Jahr rund 314 Milliarden Kubikmeter Wasser. So kann man auch den Wasserverbrauch eines Erdenbürgers in verschiedenen Staaten ausrechnen. Der durchschnittliche Deutsche gehört da nicht zu den Sparsamen, er und sie liegen da im Mittelfeld.[43]

Kurz: Wir sind aus dieser Problematik nicht fein raus, bloß weil es bei uns öfter regnet. Global sitzen wir alle in einem Boot, und das liegt bald auf dem Trockenen, wenn wir nicht aufpassen. Es geht nicht so sehr darum, hier bei uns das Wasser beim Zähneputzen abzustellen. Wir müssen dazu beitragen, dass nachhaltigere Landwirtschaft praktiziert wird und dass Industrieabwässer geklärt werden. Das sollte bei internationalen Handelsabkommen vordringlich sein. Und es geht darum, alles, aber auch wirklich alles dafür zu tun, dass das Zwei-Grad-Ziel beim Klimaschutz eingehalten wird.

> Global sitzen wir alle in einem Boot, und das liegt bald auf dem Trockenen, wenn wir nicht aufpassen.

Das auf der Erde vorhandene Süßwasser ist begrenzt. Wenn wir so weitermachen wie heute, wird es bald knapp. Daran müssen wir unsere Politik ausrichten. Deswegen müssen wir die Blockade brechen.

DAS GROSSE AUSSTERBEN

Die Mopsfledermaus, echt? Muss mich die Mopsfledermaus wirklich interessieren? Ist ja schade, dass im fernen Urwald irgendeine Spinnenart verschwindet, aber deshalb sollen wir jetzt hier in Deutschland alles umkrempeln, soll kein Stein mehr auf dem anderen bleiben? Wer mit dem Verlust der biologischen Vielfalt (»Biodiversität«) ankommt, muss noch heute fürchten, bestenfalls ein »Ja, sicher, schon wichtig ...« oder »Schade um die schönen Wälder« zu ernten. Richtig ernst nimmt man das nicht.

Fast alle lieben *die Natur*. Aber einen Spitzenplatz auf der Liste der Prioritäten – den bekommt diese Liebe nicht. Denn wenn es um die harten, echten Probleme geht, den *Ernst der Lage*, dann packen wir die Romantik beiseite und widmen uns dem *Ernst des Lebens* – präsentiert von unseren Industrielobbys. Denn schließlich leben wir ja von Autos und Maschinen und Chemieprodukten und nicht von irgendwelchen Feldhamstern. Denken jedenfalls viele. Und doch gibt es keine ernstere Frage. Denn auf einem Planeten mit zerstörter Flora und Fauna lassen sich eben auch keine Autos mehr bauen, keine Maschinen verkaufen und keine Kunststoffe herstellen.

In der Sprache der Ökonomie spricht man mit Blick auf unsere natürlichen Lebensgrundlagen heute gerne von »Dienstleistungen«, die die Ökosysteme für uns erbringen.[44] Sie stellen uns Nahrung zur Verfügung, sie reinigen die Luft, indem sie CO_2 in Sauerstoff umwandeln. Sie bestäuben Nahrungspflanzen, halten die Böden fruchtbar und das Wasser sauber. Sie liefern uns genetische Baupläne für die medizinische Forschung, die unser Leben erhält.[45]

Der Mensch hat das Leben auf diesem Planeten bereits so massiv verändert, dass die »unberührte Natur« vollständig verschwunden ist, viele Lebensformen sind bereits unwiederbringlich verloren. Durch Klimawandel, Rodung, Landnutzung und Verschmutzung zerstören wir Lebensformen auf diesem Planeten, von denen wir direkt oder indirekt selbst abhängen. Die Natur ist einerseits um ihrer selbst willen zu schützen. Aber man kann auch errechnen, was der Verlust an biologischer Vielfalt *uns* kostet, und zwar wirtschaftlich. Was ist der Wert der »Dienstleistungen« unseres Ökosystems? Man hat versucht, das auszurechnen. Danach würde der jährliche Verlust der Biodiversität uns 6 Prozent des globalen BIP kosten, also rund 2 Billionen Euro. Zugegeben, solche Schätzungen sind umstritten, aber sie können schon gut veranschaulichen, dass es nicht nur um das Hobby von Schmetterlingssammlern geht.[46]

Die Ökosysteme der Erde haben sich über Jahrtausende in Prozessen der Evolution entwickelt. Seit Beginn der Industrialisierung killen wir sie im Minutentakt. Während der Evolution sind immer schon Arten ausgestorben. Doch diese natürliche Aussterberate haben wir innerhalb von 150 Jahren um das Hundert- bis Tausendfache erhöht. Schon 22 Prozent der Säugetiere, 31 Prozent der Amphibien, 14 Prozent der Vögel sind ausgestorben oder gelten als stark gefährdet.[47] Insbesondere durch die Rodung von Regenwäldern gehen Tausende von Tier- und Pflanzenarten verloren. Mindestens 130 Arten sterben derzeit pro Tag aus.[48]

Manchmal können wir die Dienstleistungen der Ökosysteme für unser Leben direkt sehen und unmittelbar spüren, etwa wenn die Honigproduktion durch das Bienensterben zurückgeht. Manchmal ist der Verlust der Biodiversität nur indirekt zu spüren. Rund 50 Prozent der zugelassenen Medikamente in Deutschland stammen aus Pflanzenmaterial.[49] Eine ausgestorbene Pflanze steht der pharmazeutischen Forschung eben einfach nicht mehr zur Verfügung. Und gerodete Wälder nehmen kein CO_2 mehr auf, auch das merken wir nur indirekt.

Trägt jede einzelne Art zu unserem Überleben bei? Wir wissen es nicht genau. Aber je mehr Ökosysteme zerstört sind, desto höher ist das Risiko, das wir eingehen.[50] Die Zerstörung der biologischen Voraussetzungen unseres Lebens ist indirekter Selbstmord. Wir müssen damit aufhören. Die zu erhaltende biologische Vielfalt stellt eine natürliche

Grenze dar, die wir politisch und wirtschaftlich berücksichtigen müssen.

Die Übersetzung in ein konkretes Ziel, das uns die Wissenschaftler geliefert haben, klingt hölzern und wenig ehrgeizig. Doch sind wir weit entfernt davon: Die Zerstörung der biologischen Vielfalt soll die natürliche Aussterberate nur noch um das Zehnfache übersteigen.[51] Politisch konkreter waren die Verabredungen der Vertragsstaaten des Übereinkommens über die Biologische Vielfalt (*Convention on Biological Diversity*, CBD) für das Jahr 2010 oder die von mir als Umweltminister im Jahr 2005 eingeführte nationale Biodiversitäts-Strategie. Wir haben die Ziele allesamt verfehlt. Unverbindliche Verabredungen funktionieren eben nicht, und ohne Geld läuft wenig. Global wie national scheitern solche Ziele aber immer wieder am Konflikt mit kurzfristigen wirtschaftlichen Interessen.

Es ist schon erstaunlich. Der Erhalt der Natur ist das am wenigsten umstrittene Umweltziel. Denn die Liebe zur Natur, zu Tieren wie Pflanzen ist in der Bevölkerung weit verbreitet. Anders als der »Bürgerinitiative Umweltschutz Lüchow-Dannenberg«, die sich konkret gegen das Atommüllendlager von Gorleben einsetzt, gelingt es zum Beispiel dem »World Wide Fund For Nature« (WWF), Spenden selbst aus der Großindustrie einzuwerben. Auch der »Naturschutzbund Deutschland« (NABU) oder der »Bund für Umwelt und Naturschutz Deutschland« (BUND) generieren ihre Spenden nicht mit dem Kampf gegen Verkehrsprojekte oder dem Kohleausstieg, sondern mit dem – abstrakt gehaltenen – Naturschutz. Darauf können sich alle einigen. Dennoch ist die politische Kraft zum Erhalt der Artenvielfalt eine der schwächsten unter allen Bewegungen, auch unter den Umweltbewegungen.

Der Erhalt unserer Lebensgrundlagen ist keine Spezialaufgabe für einen Sonntagsbeauftragten. Er betrifft die Kernbereiche unserer Wirtschafts-, Industrie-, Landwirtschafts- und Handelspolitik, denn da richten wir die Schäden an. Wenn wir diese Kernbereiche nicht konsequent am Ziel der Erhaltung des Lebens ausrichten, dann bringt das Gejammer der Umweltexperten auf den hinteren Bänken gar nichts. Dieses Ziel hat nur eine Chance, wenn es in den »harten« Politikbereichen als knallhartes Problem erkannt und berücksichtigt wird, also bei Fragen der Investition, des Imports, der internationalen Handelspolitik, des Verkehrs, der Landwirtschaft.

Unsere Wirtschaft und unser Leben sind mit den betroffenen Regionen auf der Südhalbkugel vielfach verflochten. Wir importieren und verbrauchen landwirtschaftliche Produkte, Futtermittel, Tropenhölzer, Rohstoffe. In den Tropen wird Regenwald fast immer zum Zweck des Anbaus von Palmöl oder von Soja als Futtermittel gerodet. Das Letztere wird auch in deutschen Ställen von Millionen deutschen Schweinen und Millionen deutschen Hühnern gefressen.

Die Rettung ökologischer Systeme und der biologischen Vielfalt ist eine globale Aufgabe, zu der wir Deutsche viel beitragen können. Doch dafür müssten wir unseren selbstzufriedenen »Exportweltmeister«-Dünkel überwinden. Wir müssten zum Beispiel die externen Kosten für diesen Exporterfolg endlich internalisieren – also dem Verbrauch globaler Gemeinschaftsgüter wie der biologischen Vielfalt einen Preis geben. Das würde uns helfen, wegzusteuern vom Import schädlicher Vorprodukte und aufzuhören, auf Kosten der biologischen Vielfalt zu produzieren.

CHILL, BABY, CHILL!
ROHSTOFFE UND WAS SIE UNS KOSTEN

Der Lebensstil und die Produktionsweise, die sich von Europa aus über die Welt verbreitet haben, verbrauchen sehr viele natürliche Ressourcen, allen voran die sogenannten »fossilen« Ressourcen, also Kohle, Öl und Gas. Aber auch mineralische Rohstoffe und Baustoffe verbrauchen wir weltweit in riesigen Mengen. Die frühe Umweltbewegung glaubte, eine weitere natürliche Grenze für die Industriegesellschaft werde dadurch erreicht, dass uns diese Rohstoffe bald ausgehen. In den 70er-Jahren kursierten sehr pessimistische Einschätzungen darüber, wie lange das Öl und das Gas, aber auch Kupfer oder Aluminium noch reichen würden. Man kann für die meisten wichtigen Rohstoffe sehen, dass sie doch nicht so schnell zur Neige gehen.

Dafür gibt es einen einfachen Grund: Die physisch-geologischen Vorräte an den meisten Rohstoffen sind zwar endlich, aber doch recht groß. Und sie sind teilweise gar nicht wirklich bekannt. Immer wieder werden neue Vorkommen entdeckt. Begrenzt sind die sogenannten »Reserven«, also die – zu einem bestimmten Zeitpunkt – technisch erreichbare, schnell förderbare Menge eines bestimmten Rohstoffes. Wenn man ausrechnet, wie viele Jahre diese Menge bei konstanter Förderung noch reicht, spricht man auch von der sogenannten »statischen Reichweite«.[52] Wird diese Menge aber knapper, dann steigt der Preis, und plötzlich lohnen sich Investitionen in weitere Explorationen. Ein paar Jahre später hat sich die statische Reichweite ausgedehnt. Plötzlich ist mehr von einem bestimmten Rohstoff verfügbar. Dazu kommt der technische Fortschritt bei den Fördermethoden.

Schauen wir uns die statische Reichweite einiger wichtiger Rohstoffe an, also die Zeit, die wir noch haben, bis wir die heute bekannten und technisch förderbaren Reserven verbraucht haben. Das Eisenerz reicht noch 75 Jahre, Kupfererz noch 39 Jahre, Bauxit noch 133 Jahre.[53] Geologisch ist noch viel mehr vorhanden, mit den erwarteten Investitionen der nächsten Jahre werden uns Industriemineralien und Metalle wohl nicht so bald ausgehen.

Das gilt übrigens auch für die sogenannten »Seltenen Erden«, die in den letzten Jahren Furore machten. Es handelt sich um eine Reihe von Mineralien mit schönen Namen wie Scandium, Promethium, Neodym oder Praseodym, die bei der Produktion von Unterhaltungselektronik, Bildschirmen, LEDs, Elektromotoren oder Kernspintomografen und vielen anderen Produkten benötigt werden. China kontrollierte bis vor Kurzem den Weltmarkt, und das machte Schlagzeilen. Doch seltene Erden sind gar nicht selten, einige von ihnen wurden bisher bloß in China abgebaut. Das ändert sich wegen der steigenden Preise und der steigenden Nachfrage aber nun, und die Preisentwicklung zeigt das bereits.[54]

Bei den energetischen Rohstoffen sieht es ähnlich aus, das Problem ist nicht die Verfügbarkeit. Bei der Kohle streiten sich die Experten. Die statische Reichweite wird global zwischen 112 Jahren und 136 Jahren angegeben.[55] Konventionell gefördertes Erdgas reicht im Moment für weitere 59 Jahre. Stiegen wir voll in die umstrittenen Methoden zur unkonventionellen Förderung ein (Fracking, Schiefergas, Kohleflözgas), dann reichte das Gas noch viel länger. Nicht mal das Öl geht uns so bald aus. Die statische Reichweite liegt derzeit bei 42 Jahren, rechnen wir die unkonventionelle Förderung mit ein (Ölsande zum Beispiel), reicht das Öl noch 55 Jahre. Es wäre nicht überraschend, wenn auch hier

Investitionen, neue Fördermethoden und neu entdeckte Felder die Reichweite noch weiter ausdehnen würden.[56]

Viele Energieexperten aus den Reihen der Umweltbewegung rechnen damit, dass die fossilen Brennstoffe immer knapper werden und ihre Erzeugungskosten immer höher. Über Preissignale ergebe sich die Motivation zum Ausstieg ohnehin. Ich teile diese Einschätzung nicht: Fossile Energieträger werden nicht automatisch teurer. Beim Öl etwa tobt seit Jahren die sogenannte »Peak Oil«-Debatte darüber, wann der Höhepunkt der weltweit geförderten Menge Öl erreicht wird oder wurde. Manche sagen, der Höhepunkt der jährlichen Fördermenge sei bereits 2008 überschritten worden, doch wenn man unkonventionell gefördertes Öl mit einrechnet, dann steigt die geförderte Menge weiter. Diese Zahlen sind umstritten.[57] Beim Öl ist noch am wahrscheinlichsten, dass der Preis mittelfristig steigen wird. Aber entscheidend ist ein ganz anderer Punkt.

Ich freue mich nicht, dass wir weiter viel Kohle, Gas und Öl verbrennen können. Denn es beschleunigt den Klimawandel. Wichtig ist angesichts dieser Lage etwas anderes: Ein Ende der fossilen Ökonomie wird nicht automatisch über die Knappheit und den Preis herbeigeführt. Wir brauchen dafür andere politische Rahmenbedingungen. Wir können nicht darauf warten, dass fossile Brennstoffe zu teuer werden und der Markt von sich aus die Energiewende erzwingt. Wenn wir so lange Kohle, Öl und Gas weiterverfeuern, wie es bezahlbar bleibt, dann sagt uns das Klima gute Nacht.

Die wahre Grenze bei der Nutzung der Rohstoffe liegt

> **Ein Ende der fossilen Ökonomie wird nicht automatisch über die Knappheit und den Preis herbeigeführt.**

nicht in ihrer begrenzten Verfügbarkeit. Sie liegt darin, dass ihr Abbau, ihre Nutzung und ihre Verbrennung weltweit katastrophale ökologische Schäden verursachen. Rechnet man das Zwei-Grad-Ziel des Klimaschutzes in die Menge an CO_2 um, die wir global überhaupt noch ausstoßen können, dann kommt man auf ein »Budget« von rund 800 Gigatonnen. Und das wiederum bedeutet, dass nicht mal mehr die Hälfte der heute förderbaren Reserven an Öl, Gas und Kohle überhaupt verfeuert werden dürfen.[58] Dem Schlachtruf der US-amerikanischen Tea Party »Drill, Baby, drill«, nach dem wir bohren sollen, was das Zeug hält, müssen wir klar entgegenhalten: »Chill, Baby, chill«, erst mal abkühlen, entspannt euch! Das Zeug muss bleiben, wo es ist: unter der Erde!

Auch der Verbrauch und die Förderung anderer Rohstoffe hängen mit der Klimaproblematik zusammen. Die Produktion und die Verarbeitung von Stahl, Zement, Papier, Plastik und Aluminium sind etwa für rund 50 Prozent der industriellen CO_2-Emissionen verantwortlich.[59] Die unkonventionelle Förderung von Öl und Gas ist natürlich noch aus vielen anderen Gründen ökologisch schädlich. Sie verbraucht wesentlich mehr Energie und Wasser als die konventionelle Förderung, und sie schädigt Umwelt und Grundwasser am Ort der Förderung. Der Ölsandabbau in Kanada macht 40 Prozent der kanadischen CO_2 Emissionen aus. Man verbrennt Gas, um Öl zu gewinnen – Wahnsinn. Fracking verbraucht außerdem enorme Mengen an Wasser.

Neben den ökologischen Problemen stehen beim Rohstoffimport noch die politischen. Unsere Abhängigkeit von Russland in Sachen Öl und Gas hat in den letzten Jahren traurige Bekanntheit erlangt. Der diplomatische Spielraum gegenüber Russland angesichts des Völkerrechtsbruchs in der Ukraine war recht begrenzt. Aber das ist nicht die schlimmste Abhängigkeit, die ja eine wechselseitige ist. Bei einer Reihe von Rohstoffen kontrollieren wenige oder ein einzelner Staat den Markt. Die Demokratische Republik Kongo etwa liefert rund die Hälfte der weltweit geförderten Menge an Kobalt, ein Material, das wir für Batterien, Smartphones oder Elektroautos brauchen. Die Arbeitsbedingungen dort sind lebensgefährlich und ausbeuterisch, im Grunde ist der Import dieses Rohstoffes ethisch gar nicht zu verantworten.[60]

Und last, but clearly not least: Wir bezahlen für diese Rohstoffe viel, viel Geld. Es mag sein, dass wir die Verfügbarkeit der Rohstoffe durch neue Methoden verlängern können, doch die neuen Fördermethoden sind oft auch teurer und aufwendiger. Wenn wir die Rohstoffe vermeiden, ersetzen, recyceln können, dann verhalten wir uns nicht nur ökologisch und sozial besser, wir sparen Geld!

Mein Parteifreund Sven Giegold hat einmal ausgerechnet, welchen Anteil die Abhängigkeit von Rohstoffen an der Eurokrise hatte. Zeitweise machte der Anstieg der Rohstoffimportkosten in den Krisenländern die Hälfte der Neuverschuldung aus. Auch Deutschland musste im gleichen Zeitraum rund 108 Milliarden Euro für den Import von fossilen Energieträgern und anderen Rohstoffen bezahlen. Nach einer Berechnung des Öko-Institutes geben wir jährlich rund 4 Prozent unseres BIP für fossile Rohstoffe aus.

Wir müssen Rohstoffe einsparen, ersetzen und recyceln. Und zwar viel schneller und entschiedener, als das bisher geschah. Man kann Windkraftanlagen und Elektroautos auch ohne das seltene Erdmetall Neodym bauen, Mobiltelefone auch ohne Tantal. Im Recycling von Elektroschrott schlummern riesige Potenziale, denn darin verbergen sich viele Wertstoffe. Hier spricht man von »Sekundärrohstoffen«, im Unterschied zu den neu abgebauten »Primärrohstoffen«. So findet man in einer Tonne alter Mobiltelefone rund 300 Gramm Gold (Au), in einer Tonne frisch abgebautem Erz nur etwa 5 Gramm. »Urban Mining« nennt man das, Bergbau auf den Müllhalden der Städte. Weltweit fallen jährlich 40 Millionen Tonnen Elektroschrott an, in Europa geht weit über die Hälfte davon leider nicht ins Recycling. Noch verlassen wir uns viel zu sehr auf den Import der Primärrohstoffe. Dabei könnten wir viel Geld sparen: Eine Verdopplung der Ressourcenproduktivität würde uns jährlich 63 Milliarden Euro Importkosten sparen.[61]

Wir müssen den Stillstand in Deutschland also auch deshalb überwinden, um unsere extreme Abhängigkeit von Rohstoffen zu mindern, die uns nicht nur viel Geld kosten, sondern deren Nutzung auch unser Klima aufheizt und unsere Lebensgrundlagen schädigt.

ZU GROSSE FUSSSTAPFEN

Ein beliebter Indikator, mit dem Wissenschaftler unser Leben auf Kosten des Planeten veranschaulichen, ist der »ökologische Fußabdruck«. Dabei werden die Flächen der Erde zusammengerechnet, die nötig sind, um den Lebensstandard der Menschen unter heutigen Produktionsbedingungen aufrechtzuerhalten. Anbauflächen für Nahrung und Futtermittel, Produktion von Kleidung, Waldflächen zur Aufnahme des durch Verbrennung freigesetzten CO_2. So kann man dem

Durchschnittsbewohner verschiedener Länder einen Hektarverbrauch pro Person pro Jahr zuordnen.

Biologische Vielfalt oder Wasserverbrauch lassen sich nicht direkt in Hektar ausdrücken, auch der Klimawandel fließt nur indirekt ein, da er in Waldfläche zur Aufnahme des produzierten CO_2 umgerechnet wird. Der ökologische Fußabdruck hat also einige methodische Schwächen. Er kann aber die Übernutzung der biologischen Ressourcen sehr anschaulich darstellen. Ein US-Amerikaner verbraucht etwa 7,2 Hektar, während die USA 3,9 Hektar Biokapazität in ihren Böden haben. Brasilianer verbrauchen 2,9 Hektar, hätten aber 9,6 Hektar Kapazität. Chinesen brauchen pro Kopf 2,1 Hektar und bringen nur 0,9 Hektar mit, denn das Land hat viel Wüste und viele Berge. Auch ein Belgier steht nicht gut da, er verbraucht 7,1 Hektar, das kleine Land kann aber nur 1,3 Hektar pro Kopf zur Verfügung stellen. Eine Bewohnerin der Zentralafrikanischen Republik hätte in ihrem Land knapp 10 Hektar zur Verfügung, doch in dem armen Land verbraucht man pro Kopf gerade mal einen Hektar.[62] Wir Deutsche verbrauchen rund 4,7 Hektar pro Person, Deutschland selbst kann aber nur 2,2 Hektar zur Verfügung stellen (Biokapazität in Deutschland). Anders gesagt – auch wir leben deutlich über unsere Verhältnisse. Wir beanspruchen mehr als das Doppelte von dem, was unsere Böden hierzulande hergeben. Das zeigt die Dimension des Wandels, den wir bräuchten.

Und wo, wenn nicht hier in Europa, hier in Deutschland, sollte dieser Wandel eingeleitet werden? Wir haben die Technologien, wir haben die Innovationskraft. Und wir haben die Bevölkerung, die einen solchen Wandel eigentlich richtig findet. Aber, wie weiß der Volksmund: Wer *eigentlich* sagt, hat schon verloren.

Obwohl wir beim Ausbau erneuerbarer Energien, beim Mülltrennen und bei vielen anderen ökologischen Innovationen die Erfahrung gemacht haben, dass so etwas Arbeitsplätze schafft und weltweit kopiert wird, so sind wir dennoch bei den weiteren Schritten zögerlich geworden. Wir fürchten, den anderen in der Welt zu weit voranzueilen.

Wir sehen, wie langsam sich die Fortschritte beim Klimaschutz, beim Schutz der Regenwälder international vollziehen. Und diese internationale Blockade entmutigt uns. So reihen wir uns lieber selber in die Blockade ein.

SEHENDEN AUGES IN DIE FALSCHE RICHTUNG? WISSEN IST NICHT POLITIK

Viele in der weltweiten Umweltbewegung verzweifeln an dieser Blockade. Wie kann es sein, dass die Menschen trotz allen Wissens so weitermachen wie bisher? Manche neigen dazu, sich selbst als Mahner in der Wüste zu sehen und den Rest der Welt wie eine Art Lemminge zu betrachten, die blind und blöd in den Abgrund rennen. Irgendwie scheint an diesem Bild ja auch etwas dran zu sein.

Für viele Umweltaktivisten sind die wissenschaftlichen Erkenntnisse klare Handlungsanweisungen. Sie informieren uns über objektive Fakten, an denen wir nichts ändern können und an die wir uns ganz einfach halten müssen. So wie eins und eins zwei ergibt. Schön wäre es.

Doch warum bewegt sich vieles so langsam? Die globale Umweltbewegung ist groß geworden, erwachsen und präsent. Die UN ist aktiv, Al Gore ist Friedensnobelpreisträger, der Bericht des Club of Rome ist über 40 Jahre her, Michael Jacksons *Earth Song* fast 20 Jahre alt. Seit Jahren erscheinen Bücher, Filme, Pamphlete, Aufrufe. Sie alle beginnen mit den jeweils aktuellen Daten. Unser Wissen über die Grenzen der Umweltnutzung ist gewachsen. Diese Grenzen verschieben sich mit neuem Wissen und neuen Technologien, doch im Grundsatz bleibt eine Feststellung bis heute gültig: Es gibt natürliche Beschränkungen für die jetzige Wirtschafts- und Produktionsweise. Wenn wir die nicht beachten, bewirken wir Katastrophen.

Doch die Öko-Alarmsirene, die verschärfte Rhetorik, das Predigen, das immer gleiche Wiederholen der Voraussagen, all dies scheint wenig zu fruchten. Die Erkenntnis und die Warnungen erzeugen keine Handlungsmehrheit. Im Gegenteil. Sie langweilen, sie nerven, sie ermüden sogar. Offenbar gibt es einen Wertewandel zu mehr Nachhaltigkeit – allerdings mehr auf der Bekenntnisebene. Wenn es drauf ankommt, unterstützen die Menschen weltweit mehrheitlich andere Politiker als die Nachhaltigkeitsapostel.

Wenn wir das verstehen wollen, müssen wir uns auf die Perspektive der Bremser und Blockierer einlassen und mit ihnen noch einmal genauer fragen: Warum genau soll die Zumutung des Wandels, der Opfer von uns verlangt, eigentlich akzeptiert werden? Warum folgt aus diesen Befunden, dass wir jetzt alles umbauen müssen?

Die Gegner ökologischer Reformen sehen das nicht ein. Sie sehen im Klimaschutz nicht ihr eigenes Interesse, nicht das Interesse der Menschen. Sie sehen auf der einen Seite

> **Solange die Menschen nicht weltweit und massenhaft IN der Umwelt ihre EIGENEN Interessen sehen, so lange wird ökologische Politik nicht die Oberhand gewinnen.**

sich selbst mit ihren Wünschen und Lebensplänen, auf der anderen Seite die Natur und die Naturschützer mit ihren hehren Werten. Solange die Menschen nicht weltweit und massenhaft *in* der Umwelt ihre *eigenen* Interessen sehen, so lange wird ökologische Politik nicht die Oberhand gewinnen. Dies ist die Schlüsselfrage des Ökologischen Materialismus. Dass sie noch nicht gelöst ist, liegt auch an der Umweltbewegung selbst.

EIGENWERT DER NATUR ODER INTERESSE DES MENSCHEN

Warum sollten wir anstrengende ökologische Reformen wollen? Es gibt nicht die eine Antwort. Es gibt mehrere Antworten. Wollen wir Veränderung für uns? Für unsere Kinder und Kindeskinder? Wegen des Eigenwertes der Natur? Weil wir die Tiere mögen? Zur Bewahrung der Schöpfung eines wie auch immer genannten Gottes? Nicht jede/r hat die gleiche Antwort, und aus unterschiedlichen Antworten kann politisch Unterschiedliches folgen.

Wie kam es eigentlich, dass Natur in der Politik zum Thema wurde? Lange war doch die Biologie eine reine Naturwissenschaft. Und gerade die Protestbewegung der späten 60er-Jahre des letzten Jahrhunderts zog eine scharfe Linie zwischen Gesellschaft und Natur. Grenzüberschreitungen wie etwa Konrad Lorenz' Verhaltenslehre standen unter dem Verdacht des »Biologismus«. Damit bezeichnet man die Idee, dass der Mensch letztlich durch seinen Körper, seine Instinkte, seine Gene, seine »Natur« festgelegt ist, also gar nicht wirklich frei. Eine sehr konservative Idee. Doch plötzlich beriefen sich Menschen aus der 68er-Bewegung, Menschen aus einer ganz anderen, einer emanzipatorischen und demokratischen politischen Tradition auf die *Natur* zur Begründung ihres gesellschaftsverändernden Anspruchs.

Die Natur selbst hat keine hörbare Stimme in der demokratischen Arena. Natur wird politisch, wenn sie menschliche Fürsprecher im politischen Raum findet. Flora, Fauna, Lebensraum und Atmosphäre – der Alltagssinn von *Natur* – treten dann in die Sphäre der Verhandlung von Interessen und der weltanschaulichen Differenzen ein. Warum geschieht das?

Das grün-rot novellierte Bundesnaturschutzgesetz von 2002 begründet den Schutz von »Natur und Landschaft« mit ihrem »eigenen Wert« und als »Grundlage für Leben und Gesundheit des Menschen auch in Verantwortung für die künftigen Generationen«. Die Rede ist von der »Leistungs- und Funktionsfähigkeit des Naturhaushaltes«, der »nachhaltigen Nutzungsfähigkeit der Naturgüter« sowie der »Vielfalt, Eigenart und Schönheit« von Natur und Landschaft (§1 Bundesnaturschutzgesetz). Das sind zwei ganz verschiedene Argumente in einem Paragrafen. Diese Doppelbegründung über einen Eigenwert der Natur und den Nutzwert für den Menschen ist auch im öffentlichen Diskurs über Umweltthemen verbreitet.

Nicht jeder sieht sofort ein, dass gewachsene Natur geschützt werden sollte. So wird Naturschutz oft indirekt gerechtfertigt. Ein ökologischer Zusammenhang wird geschützt, der für den Menschen lebenswichtig ist. Auch was zunächst unnütz, hässlich oder gar gefährlich ist, kann dann als erhaltungswürdig angesehen werden. Spricht man über den Eigenwert der Natur, steht der Nutzen für den Menschen dagegen nicht im Zentrum. Aus welchen Motiven speist sich dann menschliche Fürsprache für den Naturerhalt? Der Eigenwert der Natur kann über das Erleben ihrer Schönheit, Vielfalt und Pracht unmittelbar einleuchten. Dabei aber geht es erst einmal wieder um den Menschen und sein Naturerleben. Dieses Erleben führt aber zu einem Staunen über das natürlich Entstandene und zu Ehrfurcht und Respekt gegenüber der Natur. Dieser Respekt muss nicht religiös motiviert sein, ist es aber oft. Ein zu bewahrender Wert der Natur liegt dann in ihrem göttlichen Charakter, der unabhängig vom Menschen besteht und von ihm auch erkannt wird.

Der Respekt gegenüber dem Eigenwert der Natur kann auch aus menschlicher Selbstkritik abgeleitet werden. Die zerstörerische Geschichte des Menschen gegenüber sich selbst und der Natur kann den menschlichen Betrachter zu einer Ethik der Selbstbeschränkung führen. Der Natur wird im Vergleich mit der menschlichen Welt ein höherer Wert zugeschrieben und daher Bescheidenheit ihr gegenüber gefordert.

Aber: Wer oder was ist überhaupt diese *Natur*?

NATUR VERSUS UMWELT

Der Naturbegriff schillert. In der Alltagssprache meinen wir Pflanzen und Tiere, Wälder und Wiesen. Das ist natürlich sehr ungenau. Im allgemeinen Sinn setzen wir *Natur* dem »Übernatürlichen« entgegen. Dann schließt *Natur* den Menschen und seine Welt mit ein. Denn wir sind Teil der

Natur. Dann wären auch Waldzerstörung und Flussvergiftung, Klimakatastrophe und Smog »natürliche« Prozesse. Wenn wir so von *Natur* reden, dann wird der Begriff zur Begründung grüner Politik unbrauchbar.

Manchmal setzen wir auch *Natur* dem *Künstlichen* entgegen, also dem vom Menschen Geschaffenen. Dann meinen wir mit Natur *unberührte* Dinge und Räume, die über lange Zeit ohne menschliches Zutun entstanden sind. Ein solcher Naturbegriff ist wiederum für ökologische Politiker zu eng, denn heute muss viel mehr geschützt werden als die *unberührte Natur*. Unberührte Natur gibt es eigentlich fast gar nicht mehr. Faktisch gibt es in Deutschland keine nicht bewirtschafteten Primärwälder mehr. Die Wälder erscheinen uns als Natur und sind doch überwiegend Plantagen, Nutzwälder. Unter ihnen gibt es wenige gut gemanagte Mischwälder und unendlich viele Monokulturen. Wir haben einige Nationalparks, die auf dem Weg sind, wieder zu so etwas zu werden wie unberührte Natur. Aber diese Re-Evolution beruht auch wieder auf menschlichem Handeln – auf Handeln durch Unterlassen.

Der Naturbegriff kann auch sehr konservativ, ja reaktionär verwendet werden. Wenn Natur für das *Gute* steht und das *Unnatürliche* zum *Bösen* wird, dann wird es schnell unangenehm. Eine *Natur des Menschen* tritt da auf den Plan, mit deren Hilfe abweichendes Verhalten verurteilt wird, die Geschlechter sich zu ewigen Gegensatzpolen verfestigen und ganze Kulturen und Lebensweisen als *unnatürlich*, gar *widernatürlich* gebrandmarkt werden. So kämpft in der Schweiz die Gruppe ECOPOP (Association Ecologie et Population) für eine Begrenzung der jährlichen Nettozuwanderung im Durchschnitt auf 0,2 Prozent der ständigen Wohnbevölkerung sowie dafür, dass 10 Prozent der Entwicklungshilfe in Familienplanung gepackt wird. Mit dieser Initiative überholen die ECOPOPs die rechtspopulistische SVP. Und zwar rechts.

Aber von solchen Berufungen auf die *Natur* muss sich grüne Politik nicht beirren lassen. Denn wir haben ja noch andere Begriffe für die grünen Fragen, die ohne konservative Naturfiktionen auskommen. Mittlerweile kennt jeder die Worte »*Umwelt*«, »*Ökologie*« oder »*Nachhaltigkeit*«. Viele meinen, das sei mehr oder weniger das Gleiche. Und doch führen diese Begriffe eine andere Betrachtungsweise ein. Die *Umwelt* bezieht die Stoff- und Energieflüsse der Umgebung auf den Menschen und umfasst seine Einwirkungen; auch *Ökologie* betrachtet Austauschbeziehungen zwischen Lebewesen und ihrer Umwelt und die gegenseitige Abhängigkeit biotischer und abiotischer Einheiten. *Nachhaltigkeit* richtet den Blick auf die Stabilitätschancen und Regenerationsmöglichkeiten solcher Systeme im Zeitablauf.

Die *unberührte Natur* rückt dann in den Hintergrund. Sie tritt erst durch diese Begriffe vermittelt in die politische Debatte ein, als Umweltpolitik und ökologische Politik. Die Argumentation des Schutzes der *Natur* ohne Bezug auf den Menschen und seine Lebens- und Nutzungszwecke verliert an Bedeutung. Da Natur nur durch den Menschen politisch werden kann, ist das nicht überraschend. Begründungen aus dem Eigenwert der Natur werden weltanschaulich nur von einer Minderheit geteilt.

Schon in den Religionen, die so etwas wie die »Bewahrung der Schöpfung« kennen, ist es bei Weitem nicht das einzige Motiv im Verhältnis zur Natur. In der Bibel lesen wir:»Seid fruchtbar und vermehrt euch, bevölkert die Erde, unterwerft sie euch und herrscht über die Fische des Meeres, über die Vögel des Himmels und über alle Tiere, die sich auf dem Land regen.« (Genesis 1,28) Das kann man zwar auch im Sinne der Nachhaltigkeit auslegen. Aber »unberührt« bleibt die Natur hier nicht. *Unberührte Natur* ist ein modernes Motiv, romantisch, ein idyllisches Motiv, geboren aus einer Zivilisation, die Natur als Instrument des Menschen sieht, sie immer rücksichtsloser ausbeutet und zerstört.

Ökologische Politik kann sich nicht auf *bio*zentrische Weltanschauungen verlassen, seien sie religiöser oder säkularer Art. Solche Weltanschauungen können den Menschen herabwürdigen. Das ist ethisch fragwürdig. Aber auch aus strategischen Gründen sollten Ökologen sich nicht auf solche Ansätze festlegen lassen, denn: Naturzentrierte Weltanschauungen werden immer in der Minderheit bleiben. Sie werden nicht den Einfluss gewinnen, den ökologische Politik heute braucht. Denn sie braucht Mehrheiten – ja, sie braucht große Mehrheiten, um sich gegen kleine, aber mächtige Minderheiten durchzusetzen.

Menschliche Interessen und anthropozentrische Weltanschauungen sind in der politischen Sphäre immer stärker, und in der Regel wird die Naturbewahrung hinter menschlichen Kultur- und Wirtschaftsleistungen zurücktreten. Fundamentalistische Naturschützer betrachten die Interessen brasilianischer Agrarwirtschaft, chinesischen oder polnischen Energiehungers, deutscher Chemieunternehmen und ihrer Arbeitnehmer und der Konsumenten im Grunde allesamt als moralisch illegitim. Das aber sind sie nicht, so sehr sie ökologisch falsch sein mögen.

Die Erhaltung der menschlichen Lebensgrundlagen liefert ein starkes und von allen teilbares Motiv. Ökologische Politik ist das Allgemeininteresse aller Menschen. Dafür sind die Beweise überwältigend. Auch für Menschen, die der »Natur« vielleicht gar nichts abgewinnen können und sich lieber den ganzen Tag im Kunstmuseum oder im Cyberspace aufhalten.

Ökologische Politik kämpft für die Erhaltung der materiellen Grundlagen des Lebens aller Menschen. Das leuchtet heute weltweit so vielen ein, dass ökologische Politik zumindest rhetorisch zum Mainstream geworden ist. Der wachsende Rückhalt für ökologische Motive spielt dann auch reinen Naturschützern in die Hände. Verteidiger des Eigenwertes der Natur und Erhalter menschlicher Lebensgrundlagen marschieren meist Seite an Seite auf dem Weg in eine ökologisch nachhaltige globale Wirtschaftsordnung. Es kann aber auch zu konkreten Konflikten zwischen Umwelt- und Naturschutz kommen. Eine eher global orientierte ökologische Politik kann etwa eine hohe Zahl von Windkraftanlagen für notwendig halten. Der lokal argumentierende Tier- und Naturschützer wird regional gewachsene Kreisläufe und Habitate schützen wollen. In vielen Gebieten tobt dieser Kampf zwischen Befürwortern der Energiewende und jenen, die selbst in den eintönigsten Fichten-Monokulturen unserer Mittelgebirge keine Windturbinen sehen wollen.

Insbesondere international fällt eine bloß auf den Eigenwert der Natur pochende Position hinter das heute notwendige ökologisch komplexe Denken zurück. Die Konflikte der Naturschützer mit den Menschen in ärmeren Ländern und deren Nutzungsansprüchen an ihre Böden, ihre Wälder und ihre Luft werden niemals durch den Zeigefinger des Naturschützers oder durch das Predigen ökologischer Lebensstile gelöst. Hier müssen wir regional und international verhandelte nachhaltige Modelle des Wirtschaftens entwickeln, die menschliche Nutzungsansprüche, Naturschutzgebiete, internationalen Handel, Armutsbekämpfung und Industrie so zusammendenken, dass sich ein nachhaltig praktizierbares Weltsystem entwickelt.

Das ist keine Absage an Emotionen. Viele Menschen, die sich in grünen Parteien und Verbänden engagieren, haben einen stark emotionalen, romantischen, ästhetischen oder quasireligiösen Naturzugang. Ein emotional gefärbtes Naturerleben kann vom Mitleid mit Tieren über die Überwältigung durch prachtvolle Landschaften bis zum Gefühl der Zugehörigkeit zu einer natürlichen Ordnung reichen. Und ganz ohne solche Gefühle wird kaum jemand zum begeisterten Ökologen.

Heute ist ein derartiger Naturzugang weit verbreitet und wird vor allem touristisch erlebt. Oft ist der Tourismus zwar Teil des Problems, und oft genug fehlt der Schritt vom touristischen Naturerleben zur ökologischen Praxis. Dennoch ist die emotionale Naturerfahrung zweifellos ein wichtiges Motiv für den Eintritt der Natur in die politische Sphäre durch menschliche Fürsprache. Und die Bestürzung beim Anblick von verseuchten Flüssen, Ölpest, Waldbrand oder beim Einatmen verpesteter Luft scheint doch eine Voraussetzung für umweltpolitisches Engagement.

Viele Menschen erleben Natur aber anders. Sie sehen zunächst Bedrohungen oder Ressourcen und können gar nicht anders. Der Blick auf rauchende Schornsteine, auf Brandrodungen oder Massentierhaltung löst nicht bei allen Menschen die gleiche Abwehrreaktion aus wie beim grünen Städter von heute, der seine Empörung für selbstverständlich hält. So wichtig der emotionale Zugang zur Natur also zur Motivation der Menschen für ökologische Politik ist, so wenig reicht er aus, den hinreichenden Schub für globale ökologische Veränderung zu erzeugen. Das materielle Interesse der Menschen muss hinzukommen und mobilisiert werden.

Wir brauchen einen Ökologischen Materialismus.

ÖKOLOGISCHER MATERIALISMUS: WIR HABEN NUR ZU GEWINNEN UND NICHTS ZU VERLIEREN!

Ökologische Politik ist kein abseitiges Anliegen verstiegener Naturfundis. Sie ist auch keine weltanschaulich motivierte Lebensstilpolitik – selbst GRÜNE muss man warnen, sie nicht damit zu verwechseln. Sie hat nichts mit dem exemplarischen und manchmal arroganten Vorleben eines anderen Lebensstils zu tun. Ökologische Politik vertritt handfeste materielle Interessen. Ökologische Politik fällt heute zusammen mit der Politik der Produktion, der Wirtschaft, der materiellen Flüsse von Energie, Stoff und Ressource. Ein globales System des materiellen Austausches zwischen Menschen und des Austausches zwischen Mensch und Umwelt so zu gestalten, dass es nicht mittelfristig zusammenbricht – oder ohne den Menschen weiterläuft – das ist der Kern eines Ökologischen Materialismus.

> Den globalen materiellen Austausch zwischen Menschen und zwischen Mensch und Umwelt müssen wir so gestalten, dass er nicht mittelfristig zusammenbricht.

Und damit der Umbau gelingt, muss es gerecht zugehen. Ökologische Politik fällt daher heute zusammen mit der urlinken Forderung nach globaler materieller Gerechtigkeit.

Wenn wir anthropozentrisch argumentieren, appellieren wir an die Interessen der Menschen, zielen auf die Bewahrung der materiellen Grundlagen des menschlichen Lebens. Das Kernproblem besteht darin, dass ökologische Politik vorsorgend handeln muss. Sie muss die Interessen der Zukunft in die Interessen von heute übersetzen. Sonst erkennen die Menschen in der Mehrheit nicht ihre Interessen in ihr. Diese Herausforderung zieht sich durch Umweltpolitik in allen Detailbereichen. Wenn wir uns nicht allein auf den Respekt vor dem Eigenwert der Natur verlassen wollen, dann heißt das nicht, diesen Respekt einzubüßen. Es ist nur die Einsicht, dass eine solche Einstellungsänderung in der globalen Mehrheit nicht zu erwarten ist.

Wir sollten diesen Respekt noch aus einem anderen Grund nicht vergessen: Die Evolution hat in einem sehr langen Prozess höchst komplexe biologische Systeme hervorgebracht. Wer das unterschätzt, tendiert dazu, auf riskante technologische Lösungen des Problems zu setzen.

Er neigt zu großtechnischen Scheinlösungen wie etwa Gentechnik, Geo-Engineering, Düngung der Meere oder Kohlenstoff-Verpressung (*Carbon Capture and Storage*, CCS). Denn ob es mit deren Hilfe gelingt, Systemstabilität zu erreichen, ist höchst fraglich.

Zum Wertekanon ökologischer Politik, zu einem Ökologischen Materialismus gehört ein verantwortliches Risikomanagement. Die Folgen solcher umfassender Veränderungen und großtechnischer Eingriffe können wir vielfach nicht kalkulieren. Klimaschutz und Ökolandwirtschaft erscheinen doch als die bessere Option. Gehen wir auf Nummer sicher!

> **Zum Wertekanon ökologischer Politik, zu einem Ökologischen Materialismus gehört ein verantwortliches Risikomanagement.**

Wir haben es bei den beschriebenen Grenzen mit planetarischen, wissenschaftlich erforschbaren und prognostizierten Grenzen zu tun. Diese aber liegen in der Zukunft, die vorausgesagten katastrophalen Entwicklungen haben zwar begonnen, sind aber zum größten Teil noch nicht eingetreten, also unsicher. Das erhöht die Versuchung, in der Blockade zu verharren, es darauf ankommen zu lassen, nach dem Motto: Wird schon nicht so schlimm werden!

Diese Blockade zu durchbrechen ist die wichtigste politische Herausforderung unserer Zeit. Wir kennen die Technologien, wir verfügen über das Wissen, und Deutschland hat die wirtschaftliche Kraft dafür. Was haben wir zu verlieren? Welche lohnenswertere Aufgabe könnte es geben als diese? Wollen wir wirklich weiter von der Zerstörung profitieren, über den Export nicht nachhaltiger Autos und Maschinen, Chemieprodukte und Rüstungsgüter, über den Import von Futtermitteln und nicht nachhaltigen Vorprodukten und Elektronikartikeln?

Wir müssen unsere Wirtschaft und unsere Lebensweise so umstellen, dass unsere Ökosysteme nicht kollabieren und das Leben auf der Erde nicht zur Hölle wird. Dieses Ziel verfolgt der Ökologische Materialismus.

3. AUF DAUER NUR GERECHT: 9 MILLIARDEN MENSCHEN AUF EINEM WELTMARKT

Manche fragen sich vielleicht, was denn so schlimm am Stillstand ist, Deutschland gehe es doch gut. Warum sollen wir unseren bequemen und erfolgreichen Zustand in Deutschland denn überhaupt ändern, unsere weltweit bewunderte deutsche Wirtschaft und Gesellschaft umkrempeln?

DAS ZERREISSEN DER GESELLSCHAFT

Der erste Grund liegt ganz nahe: Weil hier gar nicht alles Gold ist, was in den letzten Jahren so geglänzt hat. Diese Gesellschaft ist dabei zu zerreißen. Das Versprechen der sozialen Marktwirtschaft *Wohlstand für alle* ist durchlöchert.

Relativ wenige Menschen in Deutschland sind in den letzten zwei Jahrzehnten märchenhaft reich geworden. Das private Vermögen der Deutschen hat sich in den letzten zwanzig Jahren auf rund 10 Billionen Euro verdoppelt,[63] die reichsten 10 Prozent der Deutschen besitzen davon weit über die Hälfte. Das reichste 0,1 Prozent, also rund 82 000 Menschen, besitzt nach Schätzungen rund 1,6 Billionen Euro.[64]

Die untere Hälfte besitzt gar nichts, das untere Fünftel ist verschuldet. Rund 7 Millionen Deutsche arbeiten für niedrige Löhne, von denen man gar nicht anständig leben kann.

Die Mitte stagniert, trotz Rekordexporten. Nachdem die realen Löhne – bereinigt um die Preissteigerung – der Arbeitnehmerinnen und Arbeitnehmer zehn Jahre lang stagnierten und teilweise sogar sanken, stiegen sie 2010 bis 2012 sehr langsam, um dann 2013 bereits schon wieder abzusinken. Für Beschäftigte in bestimmten Branchen haben sich in den Jahren 2014 und 2015 leichte Reallohnverbesserungen ergeben. Von einem wirklichen Umschwung des Langzeittrends kann allerdings nicht die Rede sein.

Und unser Gemeinwesen – der Staat? Die Steuereinnahmen waren durch die gute Konjunktur in den letzten Jahren vergleichsweise gut. Aber gemessen an den Investitionen, die das Land dringend bräuchte, und den riesigen Schuldenbergen, die wir seit Jahrzehnten anhäufen und die durch die Finanzkrise weiter angewachsen sind, bleibt unser Gemeinwesen unterfinanziert. Der Sparzwang besteht weiter, Gemeinden müssen bei Kultur und Sporteinrichtungen kürzen, Länderhaushalte bei der Bildung, der Bund kann die Infrastruktur nicht instand halten. Das Gemeinwesen erleidet einen schleichenden Vermögensverlust.

Deutschland ist erfolgreich, doch die Mehrheit der Bevölkerung hat davon wenig. Wir werden immer ungleicher. Dieses reiche Land muss sich bei reichen Privatleuten verschulden, um Geld für Lehrer, Polizisten, Bankenkontrolleure und Verbraucherschützer aufzubringen. Woran liegt das?

So paradox es klingt: Es hat damit zu tun, dass Deutschland Exportweltmeister war und Vizeweltmeister ist. Es hat etwas mit globalisierten Märkten zu tun.

WELT-MARKT-WELT: DIE ZWEITE GROSSE AUFGABE UNSERER ZEIT

Wir haben diese Probleme, obwohl viele deutsche Unternehmen im Wettbewerbskampf der globalisierten Märkte derzeit sehr gut dastehen. Sie zählen zu den Wettbewerbsgewinnern. Daher erscheint hierzulande auch der Veränderungsdruck nicht so groß. Deshalb gelingt es immer wieder, Maßnahmen wie die europäische Bankenregulierung, einen Mindestlohn oder eine europäische Steuerharmonisierung zu verwässern oder abzublocken.

Aber Deutschland muss nicht immer Wettbewerbsgewinner bleiben. Und: Auch ein Exportweltmeister braucht Kunden, die seine Produkte kaufen. Lange profitierten wir davon, dass sich andere für unsere Produkte verschuldeten, etwa der europäische Süden oder die USA. Schon bald kann das deutsche Modell an Grenzen stoßen. Wir lebten in den letzten Jahren vor allem von der Nachfrage in den großen Schwellenländern China, Indien, Brasilien, Türkei, Russland. Aus allen diesen Ländern kommen beunruhigende Signale, die auf ein Nachlassen dieser Nachfrage hindeuten. Dann steht der Musterknabe ohne Kunden da.

Deutschland ist vor allem von der Exportnachfrage in einigen sehr starken Sektoren abhängig: Vor allem Autos, Chemie und Maschinen werden nachgefragt. Die Binnennachfrage ist bestenfalls durchschnittlich, und das Land hat laut dem Deutschen Institut für Wirtschaftsforschung (DIW) einen Investitionsrückstand von rund einer Billion Euro.[65] Und wie steht es um die Abgehängten und die Staatsfinanzen in Deutschland, wenn der Exportmotor nicht mehr brummt?

Dahinter stehen sehr grundsätzliche Fragen. Neben der Herausforderung der ökologischen Wende steht die Welt vor der Aufgabe, das mittlerweile weltumspannende Wirtschafts- und Gesellschaftssystem, unter dem wir mehr oder weniger alle leben, neu zu justieren. Letztlich ist es relativ gleichgültig, ob wir es Kapitalismus oder Marktwirtschaft nennen. Wir erleben, dass ein ungezügeltes System von schwach regulierten Finanz-, Güter- und Arbeitsmärkten viele unerwünschte Folgen hat.

Wir müssen den Stillstand überwinden, weil dieses System nicht mehr wie gewünscht und versprochen Wohlstand und Lebensqualität für alle hervorbringt, sondern dabei ist, weltweit Gesellschaften zu zerreißen. Die meisten Gesellschaften der Welt werden nach innen ungleicher. In entwickelten Staaten geraten Steuer-, Lohn- und Sozialsysteme unter Druck, in den ärmeren werden sie gar nicht erst aufgebaut.

Die Ungleichheit stellt das System des Kapitalismus selbst infrage – und zwar fast so existenziell wie die ökologische Krise.

Die Ungleichheit ist eine Ungerechtigkeit. Manche, die das zugestehen, raten dennoch dazu, es achselzuckend zu akzeptieren. Doch es geht nicht nur um ein moralisches Problem. Die Ungleichheit stellt das System des Kapitalismus, die Funktionsweise unseres Wirtschaftssystems selbst infrage – und zwar fast so existenziell wie die ökologische Krise.[66]

Der deregulierte Finanzmarkt hat die gesamte Welt in eine immer noch nachwirkende Krise gestürzt. Wir haben die demokratische Kontrolle über die Märkte verloren, viele Regierungen haben sie bewusst abgegeben. Sie zurückzugewinnen ist schwieriger als gedacht. Denn demokratisch legitimierte Politik ist global stark unter Druck geraten.

Die politischen Akteure werden in Schach gehalten durch die Standortoptimierung der Eigentümer, die Abwanderungsdrohung eines jederzeit beweglichen Kapitals. Mobile und wirtschaftlich starke Akteure (Kapitaleigner, multinationale Großunternehmen) erleben einen ungeheuren Zuwachs an Verhandlungs- und Verfügungsmacht. Nichtbesitzende und nichtmobile Akteure (Arbeitnehmer, Kleinunternehmer) haben dem immer weniger entgegenzusetzen.

In die zerstörerische Dynamik ungezügelter Märkte sind wir alle verstrickt. Das gilt für alle sozialen Schichten. Als Konsumenten belohnen wir den Niedrigstpreis, als Kleinanleger fordern wir militant Rendite – ob auf der Hauptversammlung von RWE oder der Gläubigerversammlung von ProKon. Alle folgen individuell vernünftigen Berechnungen. Das Gesamtergebnis ist – auch von den Einzelnen – unerwünscht. Wenn jeder an sich denkt, ist eben nicht an alle gedacht. Das wusste schon Adam Smith.

Der Markt allein kann dieses Dilemma nicht lösen. Appelle an die Einzelnen, etwa an faires Verbraucherverhalten oder ethisches Investment, werden nicht reichen. Die sichtbare

Hand der Politik muss dem globalen Markt bessere Regeln geben, denn die unsichtbare Hand des Marktes interessiert sich nicht für Fairness und vor allem nicht für ein gesellschaftlich gutes Gesamtergebnis. Sie braucht keine Handschellen – aber ihre Allmacht muss begrenzt werden.

So wie es bisher läuft, sind die sozialen Kosten globaler Märkte hoch. Lebensqualität und Wohlstand an der einen Stelle werden oft durch Ausbeutung und Leiden an anderer Stelle erkauft:

- Globalisierung macht reich – man schaue nach Schanghai, Mumbai oder in reiche Wohngegenden hierzulande.
- Globalisierung macht relativ arm – man denke an die ausgeschlossenen Globalisierungsverlierer in den Unterschichten der westlichen Gesellschaften.
- Globalisierung macht absolut arm – Millionen ausgebeutete Niedriglöhner am Ende der Wertschöpfungsketten in den ständig sich verlagernden Werkbank-Ländern der Welt leiden unter unmenschlichen Arbeitsbedingungen und Hungerlöhnen.
- Globalisierung polarisiert und zerreißt Gesellschaften, ein fairer Ausgleich zwischen Gewinnern und Verlierern findet nicht statt. Für Kapital, Güter, wohlhabende oder gut ausgebildete Menschen sind heute die Grenzen verschwunden. Für Arme werden sie immer schärfer bewacht um den Preis ihres Todes durch Ertrinken in den Meeren oder Ersticken in Containern.

Globalisierte Güter-, Arbeits- und Finanzmärkte haben einen weltweit verschärften Verteilungskampf hervorgebracht mit neofeudalen Oberklassen, neuen Armenhäusern und stark fragmentierten Mittelschichten.

UNGLEICHHEIT IM ALTEN WESTEN

Schauen wir uns die Entwicklung genauer an. Wie ist es in den entwickelten Industrieländern gelaufen, den Mitgliedsstaaten der OECD (*Organization for Economic Cooperation and Development*), also den Staaten der Europäischen Union, den USA, Kanada, Australien, Neuseeland, Japan, Südkorea (mittlerweile auch Mexiko, Chile und Israel)? Die OECD hat in den Jahren 2008 und 2011 viel beachtete Studien zur Entwicklung der Ungleichheit herausgegeben. Bei allen Unterschieden zwischen den Ländern gibt es doch klare Trends.[67]

Viele kennen den »Gini-Index«. Er misst die Verteilung des Einkommens in Gesellschaften. Wenn alle in einer Gesellschaft gleich viel haben, so liegt der Gini-Index bei Null. Hat einer alles, liegt er bei Eins. Je höher der Index, desto größer die Ungleichheit. Dieser Index der Ungleichheit hat seit Mitte der 80er-Jahre in zwei Dritteln der OECD-Länder zugenommen. In Deutschland war diese Zunahme der Ungleichheit besonders stark, der Index stieg von 0,26 auf 0,30.[68]

Im Klartext bedeutet eine solche Veränderung im Gini-Index, dass die Reichen und Gutverdienenden immer mehr Geld vom Volkseinkommen abbekommen, die untere Mittelschicht und die Ärmsten immer weniger. Abgenommen hatte die Ungleichheit bis 2008 bloß in Griechenland, Spanien oder Irland – bis dort die Blase platzte.

Nun könnte man fragen: Was kratzt uns das, wenn wir alle mehr haben als früher, die einen ein bisschen mehr, die andern eben sehr viel mehr? So ist es aber nicht. Trotz einer guten wirtschaftlichen Entwicklung und guten Wachstumsraten hat nämlich die große Mehrheit der Bevölkerung in den OECD-Staaten nicht mehr Geld als früher. Was es an Lohnzuwachs gab, wurde durch die Preissteigerung aufgezehrt. Das sogenannte »Realeinkommen« blieb für die meisten gleich, obwohl immer mehr produziert und verkauft wurde. Anders gesagt: Das Versprechen der sozialen Marktwirtschaft Ludwig Erhards gibt es nur noch in Sonntagsreden. *Wohlstand für alle* – das war gestern.

Aber wo ist denn bloß das ganze verdiente Geld hin? Diese Frage gilt in Merkel-Deutschland als ungehörig. Doch die Antwort ist nicht so kompliziert. Die realen Unternehmens- und Vermögenseinkommen in Deutschland sind explodiert. Zwischen 2000 und 2011 zeigt diese Kurve steil nach oben, knickt dann in der Finanzkrise kurz nach unten und steigt dann wieder an.[69]

Gut, könnte man sagen, dann haben die Unternehmen dieses Geld ja sicher gut investiert in die Modernisierung der deutschen Wirtschaft! Wer viel verdient, investiert auch viel. So sagen es jedenfalls BDI, BDA und DIHK. Stimmt leider nicht. Genau im selben Zeitraum explodierender Gewinne brachen die Nettoinvestitionen der Unternehmen leider ein (Netto heißt: abzüglich reiner Ersatzinvestitionen, also im Grunde der Reparaturen).

Die Behauptung, dass steigende Gewinne zu steigenden Investitionen führen, ist ein Märchen der Propagandaabteilungen der Wirtschaftslobby.

Im Jahr 1991 reinvestierten die Unternehmen noch über 40 Prozent ihrer Gewinne, im Jahr 2000 immerhin noch rund 25 Prozent. Ab 2001 lag diese Quote unter 10 Prozent.[70] Die Behauptung, dass steigende Gewinne zu steigenden Investitionen führen, ist ein Märchen der Propagandaabteilungen der Wirtschaftslobby. Entweder die Gewinne wurden schlicht abgeschöpft, oder sie flossen ins Ausland auf den Finanzmarkt, in der Hoffnung auf hohe Rendite. Uli Hoeneß zockt wahrlich nicht allein. Mit ihm haben viele gezockt. Und sie haben auch viel verzockt: Deutsche haben seit 1999 rund 400 Milliarden Euro durch Fehlanlagen im Ausland verloren.[71]

Dennoch: Die Reichen werden reicher, die Mitte kriecht hinterher. Die Armen haben das Nachsehen, wenn sie nicht sogar weiter verarmen oder sich verschulden.

Das ist kein kurzes Krisenphänomen. Es ist ein langfristiger Trend.

Wenn man die Gesamtsumme der Löhne und Gehälter mit der Gesamtsumme unseres Wirtschaftsprodukts vergleicht, dann bekommt man die sogenannte »Lohnquote«. Schon seit den 70er-Jahren sinkt diese Quote in fast allen OECD-Ländern – auch in Deutschland.

Was wir in unserer Gesellschaft erwirtschaften, fließt zu einem immer höheren Anteil in die Gewinne. Sind wir also alle zu Unternehmern und Kapitalisten geworden? Natürlich nicht. Es ist nur ein kleiner Teil der deutschen Bevölkerung, der von den Gewinnen profitiert.

Alle reden von Wachstum. Doch nicht alle, die zum Wirtschaftswachstum beitragen, bekommen ihren Anteil. Die Geringverdiener bekommen immer weniger, die Topverdiener immer mehr. Die Vorstandsgehälter der DAX-30-Unternehmen betragen heute im Schnitt das 50-Fache des durchschnittlichen Einkommens ihrer Mitarbeiter. Vor 20 Jahren war es noch das 14-Fache.[72] Leistung soll sich wieder lohnen. Haben die DAX-Vorstände ihre Leistung verdreifacht? Wohl kaum. Sie haben aber ihre Ansprüche sehr effektiv durchgesetzt. Diese Leistung kann ihnen niemand absprechen.

Die ungleiche Verteilung in Deutschland ist bestürzend.

Solche Entwicklungen sind leider in fast allen OECD-Ländern zu beobachten. Die Verhandlungsmacht der Gewerkschaften ist stark gesunken. Der Finanzsektor ist massiv gewachsen und hält Staaten und Unternehmen durch Renditeansprüche und Abwanderungsdrohungen in Schach. So konnten wenige Menschen massive Einkommens- und Vermögenszuwächse durchsetzen. Viele Staaten sind vor diesem Machtzuwachs eingeknickt oder haben sich von der Begleitrhetorik einschüchtern lassen. Sie haben durch Steuerreformen vor allem den Reichen und Wohlhabenden weitere Zuwächse beschert. In den USA, in Großbritannien, in Deutschland.

Steuersenkungen waren kein Alleinstellungsmerkmal der FDP, eine Zeit lang galten sie unter Sozialdemokraten von Schröder bis Blair als Ausweis von Modernität – sie nannten es *New* Labour. Auch bei den GRÜNEN fand die Idee niedrigerer Steuersätze lange Zeit breite Mehrheiten, bis infolge der Steuersenkungen der ersten rot-grünen Koalition Hunderte Kommunen in den Haushaltsnotstand getrieben wurden. Die These, dass bei gesunkenen Steuersätzen und verminderten Steuerausnahmen mehr Geld hereinkäme, wurde nicht nur in Gelsenkirchen bitter widerlegt.

Als Ausweis der Modernität gilt eine solche Politik heute nicht mehr. Eine Wende in der Politik aber ist bis heute ausgeblieben.

GLOBALISIERUNG SPALTET: GLOBALISIERUNG GLEICHT AN

Eine neue und kluge Re-Regulierung des Marktes im globalen Maßstab ist die große politische Gestaltungsaufgabe unserer Zeit. Wir stehen bei der gerechten und grünen Gestaltung eines weltweiten Marktes erst am Anfang. Von selbst stellt der Markt weder Verteilungs- noch Teilhabegerechtigkeit her. Ein deregulierter internationaler Markt führt zu Abgründen zwischen Arm und Reich und zum Ausschluss breiter Schichten von Arbeit, gesellschaftlicher Teilhabe und Anerkennung.

Die Lösung des Problems liegt keineswegs in der Rückkehr in einen eingebildeten Urzustand voneinander abgeschotteter nationaler Wirtschaftsräume. Denn die Globalisierung ist nicht nur böse. Es gibt eine positive Wirkung von Handel und internationaler Arbeitsteilung, das wussten schon Adam Smith und David Ricardo – und Karl Marx stimmte ihnen zu.

Deutschland verdankt dem internationalen Handel seinen Reichtum. Ein umsichtiger und behutsamer Eintritt in den Weltmarkt hat aber auch vielen anderen Ländern in den letzten Jahren Vorteile gebracht. Millionen von Menschen wurden aus der absoluten Armut herausgebracht und einige Entwicklungsländer wurden zu Schwellenländern mit neuem Mittelschichtswohlstand.

Innerhalb dieser Staaten ist die Ungleichheit weiterhin sehr groß, oder sie sinkt nur langsam von einem sehr hohen Level, wie etwa in Brasilien.[73] Betrachtet man die Entwicklung der Ungleichheit global, so ergibt sich also ein widersprüchliches Bild. Die Erfolge einiger sehr großer Schwellenländer, vor allem von China, Indien oder Brasilien, und die Entstehung der dortigen neofeudalen Oberschichten und breiter werdenden Mittelschichten sind unbezweifelbar. Ob global die Ungleichheit eher ab- oder zunimmt, ist umstritten.[74] Am allermeisten haben laut einer jüngeren Studie auch von der letzten Phase der Globalisierung die alten Industrieländer profitiert.[75]

So hat der internationale Handel ganz unterschiedliche Auswirkungen. Nicht alle sind schlecht. Um Ausbeutung, Lohn- und Sozialdumping und Aushöhlung der Demokratie zu verhindern, müssen wir den globalen Markt effizient regulieren. Dazu müssen wir auf allen Ebenen der Politik ansetzen, regional und nationalstaatlich, supranational und international.

Die notwendige Koordinierung muss also in Institutionen geleistet werden wie einer stärker sozial und ökologisch zu prägenden Europäischen Union. Eine Aufwertung der G20, wo kontinentale Schwellenländer wie China, Indien, Brasilien oder Südafrika vertreten sind, ist entscheidend – der bornierte Club der G7 wird weiter an Bedeutung verlieren. Die Schwellenländer müssen auch in Institutionen wie dem Internationalen Währungsfonds (IWF) und der Weltbank angemessen beteiligt werden – aber dort auch ihrer neuen Verantwortung gerecht werden. Das aber ist nicht leichter geworden. Die jahrzehntelange Verweigerung einer angemessenen Beteiligung der Schwellenländer durch die USA und Teile Europas haben nun dazu geführt, dass diese eine eigene Entwicklungsbank – die New Development BRICS-Bank – gegründet haben.

Und auch wenn es schwer ist: Wir brauchen eine Stärkung der Welthandelsorganisation (WTO), der Internationalen Arbeitsorganisation (ILO) und des UN-Umweltprogramms

(UNEP), das 2012 immerhin zu einem Programm mit universeller Mitgliedschaft aufgewertet wurde, auch wenn man es immer noch nicht zu einer den anderen gleichwertigen »Organisation« mit dem entsprechenden Namen UNEO hochstufen will.

Die soziale Regulierung des globalen Marktes ist die zweite zentrale Aufgabe unserer Zeit. Wir können nicht zurück in eine national isolierte Wirtschaft wollen. Es geht nicht nur darum, sich in diesem globalen Wettbewerb zu behaupten und in den internationalen Foren immer nur das Beste für die eigene Wirtschaft herauszuholen. Es geht darum, den globalen Markt politisch einzudämmen und ihn für *alle* nutzbar und gewinnbringend zu machen. Und damit auch die zerstörerische Tendenz zu immer mehr Ungleichheit umzukehren. Eine Tendenz, zu der unser Wirtschaftssystem eine unwiderstehliche Neigung hat.

Während ich an diesem Buch arbeitete, erschien die englische Übersetzung des Buches eines französischen Ökonomen, Thomas Piketty, das in Frankreich und den USA eine große Debatte ausgelöst hat: *Capital in the Twenty-First Century*.[76] Inzwischen erschien die deutsche Übersetzung, und das Buch wurde auch hierzulande zum Bestseller. Piketty weist erstmals empirisch exakt und im historischen Vergleich nach, wie der Kapitalismus dazu tendiert, kleine, extrem reiche Oberschichten hervorzubringen, die sich über Generationen reproduzieren. Nur Zeiten sehr hohen Wachstums waren Ausnahmephasen. Und die Politik kann etwas dagegen tun: durch eine bessere Primärverteilung über höhere Löhne, aber auch insbesondere über die Besteuerung von Kapitalgewinnen und hohen Vermögen. Auch Piketty ist kein Planwirtschaftler. Er warnt als Ökonom vor der selbstzerstörerischen Tendenz des Kapitalismus, vor der

Bedrohung einer dynamischen Marktwirtschaft durch den neuen Geldfeudalismus.

SPANNUNG ZWISCHEN DEMOKRATIE UND KAPITALISMUS

Der Kapitalismus kann als Wohlstandsmaschine wirken, führt aber zu einer sehr ungleichen Verteilung dieses Wohlstandes. Seine Vermählung mit der Demokratie und den Teilhabeansprüchen aller Bürgerinnen und Bürger ist immer spannungsvoll gewesen, wie der Wirtschaftssoziologe Wolfgang Streeck es so treffend analysiert hat.[77]

Der Kapitalismus steuert Gesellschaften über Markt, Preissignale, Privateigentum und Gewinnmotiv. Die Demokratie steuert über öffentliche Debatten, Wahlen, Abstimmungen und Gesetzgebung. Der Markt erzeugt Wohlstand, aber auch Gewinner, Verlierer, ungleiche Machtverteilung und soziale Ungleichheit. Demokratie verspricht gleiche Mitbestimmung aller Bürgerinnen und Bürger, garantiert gleiche Rechte und fördert damit das Prinzip der Gleichheit. Über mehrere Jahrzehnte konnte die Spannung nur durch Hilfsmittel aufgelöst werden, die sie in die Zukunft verschoben: Wachstum, Inflation, Schulden.

Beim Wachstumsversprechen wird Ungleichheit akzeptiert, weil es für alle in der Zukunft aufwärtsgeht. Über expansive Geldpolitik und Inflation versucht der Staat hohe Lohnsteigerungen aufzufangen und Vollbeschäftigung zu halten. Über Schulden manövriert er zwischen den hohen

Ansprüchen der Bürger an Sozialstaat und Infrastruktur und dem Unwillen der Eigentümer, Steuern zu zahlen, hindurch. Alle drei Varianten konnten nur Zwischenlösungen sein.[78]

Gut regulierte Märkte können Triebkräfte zum Abbau von Ungleichheit sein. Aber: Auf Märkten setzen sich oft Starke gegen Schwache durch, können sich Oligopole und Monopole etablieren oder extrem niedrige Löhne durchsetzen, und schon bald widerspricht das Ergebnis des Marktgeschehens den Ansprüchen der Demokratie auf gleichberechtigte Teilhabe aller massiv.

Dem demokratischen Staat obliegt die Aufgabe, Regeln zu setzen, die das verhindern, und Voraussetzungen zu schaffen, aufgrund derer sich die Wirtschaftsakteure auf dem Markt erst begegnen können. Dazu gehören öffentliche Sicherheit, Rechtssicherheit, Infrastruktur, Straßen, Schulen, saubere Luft und saubere Umwelt. Wenn der Markt versagt, greift der Staat auch in das Wirtschaftsleben ein, zum Beispiel wenn private Anbieter das Wasser zu teuer machen oder keinen Netzanschluss für alle Bürger anbieten. Und gegen große Lebensrisiken wie Krankheit oder Arbeitslosigkeit schafft der demokratische Staat solidarische Sicherungssysteme. Für all das braucht der demokratische Staat Geld.

In den letzten Jahrzehnten konnte oder wollte er sich für diese Aufgaben nicht ausreichend über Steuern und Abgaben finanzieren. Er verschuldete sich. Übermäßige Staatsverschuldung verschiebt Lasten auf zukünftige Generationen. Sie kann in Maßen sinnvoll sein – zu viel davon ist schädlich.

> **Übermäßige Staatsverschuldung verschiebt Lasten auf zukünftige Generationen.**

Kann der demokratische Staat gegenüber dem ungleich verteilenden Markt seine Ansprüche nicht durchsetzen, hofft er darauf, dass die Wirtschaft insgesamt stark wächst und seine Steuermittel dadurch steigen. Das kann zeitweise funktionieren. Bleiben aber hohe Wachstumsraten aus, gucken die Zu-kurz-Gekommenen auch später in die Röhre. Wenn die Macht der am Markt erfolgreichen Wettbewerbsgewinner weiter ansteigt, kann es außerdem schwierig werden, Wachstum an alle zu verteilen. Auch dann erweist sich die Hoffnung auf das Wachstum als Friedensstifter einer ungleichen Gesellschaft als trügerisch. Global geriet dieses wachstumsabhängige Modell des demokratischen Kapitalismus schon vor Jahrzehnten in eine Krise, als die Wachstumsraten der Nachkriegszeit nicht mehr erreicht wurden.

Da der Konflikt nicht zu lösen war, musste ein Ausweg gefunden werden. Der Ausweg der 70er-Jahre war die expansive Geldpolitik unter Inkaufnahme der Inflation, der Ausweg der 80er-Jahre die zunehmende Staatsverschuldung, der Ausweg der 90er die staatliche *und* private Verschuldung – alle drei Auswege organisieren Teilhabe auf Pump. Jeder dieser Auswege wurde in großen Krisen pulverisiert. So wird es auch dem jüngsten Ausweg ergehen, der darauf setzt, immer billigeres Geld aus den Zentralbanken in die Gesellschaften zu pumpen.

Die Hoffnung auf ewiges Aufschieben trügt. Das sollte das stillstehende Land und seine stillstehende große Regierung verstehen. Der demokratische Staat muss seine Ansprüche gegen die privatwirtschaftlichen Marktgewinner *heute* durchsetzen. Er muss heute dafür sorgen, dass das Versprechen einer demokratischen Wirtschaftsordnung nicht endgültig gebrochen wird.

Es gibt in der Welt auch Kapitalismus ohne Demokratie.

Es ist keine Selbstverständlichkeit, dass Kapitalismus Demokratie erzeugt.

Der Versuch der Vermählung von Demokratie und Kapitalismus hat sich zwar in der Welt weit verbreitet. Doch fast überall ist der Level demokratischer Teilhabe eher dünn, die Macht der Wirtschafts- und Finanzeliten dagegen groß. Überall versucht man die wohlstandsschaffenden Aspekte von Märkten und privatwirtschaftlicher Organisation der Wirtschaft zu nutzen, neben Europa etwa auch in Brasilien oder Südkorea, in vielen Ländern Afrikas, aber auch dort, wo sich Demokratie noch gar nicht durchgesetzt hat, wie in China, oder wo sie auf populistische Führerakklamation reduziert und ansonsten täglich mit Füßen getreten wird, wie in Russland.

In solchen Staaten klagen die Gewinner einer stürmischen wirtschaftlichen Entwicklung ein zentrales Element der Demokratie ein: das Recht auf Eigentum. Sie fordern Rechtssicherheit ein. Ihr neuer Besitz soll nicht von korrupten Entscheidungsträgern entschädigungslos enteignet werden können, wie in China. Sie wollen ihr Einkommen nicht durch Schutzgeldzahlungen an kriminelle Banden oder den Staat wie in Russland abführen müssen. Der Kampf um mehr Demokratie beginnt oft mit dem Kampf um die Herrschaft des Rechts.

Denn diese Herrschaft des Rechts bedroht die Besitz- und Vermögensansprüche der jeweils Herrschenden. Sie verteidigen ihr Monopol auf Verfügung etwa über die Rohstoffe Russlands. In solchen Konflikten entstehen ausgehöhlte Demokratien oder offen oligarchische Systeme. Dieser Prozess ist nicht zu Ende. Sein Ausgang ist noch offen.

Und er läuft nicht automatisch auf eine erfolgreiche Kombination zwischen Demokratie und Kapitalismus hinaus. Zumal diese Kombination ja auch bei uns gerade prekär ist. Auch bei uns steht demokratische Politik permanent mit dem Rücken zur Wand gegenüber privatwirtschaftlicher Macht.

Mein Kollege Gerhard Schick hat ein kluges Buch geschrieben: »Machtwirtschaft – Nein danke«.[79] Er sagt, es sei nicht der Gegensatz zwischen Markt und Staat, um den es gehe. In vielen Bereichen haben wir viel zu wenig Markt, etwa bei den Oligopolen im Energiesektor, bei Suchmaschinen im Internet, bei den Unternehmensberatungen oder den Großbanken.

Gerhard Schick hat recht. Markt kann Segnungen für alle hervorbringen, und in vielen Bereichen ist es gerade mangelnder Wettbewerb, der große Macht hervorbringt. Privatwirtschaftliche Akteure können dann einen immer größeren Teil vom Kuchen für sich beanspruchen. Ihnen gegenüber muss ein starker demokratischer Staat einen funktionierenden Markt erst durchsetzen.

GRÜNE müssen sich von niemandem vorwerfen lassen, staatliche Planwirtschaft zu fordern, denn das tun wir nicht. Doch nur ein selbstbewusster demokratischer Staat, nur selbstbewusste, international im Einklang handelnde demokratische Staaten können eine Marktwirtschaft im besten Interesse aller gegen die wachsenden Ansprüche einer Oligarchie, einer mächtigen international vernetzten, privatwirtschaftlichen Elite durchsetzen.

Das zentrale Problem des demokratischen Kapitalismus, der Kern seiner Zukunftsvergessenheit liegt darin, dass es am Mut und den gesellschaftlichen Kräften fehlt, sich dem Konflikt zwischen privater Aneignung und demokratischer Teilhabe zu stellen. Tendenziell wenige Gewinner in den Oberschichten und oberen Mittelschichten können höhere

Anteile des Volkseinkommens für sich beanspruchen, die Mehrheit der Lohnempfänger, Kleinunternehmer und die öffentliche Hand tendenziell immer weniger. Das Ergebnis sind nicht bloß überschuldete Staaten, sondern überschuldete Gesellschaften.

Was dabei unter die Räder kommt, ist nicht nur der Anspruch der Demokratie, es ist gerade die Funktion und Effizienz der Märkte selbst. Denn die entstehenden sehr ungleichen Verteilungsverhältnisse bedrohen die wirtschaftliche Stabilität. Sie bedrohen die Funktion kapitalistischer Märkte selbst. Deregulierte Märkte sind eine Bedrohung für den Kern des Kapitalismus. Das ist die Lektion der Finanzkrise.

UNGLEICHE VERTEILUNG FÜHRT ZU SCHULDENWIRTSCHAFT UND FINANZKRISEN

Was geschieht, wenn die Besitzer hoher Vermögen und die Bezieher großer Einkünfte immer reicher werden, Millionen Privathaushalte und Dutzende Staaten aber klamm sind? Die Ersteren leihen den Letzteren ihr Geld! Es ist bekannt, dass gutbetuchte Leute einen viel höheren Anteil ihres Geldes sparen und anlegen (können) als Normal- und Geringverdiener. Die einen kommen zum Leben gerade mal aus, die anderen wissen nicht, wohin damit. So fließt bei ungleicher Verteilung viel Geld auf den Finanzmarkt. Dort wird es spekulativ und sehr oft unproduktiv angelegt und am Ende nach spekulativer Blasenbildung in Finanzkrisen oft vernichtet.

Auch eine Lösung, könnte man sagen. Die ungerechte Verteilung wird korrigiert, indem sich die Staaten und die Armen von den Reichen das Geld leihen und es einfach nicht zurückzahlen. So wäre der Schuldenschnitt die Antwort auf den ungelösten Verteilungskonflikt des demokratischen Kapitalismus. Es gibt – dezidiert prokapitalistische, neoliberale – Wirtschaftswissenschaftler, die so etwas fordern.

Eine Lösung wäre so etwas nur, wenn diese Prozesse nicht so viel Leid, Chaos und Schicksalsschläge hervorbringen würden. Wenn dabei nicht so viel Kapital vernichtet würde, das woanders dringend gebraucht wird. Und wenn nicht auch die Sektoren der Wirtschaft in den Abgrund gerissen würden, die für sich genommen profitabel sind und für Hunderttausende Arbeit und Einkommen bieten, die aber auf einen funktionierenden Bankensektor angewiesen sind.

Und wenn deshalb Regierungen nicht gezwungen wären, nach Finanzkrisen aus Verantwortung für den zusammenbrechenden Wirtschaftskreislauf bedrohte Banken und ihre Anleger zu retten und große Anteile des zerstörten Vermögens auch noch auf Steuerzahlerkosten zu garantieren.

Nein, Finanzkrisen sind keine charmante Lösung für das Verteilungsproblem, und sie können uns nicht kaltlassen. Ihre Wurzeln liegen in der Ungleichheit. Denn man kann den Zusammenhang auch langfristig beobachten. Konzentriert sich das Einkommen bei zu wenigen Leuten, dann fließt das Geld nicht mehr in den Konsum, sondern sucht nach Anlagemöglichkeiten und verursacht Vermögenspreisblasen, die in Finanzkrisen enden.

Im Jahr 1928 kontrollierten die oberen zehn Prozent der US-Amerikaner die Hälfte der Einkommen, das obere eine

Prozent besaß ein Viertel. 1929 krachte die Börse. In der Nachkriegszeit bis zum Antritt Ronald Reagans hatten die oberen zehn Prozent nur noch ein Drittel, das obere eine Prozent nur noch ein Zehntel der Einkommen. Dann die Trendwende: Bis 2006 hatte das obere Prozent der Amerikaner wieder ein Viertel der Einkommen erreicht, die oberen zehn Prozent hatten wieder die Hälfte des Volkseinkommens für sich.

Von 1980 bis 2007, in den Jahrzehnten der deregulierten Finanzmärkte und der globalen Oberklassen, explodierte das globale Anlagevermögen. 2007 lag es bei 194 Billionen Dollar (also 194 000 Milliarden). In den USA lag es 1980 beim Doppelten des Bruttoinlandsproduktes, 2007 beim 4,5-Fachen.[80] Unvorstellbare Mengen an Geld suchen nach Anlagemöglichkeiten. 2012 waren es dann rund 210 Billionen Dollar.[81]

Wo finden sie die? Unter anderem bei den ärmeren Schichten der Bevölkerung, die leiden schließlich unter schlechten Löhnen und verfügen über kein Vermögen. Oder bei Staaten, die ihre Ausgaben nicht hinreichend über Steuern finanziert bekommen. So konnte eine Weile lang trotz schlechter Einkommensverhältnisse ein massenhafter Konsumboom in den USA die Wirtschaft am Laufen halten: Boom auf Pump!

Die gesamte Verschuldung der USA, staatlich wie privat, lag 1980 bei 152 Prozent der jährlichen Wirtschaftsleistung (BIP). 2008 war sie auf 296 Prozent angewachsen. Die Staatsschulden machten aber nur 61 Prozent des BIP aus. Schulden in Höhe von 98 Prozent des BIP lagen bei den Privathaushalten, die Unternehmen waren in Höhe von 79 Prozent des BIP verschuldet, die Finanzbranche in Höhe von 57 Prozent des BIP. Bürger, Staat, Unternehmen, Banken, alle Spieler in dieser Gesellschaft sind – bei den Vermögenden im In- und Ausland – so hoch verschuldet, dass das Land drei Jahre seine komplette Produktion abtreten müsste, um die Schulden abzubezahlen. Seit dem Crash von 2008 werden diese Schuldenstände ganz langsam abgebaut.[82]

Auch in den Eurokrisenländern sind die Verschuldungsquoten natürlich enorm. Dabei waren etwa in Irland und Spanien die Staatsschulden lange kein Problem, im Privatsektor allerdings stiegen die Schulden durch die 2000er-Jahre hindurch stetig an, bei den Unternehmen (in beiden Ländern) etwa auf über 800 Prozent ihres Gewinns,[83] bei den Privathaushalten auf 220 Prozent ihres verfügbaren Einkommens in Irland, in Spanien auf etwa 130 Prozent. Die Menschen ließen sich von den Blasen auf Finanz- und Immobilienmärkten täuschen.

Irlands Schulden summierten sich 2011 auf sage und schreibe 663 Prozent des BIP. Die Staatsschulden machen nur 85 Prozent des BIP aus, Banken liegen bei 259 Prozent, Unternehmen bei 194 Prozent, Privathaushalte bei 124. Auch in Spanien ist nicht der Staat das Hauptproblem, er hat nur rund ein Fünftel der Schulden bzw. 71 Prozent des BIP. Der Rest liegt bei Bürgern, Banken und Betrieben. Insgesamt ist Spanien in Höhe von 363 Prozent des BIP verschuldet. Auch nach dem Crash werden diese Schulden nur langsam abgebaut, beim Staat steigen sie an, in Spanien 2013 auf 99,5 Prozent des BIP.

Und wie sieht das in Deutschland aus? Im Grunde ganz ähnlich! 2011 zum Beispiel lagen die gesamten Schulden in unserem Land bei 278 Prozent des BIP. Die vieldiskutierten Staatsschulden lagen in Höhe von 83 Prozent des BIP. Bürger bei 60 Prozent, Unternehmen bei 49 Prozent, Banken bei 87 Prozent.[84]

Anders gesagt: Sehr ungleiche Verteilung führt in die Überschuldung. Überschuldung von Gesellschaften führt zu Finanzkrisen. Diese lassen die Staatsverschuldung weiter explodieren. Hohe private und staatliche Verschuldung, Konsum auf Pump, ein wachsender Finanzsektor mit vielen unproduktiven Kanälen erzeugen periodisch wiederkehrende Finanzkrisen.

Dies gefährdet die Realwirtschaft. Bereinigt man den deutschen Aktienindex, wie bei anderen Indizes, etwa dem Dow Jones, üblich, um die Dividenden, dann waren die deutschen Unternehmen mit einem Index von 5100 im Jahr 2015 immer noch weniger wert als vor der Finanzkrise 2007, in der der Index bei 5300 Punkten gelegen hat. Dividendenbereinigt waren die deutschen Unternehmen vor dem Crash der New Economy im März 2000 mit 6200 Punkten gut 20 Prozent mehr wert.[85]

Sehr ungleiche Verteilung bedroht die Stabilität unserer Volkswirtschaften. Nur wenn Schulden abgebaut werden und mehr investiert wird, lässt sich dieser Schweinezyklus mildern. Das aber heißt nichts anderes als: Wir brauchen mehr Gleichheit. Mehr Gleichheit ist nicht nur gerechter – sie erzeugt nachhaltige Stabilität.

Wir brauchen mehr Gleichheit. Mehr Gleichheit ist nicht nur gerechter – sie erzeugt nachhaltige Stabilität.

WOZU UNGLEICHHEIT GUT SEIN KANN UND WAS SIE SONST NOCH ANRICHTET

Nun ist Gleichheit besonders in der deutschen Debatte sehr unbeliebt geworden. Kaum jemand wagt es, sich diesen Wert noch auf die Fahne zu schreiben. Freiheit? Ja! Gerechtigkeit? Ja! Jeder versteht zwar was anderes darunter, aber immerhin bekennen sich alle zu diesen Grundwerten.

Aber wie steht es um die Gleichheit? Bilder von Menschenmassen in Uniform werden wach, »Gleichschaltung« wird beschworen, im rechten Feuilleton droht gleich der Gulag. Das ist Unfug!

> Es geht um eine Gesellschaft, die nicht in superreiche Oberschichten und ihr niedrig belohntes Dienstpersonal auseinanderfallen darf.

Es geht darum, dass die Gesellschaft nicht in superreiche Oberschichten und ihr niedrig belohntes Dienstpersonal auseinanderfallen darf. Denn, überspitzt gesagt, unter der Oberfläche der Demokratie bewegen wir uns auf eine Art neuen Feudalismus zu. Teilweise ist dieser neue Feudalismus, bei dem Geldaristokraten die Hauptrolle spielen, bereits Realität. Die Alternative dazu hat nichts mit Gleichheitsdiktatur zu tun, sondern sie strebt eine stabile und demokratische Volkswirtschaft an, die nicht ihre eigenen Grundlagen zerstört, so wie es der heutige Kapitalismus tut.

Was sind die Gespenster, die gegen eine ausbalancierte, zwischen den Schichten ausgeglichene Gesellschaft beschworen werden? Ein beliebtes Motiv der deutschen Mitte-Rechts-Ideologie ist die »Leistung«. Leistung müsse sich lohnen, so heißt es, und wenn sich unterschiedliche Leistung in ungleicher Verteilung äußert, dann sei das nur gerecht. Und es sei nötig, um Motivation für Anstrengung zu schaffen, deren Ergebnisse dann ja schließlich indirekt auch allen zugutekommen. Einverstanden! Doch möchte man ernsthaft die derzeitige Einkommensverteilung in Deutschland als Ausfluss von Leistung und Anstrengung verteidigen?

Seit Jahren geht die Schere zwischen Arm und Reich auseinander, und niemand kann glaubwürdig behaupten, das gehe auf unterschiedliche »Leistungen« der Gewinner und Verlierer zurück. Man denke an die unverdienten Reichtumsgewinne durch überhöhte Kapitalrenditen oder an den leistungslosen Gewinn von Status und Sicherheit durch Erbschaften gegenüber dem vollkommen unverdienten Arbeitsplatzverlust durch Standortverlagerung. Man denke an die unterbezahlt schuftenden Dienstleister im Gesundheits- oder Erziehungswesen und vergleiche sie mit den Millionenverdiensten der Inhaber mehrfacher Aufsichtsratsmandate, die oft genug schlampig ausgeübt werden. Mit der gerechten Belohnung individueller Leistung hat all das wenig zu tun.

Der gesellschaftlich erarbeitete Reichtum wird nicht mehr über Löhne, Eigentumsanteile, Sozial- und Steuersysteme leistungsgerecht verteilt. Das ist unfair.

Im neoliberalen Lager hat sich in den letzten Jahrzehnten ein Geist breitgemacht, der Eingriffe des Staates in »die Taschen der Bürger« als grundsätzlich illegitim betrachtet. Die öffentliche Hand erscheint in dieser Sicht als Parasit des allein legitimen privaten Eigentums. Es ist von staatlicher Gier die Rede, Neid oder gar »Kleptokratie« – so der Philosoph Peter Sloterdijk noch im Jahr 2009. Zwar sind Zeitgeist, ökonomische Debatte und Krisenrealität hierüber hinweggefegt, doch die Grundeinstellung überdauert in vielen Artikeln der deutschen Wirtschaftspresse bis heute.

Das ist blanke Ideologie. Der private Wohlstand »der Bürger« ist in Deutschland in den letzten zwanzig Jahren unaufhörlich gestiegen, Steuern wurden auf breiter Front gesenkt, ich habe die Zahlen bereits genannt. In der heutigen Situation stellt sich die Frage genau andersherum. Es fragt sich eher, ob wir uns eine Gesellschaft mit dermaßen hohem privatem Reichtum weniger bei dermaßen hoher privater und staatlicher Verschuldung vieler leisten können.

Das ist eine Frage, die sich unsere demokratische Gesellschaft stellen und die sie neu entscheiden muss. Privater Reichtum ist dieser Entscheidung nicht vorgeordnet oder entzogen. Seine gesellschaftliche und volkswirtschaftliche Rolle wird in demokratischen Verfahren bestimmt. Wir, die Bürgerinnen und Bürger – und zwar alle, nicht nur das selbst ernannte »bürgerliche Lager« rechts der Mitte – entscheiden über Grundsätze, Regeln und Details unserer Wirtschafts- und Eigentumsordnung. Ihre Grenze findet unsere Entscheidung im Verfassungsrecht, das diesbezüglich allerdings einen weiten Spielraum lässt. Die ressentimentgeladene Barrikadenrhetorik der konservativen Presse oder die Androhung von Steuer- und Kapitalflucht sind schlicht undemokratisch.

Es gab und gibt gute Gründe, aus denen eine soziale Marktwirtschaft dem privaten Gewinnstreben eine wichtige Rolle zuweist. Das sollten wir auch weiterhin tun. Angesichts der Entwicklung der letzten Jahrzehnte aber müssen wir privaten Reichtum, Gemeinwesen, Verteilung und öffentliche Finanzen in ein neues Verhältnis bringen. Für die

Gegner der Gleichheit ist der Begriff der »Umverteilung« mittlerweile zu einem Hauptangriffspunkt geworden. Umverteilung war in den 70er-Jahren ein durchaus populärer Begriff. Das ist er heute nicht mehr. Woran liegt das?

»Umverteilung« ist ein »Frame«, wie die Politikberater seit ein paar Jahren sagen, also eine Art Bilderrahmen, der mitbestimmt, was in den Blick kommt und wie wir etwas sehen. In diesem *Frame* der »Umverteilung« gibt es eine glückliche, spontane Gesellschaft der Bürger, die fröhlich vor sich hin wirtschaftet. Dann kommt von oben ein anonymer Staat und greift in diese glückliche Welt finster ein. Er nimmt den einen und gibt den anderen.

Früher hätte man ihn vielleicht als Robin Hood positiv gesehen, weil er den Reichen nimmt und den Armen gibt. Heute sieht man ihn als Dieb. Warum? Weil sich dem Staat gegenüber heute jeder für arm hält. Selbst all die Steuerflüchtlinge und »Mittelschichts«-Millionäre halten es doch eigentlich für legitim, ihr Geld diesem bösen Staat vorzuenthalten. Was mischt der sich auch in unsere Geschäfte ein!?

Doch was sich da auf der fröhlichen Wiese des spontanen Marktes der Bürgerinnen und Bürger abspielte, war ja schon vor dem Eingriff des angeblich räuberischen Umverteilungsstaates nicht so ganz unschuldig. Da wurde ausgebeutet und rausgeschmissen, da wurde angeschmiert und angeeignet, aus dem Markt gedrängt und abgezockt.

Gegen Lebensrisiken wie Krankheit, Alter, Arbeitslosigkeit hat einst Bismarck – seines Zeichens Sozialistenfresser – in Deutschland die Sozialversicherung eingeführt, die alle Arbeitnehmer und Arbeitgeber gemeinsam zu finanzieren hatten. War das ein Akt der Räuberei? Tun wir nicht etwas für uns selbst, wenn wir uns dagegen absichern, mehren wir nicht unsere Lebensqualität? Uns wird nichts weggenommen. Es ist in unserem ureigenen Interesse.

Die umlagefinanzierte, solidarische Absicherung gegen leistungsunabhängige Risiken hat nicht nur viele Kriege und Krisen überstanden. Sie ist zudem gesamtwirtschaftlich effizienter als kapitalgedeckte Pensionsfonds oder die private Krankenversicherung in den USA. Warum sprechen wir dann bei diesem effizienten und leistungsgerechten System von einer Sozialversicherungs-»Last«? Abgaben und Steuern sind keine Last, sondern unser Beitrag zu einer Gesellschaft, in der es sich zu leben lohnt. Ohne diese Beiträge würden die meisten von uns einen viel höheren Preis zahlen.

Die Unbeliebtheit des Staates aber zeigt uns eins: Wenn wir über mehr Gleichheit reden, dann sollten wir nicht nur und nicht einmal zuerst über »Um«-Verteilung durch den Staat reden.

> **Umverteilung kommt zu spät. Wir brauchen schon vor diesen Eingriffen des Staates eine gerechtere Verteilung.**

Denn Umverteilung kommt zu spät. Wir brauchen schon vor diesen Eingriffen des Staates eine gerechtere Verteilung des gesellschaftlichen Wohlstandes nach Leistung. Man spricht dabei von der sogenannten *Primärverteilung*. Eine andere Primärverteilung mindert den Druck auf nachträgliche Umverteilung via Steuern. Das betrifft dann konkret Fragen der Lohnpolitik, des Eigentums an den Unternehmen, der Börsenregulierung, der Managergehälter und vieles mehr. Da geht es nicht um die »gierige Hand« des Staates, sondern darum, die übertriebene Aneignung des gesellschaftlichen Wohlstandes durch finanzstarke Oberschichten, Investoren und Unternehmenseigentümer einzuschränken – auf ein volkswirtschaftlich noch sinnvolles Maß.

Denn materielle Ungleichheit ist über die Übertragungsriemen von Wettbewerb und Motivation in gewissem Maß förderlich für den Wohlstand aller. Doch extreme Ungleichheit ist volkswirtschaftlich schädlich. Mehr Gleichheit ist heute eine ökonomische Forderung. Die extreme Ungleichheit bedroht unsere volkswirtschaftliche Stabilität, und davon hängt vieles andere ab.

Doch es ist natürlich nicht nur die pure Ökonomie, die uns an extrem ungleichen Gesellschaften stört.[86] Es ist der Anspruch der Demokratie, der universalen Teilhabe aller, die moderne Forderung nach Gleichberechtigung, die wir in einer neofeudalen Gesellschaft globalisierter Oberschichten und Finanzaristokratien verletzt sehen.

Wenn der eine alles besitzt und alles entscheidet und der andere nur noch dafür Respekt verlangen kann, dass er eine einfache Hilfstätigkeit passabel ausführt, dann setzt bei vielen von uns ein antihierarchischer und aggressiver Reflex ein.

Wir bewundern Menschen, die viel leisten und Großes aufbauen. Wir gönnen ihnen auch Lohn, Ruhm und Ehre dafür. Wir ahnen, dass es Anerkennung nicht umsonst gibt, dass man sich anstrengen muss, um den aufrichtigen – nicht nur geschuldeten – Respekt seiner Mitmenschen zu erringen. Da wird es immer Unterschiede geben.

Doch das Ideal, das immer noch viele Menschen in diesem Lande von ihrer Gesellschaft haben, ist das einer Gesellschaft von unterschiedlichen Menschen mit unterschiedlichen Talenten, die sich aber auf Augenhöhe begegnen.

Das ist heute nicht gesellschaftliche Wirklichkeit. Genau das ist es, was uns am Gebaren der Finanzeliten so stört: die Arroganz, die Herablassung, die Erniedrigung der anderen. Es ist nicht Neid, der die Leute treibt. Wenige neiden den Erfolgreichen etwas, das sie verdienen und das sie sich erarbeitet haben. Was uns empört, ist das Ausmaß der Unterschiede, das Unverdiente, das Ausmaß der Privilegien und der Missbrauch der Macht.

> **Eine Gesellschaft, in der Menschen ständig unverdiente Erniedrigungen durch Reiche und Mächtige erdulden müssen, ist nicht lebenswert.**

Eine Gesellschaft, in der Menschen ständig unverdiente Erniedrigungen durch Reiche und Mächtige erdulden müssen, ist nicht lebenswert. Insbesondere, wenn wir die Überordnung des anderen als unverdient erleben, als Privileg reicher Geburt etwa. Empörend wird es, wenn sozial Höherstehende unverdiente Privilegien für die Verletzung und Herabwürdigung anderer missbrauchen.

In einer solchen Gesellschaft staut sich Unmut an, Wut und Aggression. Oft genug aber richtet sich diese Aggression dann nicht gegen den Mächtigen, den wirklich Privilegierten, der praktisch unangreifbar ist. Der Zorn über die eigene ungerechte Behandlung richtet sich nach unten, nicht nach oben. Es geht gegen den, der woanders herkommt oder anders aussieht. So entsteht in extrem ungleichen Gesellschaften ein verrohtes Klima des Zusammenlebens. In diesem Klima floriert der Rechtspopulismus. Wir können das an vielen Orten der Welt bereits heute beobachten. Wir müssen heute verhindern, dass es auch in Europa in diese Richtung geht. Darum geht es bei der Regulierung des Kapitalismus.

> **Es geht bei der Verwirklichung von mehr Gleichheit um den Erhalt der Demokratie.**

Darum geht es bei der Forderung nach mehr Gleichheit.

Dafür müssen wir den sozialen Stillstand überwinden, sonst gelangt unser System immer wieder an den Rand der Selbstzerstörung, indem unsere Gesellschaft durch die Auflösung des Leistungsprinzips an Zusammenhalt und Rückhalt verliert. Die Folge wären gravierende zivilisatorische Rückschritte. Es geht bei der Verwirklichung von mehr Gleichheit um den Erhalt der Demokratie.

KÖNNEN WIR IMMER WEITER WACHSEN?

Das übrig gebliebene und globalisierte Wirtschaftssystem, in dem wir leben, hat noch ein anderes Problem. Es ist – und das gilt heute mehr oder weniger für die ganze Welt – auf ständiges Wachstum ausgerichtet, es braucht Wachstum, um stabil zu sein. Es unterliegt einem Wachstumszwang.

Warum ist das ein Problem? Erstens, weil Wachstumsraten nicht verlässlich sind und vor allem die entwickelten Länder tendenziell immer weniger wachsen. Und zweitens, weil wir nicht endgültig geklärt haben, ob ewiges Wachstum überhaupt möglich und ökologisch verantwortbar ist. Die Diskussionen um die Frage nach Notwendigkeit von Wachstum begann mit dem Bericht des »Club of Rome« von 1972 über die Grenzen des Wachstums, einem der Gründungsimpulse der Ökologiebewegung weltweit. Sie trat später etwas in den Hintergrund, ist aber heute wieder zu einer Glaubensfrage geworden, und die Debatte ist sehr hitzig. Auch in der Enquete-Kommission, die der Deutsche Bundestag 2009 bis 2013 dazu eingerichtet hat, standen sich in vielen Kernfragen die Lager eher unversöhnlich gegenüber.

Eigentlich ist die Hitze des Streits überraschend. Denn Wachstum ist für sich ein ziemlich blinder Indikator. Er sagt kaum etwas darüber aus, ob das gemessene wirtschaftliche Tun gut oder schlecht für die Gesellschaft ist. Das Bruttoinlandsprodukt als Rechengröße sagt eigentlich auch ökologisch gar nichts aus, es zählt Schädliches wie Sinnvolles gleichermaßen und sagt über Materialdurchlauf oder Umweltschäden gar nichts aus.

Stellen wir uns einen Unfall auf der A2 vor: drei Autos mit Totalschaden und viele Verletzte. Es folgen Aufräumarbeiten, medizinische, juristische und versicherungswirtschaftliche Dienstleistungen, der Kauf pharmazeutischer Produkte und neuer Autos, Schrotthandel, Zeitungsannoncen, Internetklicks. Am Ende ist die Wirtschaft trotz der vorübergehend ausgefallenen Arbeit der Unfallopfer gewachsen. Eine gute Sache?

Stellen wir uns eine massive Repowering-Investition in einen Windpark vor, also einen Ersatz alter durch Leistungsfähigere, modernere Anlagen an selber Stelle. Stahlproduktion, viele technische Dienstleistungen, Entsorgung und Weiterverarbeitung des Materials der alten Windräder, Rechtsberatungen. Am Ende ist die Wirtschaft trotz des ersetzten Kohlestroms gewachsen. War das jetzt umweltschädlich?

Entscheidend ist ja nicht die Messgröße des BIP, sondern sind zum einen das Ziel wirtschaftlicher Aktivität, also die Lebensqualität, und zum anderen die Frage der Umweltschäden, also des Ressourcenverbrauches, der Emissionen, der Umweltnutzung. Wachstumskritiker sagen, es habe bisher noch kein Wachstum gegeben, das nicht auch mit einem erhöhten Ressourcen- und Umweltverbrauch einhergegangen sei. Ob etwa Deutschland in der Phase von 1990 bis 2008, während der die Wirtschaft jährlich zwischen einem und drei Prozent wuchs (mit kurzen Schrumpfpausen knapp unter null), während die Treibhausgasemissionen stetig sanken, ein Gegenbeispiel liefert, bleibt umstritten.

Denn wir importieren hier eine Menge an Vorprodukten, für die woanders emittiert wird. In jedem Fall aber ist diese Phase ermutigend.

Wie aber kommt das eigentlich, dass wir nicht ohne Wachstum können? Viele von uns haben doch sicher den Eindruck, dass es in der Konsumgesellschaft nicht unbedingt an Gütern, Dingen, Produkten, Dienstleistungen mangelt. Ist unser Lebensstandard denn nicht hoch genug? Schon, aber erstens nicht für alle und zweitens nicht von selbst und für immer. Der Wachstumszwang besteht einmal darin, dass wir immer besser werden. Wir können unsere Bedürfnisse immer geschickter und mit immer weniger Arbeitseinsatz befriedigen. Die Arbeit wird immer produktiver, und der technische Fortschritt macht Jobs überflüssig. Manchmal wird das kompensiert, wenn neue Produkte erfunden werden und neue Branchen entstehen. Manchmal bleiben solche Innovationsschübe aber auch aus. Fehlendes Wachstum führt meist zu steigender Arbeitslosigkeit.

So zwingt die Mutlosigkeit, privaten Reichtum angemessen zu besteuern, zum Wachstum.

Ein weiterer Wachstumstreiber liegt in der Staatsverschuldung. Statt verantwortungsvolle Haushaltspolitik zu betreiben und Ausgaben durch Steuereinnahmen zu decken, verschulden sich Regierungen und hoffen auf künftiges Wachstum und daraus folgende Steuereinnahmen. Meist klappt das nicht. Dann bleiben die Schulden zurück, und man hofft auf weiteres Wachstum. So zwingt die Mutlosigkeit, privaten Reichtum angemessen zu besteuern, zum Wachstum.

Westliche Gesellschaften brauchten Wachstum lange, um Verteilungskämpfe abzumildern. Ungleiche Gesellschaften wurden befriedet durch das Versprechen auf Wachstum. Du hast zwar weniger als andere, aber es geht für alle nach oben, schon morgen geht es dir auch besser. Dieses Versprechen hat China dazu gebracht, den Maoismus aufzugeben und eine beispiellose Wachstumsstory zu schreiben. Trotz Unmutes über die Ungleichheit, trotz großer Opfer und trotz fehlender Demokratie wird diese Entwicklung von weiten Teilen der chinesischen Bevölkerung eher begrüßt.

Diese strukturellen Zwänge sind ungeheuer stark. Sobald das Wachstum lahmt, kennen Regierungen kaum mehr ein anderes Problem. Der Wachstumszwang bestimmt das politische Handeln und verleitet sie dazu, auch ökologisch und sozial schädliches Wachstum zu befördern. Schlimmstes Beispiel: Die Abwrackprämie der vorletzten großen Koalition. Ausgangspunkt war die richtige Erkenntnis, dass in einer Wirtschaftskrise der Staat Investitionen anregen muss. Das haben fast alle Industrienationen gemacht. Viele haben das mit dem Impuls getan, ihre Volkswirtschaften auch ökologisch zu erneuern. So gab China etwa 34,2 Prozent seines gigantischen, 586 Milliarden Dollar schweren Konjunkturprogrammes für Klimaschutz und ökologische Investitionen aus. Südkorea legte naturgemäß ein viel kleineres Paket auf, wovon aber rund 80 Prozent in Klima- und Umweltschutz gingen.

In Deutschland war das anders. Zwar gab es auch hier Geld für energetische Gebäudesanierung, aber es wurde haufenweise Beton für Straßenprojekte in die Landschaft gegossen, die vorher als nicht prioritär eingestuft wurden. Insgesamt gab Deutschland mal gerade 13 Prozent seines Geldes für den ökologischen Umbau im Rahmen der Krisenbekämpfung aus.[87]

Wachstum um jeden Preis, ohne Sinn und Ziel, das war damals wie heute schwarz-rote Politik. Menschen bekamen dafür Geld, dass sie ihr altes Auto verschrotteten und sich ein neues kauften. Welches, war egal. Die schwarze Kanzlerin und ihre Minister Peer Steinbrück und Sigmar Gabriel gaben 2500 Euro für jedes Auto dazu, solange es die Abgasnorm Euro 4 hatte, also ohne Bezug auf CO_2-Grenzwerte. Ein ökologischer Effekt ging von diesem – mit über 1,9 Millionen Neuwagen sehr erfolgreichen Programm[88] – nicht aus. Wo ständen wir mit den Verbrauchsobergrenzen, gar der Elektromobilität, wäre die Krise genutzt worden, ihren Marktanteil kräftig zu erhöhen? Dass wir bei dem Ziel von 1 Mio. E-Mobile besser dastehen würden, bestreiten heute auch Vertreter der Automobilindustrie nicht mehr.

Das ist nur ein Beispiel für den Unsinn, den der Zwang zum Wachstum hervorbringen kann. Wenn hohe Staatsverschuldung und hohe Ungleichheit Wachstumstreiber sind, dann haben wir neben den oben aufgezählten also noch einen weiteren Grund für mehr Gleichheit in unserer Gesellschaft und für einen soliden Haushalt. Einen, bei dem Gerechtigkeit und Ökologie sich – wie so oft – die Hand reichen.

Es gibt noch einen pragmatischen Grund, die Auseinandersetzung um das Wachstum nicht als Glaubensstreit zu führen. Ob wir es nun wollen oder nicht: Die Wachstumsraten der Vergangenheit wird es in den hoch entwickelten Gesellschaften ohnehin nicht mehr geben. Langfristig gilt dies auch für heute noch wachstumsstarke Schwellenländer wie China, Indien und Brasilien. Für die alten OECD-Staaten wie Deutschland gilt das schon heute. Gesättigte Märkte und ein hoher Entwicklungsstand zwingen uns heute schon, unsere Strukturen so umzubauen, dass wir bei niedrigen Wachstumsraten nicht immer größere Probleme bekommen.

WAS NOCH WEITER WACHSEN MUSS

So einfach, wie sich das manche Wachstumskritiker und Vordenker der Postwachstumsgesellschaft vorstellen, ist das aber leider nicht. Man kann nicht einfach mal kurz auf Nullwachstum umstellen, ohne große Probleme zu ernten.[89] Ein profilierter Kritiker des Wachstumsmodells ist Tim Jackson.[90] Er macht eine Reihe von klugen Vorschlägen, etwa eine neue Investitionskultur, die Umverteilung von Arbeit durch neue Arbeitszeitmodelle, die Umstellung auf arbeitsintensive Dienstleistungswirtschaft, die Aufwertung alternativer Wirtschaftsweisen. All diese Vorschläge verdienen Beachtung. Doch sie finden seit Jahren keine gesellschaftlichen Mehrheiten. Alternative Wirtschaftsweisen sind bislang nur Nischen geblieben, ob der Abbau der öffentlichen Infrastruktur gestoppt werden kann, ist offen, und die Resonanz in der Gesellschaft für eine neue Arbeitskultur ist bisher ziemlich mager. In der Krise schlägt sie jederzeit in den Ruf nach Wachstum um.

Noch viel schwerer wird es für die Wachstumskritiker, wenn wir den internationalen Blick wagen. Für die große Mehrheit in der Welt, die vielen Entwicklungsländer und Schwellenökonomien ist Wachstum derzeit die einzige Perspektive und die größte Hoffnung. Hunderte Millionen von Menschen wurden in den letzten drei Jahrzehnten aus der absoluten Armut herausgehoben.

Die chinesische Entwicklung ist politisch und moralisch zutiefst ambivalent, aber niemand kann bezweifeln, dass es einer riesigen Anzahl von Menschen dort besser geht als ihren Eltern. Ähnliches geschieht in Indien, wo weitere Hunderte Millionen nicht mehr akut von Armut, Hunger und vermeidbaren Krankheiten bedroht sind. Sogar im entwicklungspolitisch lange so schwierigen Kontinent Afrika gelingt es immer mehr Regionen, die Lebensqualität von Millionen aus elenden in menschenwürdigere Niveaus zu heben.

Wenn Armut überwunden wird, wenn wir die Millenniumsziele der Vereinten Nationen teilweise erreichen, dann bildet sich das in Wachstumszahlen ab. Die Weltgemeinschaft hat sich vorgenommen, die Anzahl der Menschen zu halbieren, die immer noch in absoluter Armut leben, hungern müssen und keinen Zugang zu sauberem Wasser haben: Aus einer Milliarde will man eine halbe Milliarde machen. Das ist ein gewaltiges Wachstumsprogramm.

Doch bleiben wir in Europa. Im Herzen Europas sind wir Zeugen einer ungeheuer rapiden Entwicklung. Sechs Jahre nach Anbruch der Finanzkrise sehen wir die Folgen schrumpfender Wirtschaften in den Südländern Europas. Wir diskutieren das Ende des Euro, nationalistische und rechtspopulistische Ressentiments überfluten den Kontinent, Regierungen bauen fast überall weiter den Sozialstaat ab. Gerade die Errungenschaften des Sozialstaates geraten in Stagnations- oder Rezessionsphasen besonders schnell und stark unter Druck. Ausbleibendes Wachstum, mangelnde Aufstiegsperspektiven und schrumpfende Verteilungsspielräume strapazieren unter derzeitigen Umständen die Solidaritätsreserven unserer Gesellschaften sehr stark. So stellt sich derzeit die Frage, ob europäische Sozialstaatsmodelle, ob die Einheit eines demokratischen Europa bei weniger wachstumsorientierter Wirtschaft überhaupt überleben können.

ENTKOPPLUNG: WIR SOLLTEN WACHSEN KÖNNEN – NICHT MÜSSEN

Die gute Nachricht ist: Wir müssen die Antwort auf diese Glaubensfrage nicht abwarten. Denn die Forderungen der Postwachstumsfreunde und die Forderungen der ökologischen Modernisierer sind in den meisten Fällen identisch. Wir können erst einmal ohne Glaubensbekenntnis handeln. Denn eines wissen wir sicher: Materielle Ressourcen und die Belastbarkeit von Natur und Umwelt haben Grenzen – das ist offenkundig. Ob das Wachstum des Bruttoinlandsproduktes (BIP), also die Summe der in Geld gemessenen Güter und Dienstleistungen, ökologische Grenzen hat, das ist eine andere Frage. Kann das Bruttoinlandsprodukt (BIP) vielleicht potenziell unbegrenzt weiterwachsen, während gleichzeitig der Verbrauch an Rohstoffen und Material sowie die klima- und umweltschädlichen Emissionen sinken? Wir wissen es nicht. Wenn das gelingen würde, dann hätten wir das Wachstum des BIP vom Wachstum der Umweltschäden »entkoppelt«.

In den letzten Jahren wurde viel über eine solche Entkopplung des BIP-Wachstums vom Wachstum an Material- und Ressourcenverbrauch nachgedacht. Noch ist nicht geklärt, ob eine solche Entkopplung prinzipiell machbar ist. Die Anhänger einer Postwachstumsökonomie und Wachstumskritiker wie Tim Jackson, Nico Paech und andere glauben an diese Möglichkeit nicht. Optimisten glauben an die Machbarkeit der technologischen Revolution, die dazu nötig wäre. Nur, wahr ist: Die Maßnahmen, die wir ergreifen müssten, um die Entkopplung zu schaffen, die müssen wir ohnehin ergreifen, da sind sich beide Lager einig.

Also können und müssen wir handeln. Wir können auf die Antwort und das Ergebnis dieser Diskussion nicht warten. Uns bleibt keine andere Möglichkeit, als den Versuch zu unternehmen, den strukturellen Wachstumszwang zu lindern und auf die Entkopplung des Wachstums des Bruttoinlandsprodukts vom Umweltverbrauch zu setzen. Wir können auf eine Perspektive wie den Green New Deal und die damit verbundenen ökologischen Investitionen nicht verzichten. Aus einem ganz einfachen Grund: Diese Vorschläge sind hegemonie- und durchsetzungsfähig. Nicht hegemoniefähig ist es, bei 5 Prozent Schrumpfung der deutschen Wirtschaft – wie in 2009 – in der Öffentlichkeit Beifall zu klatschen und sich den Freuden eines Lebens als Fruktarier hinzugeben.

Die deutsche Gesellschaft ist noch nicht bereit für einen flächendeckenden Umstieg auf nichtkonsumistische Formen der Lebensqualität und des Wohlstandsverständnisses, ganz zu schweigen von der Weltgesellschaft. Das mag angesichts von Klimawandel, Rohstoffkonflikten, Finanzkrise, dem abnehmenden Grenznutzen materiellen Reichtums und der himmelschreienden Ungleichheit in der Welt überraschen. Doch wir können es uns *aus ökologischen Gründen* nicht leisten, klagend zu verharren und die technologische Karte der Entkopplung durch ökologische Modernisierung nicht auszuspielen. Sie verbaut nicht den Weg zur Steady-State-Ökonomie, sondern kann ihn ebnen.

Wir müssen mit klaren ökologischen Grenzwerten die Entkopplung unserer Wirtschaften vom Material-, Ressourcen- und Umweltverbrauch vorantreiben. Sollte es sich in Zukunft herausstellen, dass wir bei de-materialisierten und nachhaltigen Technologien immer noch ein numerisches Wachstum produzieren, dann wachsen wir eben weiter.

Sollte die Schrumpfung der ökologisch schädlichen Sektoren sich in schrumpfenden Zahlen ausdrücken, so würde bei Minderung des strukturellen Zwangs auch davon die Welt nicht untergehen. Die Frage des Wachstums würde – endlich! – nebensächlich.

Und niemand hindert uns daran, über eine neue Messung des gesellschaftlichen Wohlstands nachzudenken. Wirtschaftliches Wachstum des Bruttoinlandsproduktes gilt derzeit noch immer als wichtigste Messgröße gesellschaftlicher Wohlfahrt. Es gibt allerdings viele Hinweise, dass diese Messzahl mit gesellschaftlicher Zufriedenheit und allgemeiner Lebensqualität nicht eindeutig korrespondiert. Auch Faktoren wie Gesundheit, Bildung, intakte Ökosysteme, die ausreichende Versorgung mit öffentlichen Gütern, soziale Gerechtigkeit oder auch die langfristige und nachhaltige wirtschaftliche Prosperität werden vom Wachstum des Bruttoinlandsproduktes nicht ausreichend erfasst. Sie können sogar in Widerspruch zu ihm stehen.

Daher entwickelt sich heute eine Debatte über alternative Indikatoren und statistische Erfassungsmethoden für gesellschaftliche Wohlfahrt und gesellschaftliches Gelingen. Die Enquete hat hier einige interessante Vorschläge geliefert, so wie auch das Denkwerk Demokratie.[91]

Deren Vorschlag eines neuen »magischen Vierecks« aus materiellem Wohlstand, zukunftsfähiger Staatstätigkeit mit nachhaltigen Staatsfinanzen, sozialer Nachhaltigkeit und ökologischer Nachhaltigkeit geht über einen bloßen Indikator, eine unverbindliche Messzahl hinaus. Dieses *neue magische Viereck* soll den verbindlichen Rahmen der Wirtschaftspolitik bilden und in einem neuen

> Das neue magische Viereck soll den verbindlichen Rahmen der Wirtschaftspolitik bilden.

Stabilitäts- und Wohlstandsgesetz verankert werden. Dieses soll das in der ersten Großen Koalition 1967 entstandene heutige Stabilitäts- und Wachstumsgesetz ablösen.

Die vier eben genannten Ziele des Gesetzes schließen an die definierten Ziele des europäischen Stabilitätspaktes, die Europa-2020-Strategie wie die internationalen Vereinbarungen zum Klimaschutz an. Die Ziele des neuen *magischen Vierecks* sollen mithilfe aussagekräftiger und messbarer Indikatoren überprüft werden. Das reicht vom Bruttoinlandsprodukt, der Beschäftigtenquote und der Leistungsbilanz über die Schuldenbremse des Grundgesetzes und den vorgesehenen Schuldenabbau des europäischen Stabilitäts- und Wachstumspakts, das Armutsrisiko und das Verhältnis des Einkommens des oberen Fünftels zu dem von 80 Prozent der Bevölkerung bis hin zur Entwicklung der Treibhausgasemissionen und der Ressourceneffizienz. Jede Bundesregierung definiert zu Beginn ihrer Amtszeit Zielpfade für die einzelnen Ziele und legt darüber jährlich Rechenschaft ab. Ziel eines solchen Stabilitäts- und Wohlstandsgesetzes ist es, die Fixierung auf Wachstum zu mindern.

Wir brauchen ein System, das sich nicht selbst zerstört. Wir müssen die Blockade in Deutschland auflösen, weil wir unsere Abhängigkeit vom Wachstum reduzieren und unsere Wirtschaft vom Material-, Ressourcen- und Umweltverbrauch entkoppeln müssen.

Wir stehen vor der gigantischen Herausforderung, dem globalisierten Kapitalismus einen neuen Rahmen zu geben. Wir müssen nicht nur die Finanz-, sondern alle globalisierten Märkte re-regulieren. Weil deregulierte Märkte die Grundlagen unseres Wirtschaftens untergraben – ökonomisch wie ökologisch.

Wir brauchen mehr Gleichheit und mehr Leistungsgerechtigkeit. Mehr Gleichheit dient der ökonomischen Stabilität wie der sozialen Gerechtigkeit. Sie verhindert das Aufkommen spekulativer Vermögensblasen, die Überschuldung von Gesellschaften. Und es geht um die Verteidigung der Demokratie gegen einen aufkommenden Neofeudalismus.

4. DURCHBRUCH ZU EINEM GRÜNEN UND GERECHTEN LAND: POLITIK FÜR DIE TRANSFORMATION

Die nicht nachhaltige Nutzung der globalen Ressourcen, der anhaltende Klimawandel und ein deregulierter Finanzkapitalismus bedrohen unser aller Zukunft. Wir brauchen deshalb eine große ökonomische und ökologische Transformation. Dafür müssen wir den Stillstand made in Germany überwinden.

Sicher, wir können die Probleme der Welt nicht auf einmal hier in Deutschland lösen. Doch wir können und müssen zur globalen Transformation Entscheidendes beitragen. Viele konkrete politische Maßnahmen und Projekte leiten sich aus diesen grundsätzlichen Erwägungen ab. Die wichtigsten Felder für eine Politik des Ökologischen Materialismus möchte ich in diesem Kapitel benennen.

KLIMASCHUTZ VORANTREIBEN

In kaum einem Politikfeld ist der Stillstand derzeit so sichtbar und so gefährlich wie beim Klimaschutz. Das Klima darf sich nicht um mehr als zwei Grad erwärmen. Dabei müssen alle Staaten der Welt mithelfen. Und die modernen und wohlhabenden Industrieländer müssen die Führungsrolle übernehmen. Sie haben das Klima historisch am meisten geschädigt. Sie verfügen über die technischen und gesellschaftlichen Mittel für eine Umstellung. Nach einer Studie kanadischer Umweltforscher sind vor allem sieben Staaten für knapp zwei Drittel der Erwärmung verantwortlich: die USA, China, Russland, Brasilien, Indien, Deutschland und Großbritannien. Berechnet man den Einfluss auf die Erwärmung pro Einwohner, führen die Briten. Deutschland ist dann Fünfter.[92]

Diese Aufrechnerei ist nicht wirklich produktiv. Denn die Umstellung betrifft heute alle. Sie zeigt einerseits klar, dass die Deutschen sich keineswegs in die Pose des Umweltkönigs werfen sollten, so wie ihnen das die Bild-Zeitung gelegentlich nahelegt.[93] Sie zeigt aber auch, dass der Beitrag Chinas zur Erwärmung bereits in etwa zehn Jahren den historischen Gesamtbeitrag aller EU-Staaten erreicht haben wird. Auch pro Kopf emittiert China mittlerweile mit 7,2 Tonnen pro Kopf und Jahr fast so viel wie die EU mit 7,4 Tonnen pro Kopf und Jahr. Merke: Wer beim Klimaschutz mit dem Finger auf die anderen zeigt, auf den weisen drei zurück. Noch peinlicher wird es, wenn die anderen plötzlich in Richtung Klimaschutz gehen. Der Vorstoß von Präsident Obama, den CO_2-Ausstoß der US-Kraftwerke um ein Drittel zu reduzieren, löste in China die Bereitschaft aus, nun auch einen absoluten Deckel auf seine Emissionen zu akzeptieren. Parallel dazu stieg der CO2-Ausstoß des einstigen Klimavorreiters Deutschland.

Die entwickelten Industrieländer müssen nicht nur aus historischen Gründen aktiver werden, sondern schlicht, weil sie es können. Es ist ihnen nach technischem und gesellschaftlichem Entwicklungsstand möglich, und noch immer orientieren sich weite Teile der Welt an ihrem Modell.

So leiten sich aus dem Zwei-Grad-Ziel und aus den technischen Möglichkeiten Forderungen für Europa ab. Die EU kann und sollte sich vornehmen, bis 2020 die Treibhausgas-Emissionen um 30 Prozent gegenüber 1990 zu reduzieren, bis 2030 um 55 Prozent. Deutschland kann und sollte bis 2020 um 40 Prozent unter dem Niveau von 1990 liegen, bis 2030 um 60 Prozent und bis 2050 um 95 Prozent. Schaffen könnte man das durch eine europäische und deutsche Energiewende in einem umfassenden Sinne. Wir brauchen eine klimafreundliche, kohlenstoffneutrale Energieversorgung in den drei Bereichen Strom, Wärme und Verkehr.

Leider aber fällt die Große Koalition in Deutschland zusammen mit der Europäischen Kommission hier weit zurück. Faktisch haben beide das Zwei-Grad-Ziel aufgegeben. Die

Faktisch haben Deutschland wie die Europäische Union das Zwei-Grad-Ziel aufgegeben.

EU-Kommission will von 1990 bis 2030 bloß noch 40 Prozent einsparen. Bis zur Mitte des Jahrhunderts aber müssen wir in Europa noch viel weiter sein, wir müssen gegenüber 1990 um mindestens 80 Prozent reduziert haben. Denn wir haben nicht ewig Zeit. Wenn die EU sich also jetzt zurücklehnt, müsste sie ab 2030 jährlich doppelt so viele Treibhausgase einsparen wie in den 40 Jahren zuvor. Das ist nicht zu schaffen, wir müssen jetzt handeln.

Europa darf als Vorreiter im Klimaschutz nicht ausfallen. Die EU sollte verbindliche europäische und nationale Treibhausgasziele vereinbaren, Ausbauziele für Erneuerbare und Ziele für die Steigerung der Energieeffizienz. Denn nur wenn Europa vorlegt, können wir andere zu mehr Klimaschutz bewegen.

Das Kyoto-Protokoll ist ein Zusatzprotokoll zur Klimarahmenkonvention der Vereinten Nationen über die Reduktion von Treibhausgasen. Es ist völkerrechtlich verbindlich und es läuft – nachdem es 2012 noch einmal hastig verlängert wurde – 2020 aus. Die internationale Klimadiplomatie hat in den letzten Jahren leider nur Negativschlagzeilen produziert. Ende des Jahres 2015 hatte sie in Paris noch einmal die Chance, das zu ändern. Zum Zeitpunkt der Drucklegung dieser Ausgabe war noch nicht absehbar, wie die Verhandlungen ausgehen. Es bestand die Chance auf ein Abkommen, das auch Beiträge zur Reduktion der USA und wichtiger Schwellenländer beinhaltete, auf massive Hilfen für die vom Klimawandel am stärksten betroffenen armen Länder. Und auf die Einführung eines Monitoringsystems, das diese Beiträge auch überwacht. Ich kann nur hoffen, dass Europa eine konstruktive Rolle gespielt hat.

Damit man aber international etwas bewegt, muss man zu Hause vorlegen. Dazu hätte ein Klimaschutzgesetz für Deutschland gehört. Dieses legt verbindliche Reduktionsziele und die Instrumente für alle Sektoren der Gesellschaft fest: für Industrie, Verkehr, Wärme und Haushalte. Das Gesetz überprüft die genannten Sektoren jährlich. Dazu gehören europäische Klimaschutzziele – verbindlich für jeden Mitgliedstaat, für die Treibhausgase, für die Energieeffizienz und den Ausbau erneuerbarer Energien.

Klimaschutzgesetz für Deutschland.

ENERGIEWENDE DURCHZIEHEN

Wenn es einem der erfolgreichsten Industrieländer der Welt gelingt, in relativ kurzer Zeit seine Stromversorgung von Atom und Kohle auf erneuerbare Energien umzustellen, dann hat das Signal- und Vorbildwirkung weltweit. Die deutsche Energiewende ist daher nicht nur ein direkter Beitrag zum Klimaschutz – über reduzierte Emissionen –, sondern auch ein indirekter – über die Vorreiter- und Beispielrolle. Und die deutsche Energiewende hat durch beispiellose Kostensenkungen erneuerbare Energien weltweit konkurrenzfähig gemacht.

Die deutsche Energiewende ist eine beispiellose Erfolgsgeschichte. Diese Geschichte begann 10 Jahre vor Fukushima. Damals brachten GRÜNE in einer rot-grünen Koalition zwei Gesetze auf den Weg. Den Ausstieg aus der Atomenergie durch eine Begrenzung der Laufzeiten und den Einstieg in die Erneuerbaren durch das Erneuerbare-Energien-Gesetz.

Heute ist die Hälfte der Atomkraftwerke vom Netz gegangen, und wir stellen fest: Der Ausbau der Erneuerbaren ging erheblich schneller, als wir alle geglaubt haben. Ich hatte im Jahr 2000 ins Erneuerbare-Energien-Gesetz aufnehmen lassen, dass im Jahr 2020 20 Prozent unseres Stroms erneuerbar erzeugt werden soll. 1999 waren es 5,2 Prozent.[94] Deshalb galt das als ein utopisches Ziel.

Das Ziel wurde nicht verfehlt, sondern spielend übertroffen. Bereits 2011 wurden die 20 Prozent erreicht.[95] 2013 waren es 23,4 Prozent, im Jahr 2014 waren es 25,8 Prozent.[96] Das ist mehr, als die Atomkraftwerke zu Beginn der Energiewende lieferten.

Heute sparen die erneuerbaren Energien in Deutschland nicht nur fast 150 Millionen Tonnen Treibhausgase ein – mehr als unsere Autos emittieren.[97] Sie beschäftigen aktuell fast 400 000 Menschen.[98] Sie haben für einen beispiellosen Technologieschub gesorgt. Die Kosten für Sonnenstrom wurden um 80 Prozent gesenkt, also auf ein Fünftel. Eine moderne Windturbine liefert heute zehnmal so viel Strom wie die Windräder vom Beginn der Energiewende. Das hat diese Technologien weltweit wettbewerbsfähig gemacht und mittlerweile auch in China, Indien und den USA neue Industrien entstehen lassen.

Möglich wurde dies, weil Bauern, Bürger und viele kleine Unternehmen jedes Jahr rund 20 Milliarden Euro in neue solare oder windgetriebene Stromerzeugungsanlagen investieren. In keinem Land Europas wurde in den letzten Jahren so viel Geld in neue Stromerzeugungsanlagen investiert wie in Deutschland. So wurde aus einer Nische eine große Industrie. Jährlich werden mit dem Betrieb erneuerbarer Anlagen rund 15 Milliarden Euro umgesetzt.[99]

Der Erfolg der Energiewende verursacht auch ihre Krise. Denn natürlich gibt es bei einer solchen Entwicklung auch Verlierer. Weil es heute schon billiger ist, Strom mit Wind oder Sonne zu erzeugen als mit neuen Kohle- oder Gaskraftwerken, droht das Geschäftsmodell der großen Energiekonzerne zerstört zu werden. Die Verlierer der Energiewende sind die vier großen Energiekonzerne E.on, RWE, Vattenfall und EnBW, die zu Beginn der Energiewende den Strommarkt noch weitgehend für sich hatten.

Von Januar 2010 bis Januar 2014 haben sich die Aktienkurse von RWE und E.on mehr als halbiert.[100] RWE hat im Jahr 2013 zum ersten Mal seit langer Zeit Verlust gemacht: gut 2,8 Milliarden Euro.[101] Und der Konzern ist mit über 30 Milliarden Euro verschuldet. RWE hat unter seinem ehemaligen Chef Jürgen Großmann die Energiewende ganz offensichtlich nicht wirklich ernst genommen und noch in den letzten Jahren Milliarden in neue Großkraftwerke investiert. Die werden nun von den Erneuerbaren Schritt für Schritt aus dem Markt gedrängt. 35–40% der konventionellen Kraftwerke von RWE werfen inzwischen keinen Gewinn mehr ab.[102] Leidtragende sind die Haushalte der Anteilseigner – überwiegend Kommunen aus NRW.

Diese Verlierer der Energiewende geben nicht kampflos auf. Der neueste Angriff läuft heute vor unseren Augen ab. Er läuft über die Denunziation der Erneuerbaren als »zu teuer«. Das hat bei der großen Koalition verfangen. In einer wohlorganisierten Kampagne ist es der *Initiative Neue Soziale Marktwirtschaft, Gesamtmetall,* der IG BCE, dem BDI und den großen Energiekonzernen gelungen, die Energiewende in Verruf zu bringen. Es geht aber nicht um Subventionen. Jede Energieform ist in den letzten Jahrzehnten in Deutschland subventioniert worden. Von 1970 bis 2012 ist die Steinkohle mit 311 Milliarden Euro, die Braunkohle mit 87 Milliarden Euro, die Atomenergie mit 213 Milliarden Euro staatlich subventioniert worden.[103] Diese Zahlen zeigen nur staatliche Hilfen, nicht die gesamtgesellschaftlichen Kosten dieser Energieformen in Form von Gesundheitsschäden, Klimagasen oder Atommüll-Endlagerung.

Zu Anfang der Energiewende brauchten auch die erneuerbaren Energien Hilfe, um gegen die Übermacht dieser subventionierten fossil-nuklearen Kraftwerke anzukommen. Wir haben den Erzeugern des Ökostroms für eine gewisse Zeit garantiert, dass ihr Strom in jedem Fall abgenommen und ins Netz eingespeist wird und dass sie einen bestimmten Preis dafür bekommen. Über die Jahre sinkt dieser garantierte Preis, sodass ein Druck auf die Erzeuger ausgeübt wird, besser und billiger zu werden. Was sie auch in beeindruckender Weise getan haben.

Deshalb sinkt seit einiger Zeit der Börsenstrompreis. Anders als es alte Energiekonzerne immer prophezeit haben, ist es nicht zu Blackouts gekommen. Ganz im Gegenteil. Es kam trotz der Abschaltung der Hälfte der Atomkraftwerke zu einem *Über*angebot an Strom. Deutschland *exportiert* nach dem Ausstieg so viel Strom wie nie. Der Strompreis an der Leipziger Börse sank dank des Ausbaus erneuerbarer Energien seit dem Ausstieg von über 6 auf deutlich unter 4 Cent pro Kilowattstunde. Doch davon kam bei den Verbrauchern und bei Klein- und Mittelbetrieben nichts an. Im Gegenteil, deren Stromrechnung wurde lange höher – inzwischen ist dieser Trend gestoppt.

Warum wird es nicht billiger für den Kunden? Zum einen liegt das an der EEG-Umlage. Diese besteht aus der Differenz zwischen Marktpreis an der Börse und der zugesagten Einspeisevergütung. Führt viel erneuerbarer Strom zu einem höheren Angebot, sinkt der Preis – und die Umlage steigt. Die garantierte Einspeisevergütung sinkt zwar automatisch Jahr für Jahr, aber die Gesamtzahl der Anlagen wuchs sehr viel schneller, als die Vergütungen sanken.

Doch es gibt noch einen weiteren Grund, aus dem die Stromrechnung immer höher wird. Als das Gesetz eingeführt wurde, habe ich als verantwortlicher Bundesumweltminister Rücksicht auf jene energieintensiven Industriebetriebe genommen, die heute schon einem vielfach unfairen Wettbewerb im Ausland ausgesetzt waren. Aluhütten, die recyceln, Chemiebetriebe, die Sand zu Silizium schmelzen, oder Stahlhütten gehörten dazu. Unternehmen, die einen hohen Stromkostenanteil hatten und im internationalen Wettbewerb stehen, wurden von der EEG-Umlage ausgenommen. Damals waren das einige Hundert Unternehmen.

Unter FDP und CDU wurden diese Bedingungen massiv

aufgeweicht. Immer mehr Betriebe wurden ausgenommen. Das führt dazu, dass die Stromrechnung für Bürger und die anderen Unternehmen teurer wird. Noch 2010 waren nur 570 Unternehmen ausgenommen.[104] 2013 waren es 1720 Unternehmen mit 2299 Abnahmestellen, 2014 sind es 2098 Unternehmen mit 2779 Abnahmestellen.[105] Das entlarvt auch das Gerede von der Energiewende als Wettbewerbshindernis für die deutsche Industrie. Die befreiten Unternehmen profitieren massiv vom niedrigen Börsenstrompreis, der durch den erneuerbaren Strom gesunken ist, während sie sich die Kosten der Energiewende von den Privathaushalten und den anderen Unternehmen bezahlen lassen.

Bei über 5 Milliarden Euro Subventionen für diese Betriebe ist die EU-Kommission eingeschritten. Auf Druck der EU sollte die Bundesregierung diese Ausnahmen – diese wettbewerbswidrigen Subventionen – einschränken. Doch es kam ganz anders.

Zunächst bekannte sich der frisch ernannte Wirtschafts- und Energieminister Sigmar Gabriel zum Ziel des Subventionsabbaus. Er kündigte zu seinem Amtsantritt an, er wolle »die Ausnahmeregelungen deutlich reduzieren, das haben wir auch im Wahlkampf gesagt, dass das sein muss.«[106] So sollten private Haushalte und Mittelstand von den Kosten der Energiewende ein bisschen entlastet werden.

Am Ende passierte das, was man von Großen Koalitionen erwarten kann. Die Verbraucher wurden nicht entlastet, die Subventionen blieben in alter Höhe. Die Subventionen der CDU-FDP-Koalition wurden von Schwarz-Rot eingefroren, nicht gesenkt.[107]

Jahrelang war übrigens auch die Erzeugung von Braunkohle bei der EEG-Umlage befreit. Das Faible von Schwarz und Rot für Braunkohle beschränkt sich aber nicht auf die EEG-Umlage. Genauso hart kämpfen Merkel und Gabriel beim Emissionshandel für sie.

Wenn es doch heute so viel Strom in Deutschland gibt, so könnte man fragen, warum laufen dann die Kohlekraftwerke auf Hochtouren? Wenn Wind und Sonne reichlich Strom liefern, werden die Kohlekraftwerke dann abgeschaltet? Nein, denn erstens ist das nicht so einfach. Kohlekraftwerke sind sehr unflexibel, man kann sie nicht schnell hoch- oder runterfahren. Zwar sind viele Kohlekraftwerke von E.on, RWE und Vattenfall nicht mehr gewinnbringend, aber sie bringen wenigstens noch Erlöse. Für 4 Cent pro Kilowattstunde kann man ihren Strom noch im Ausland verkaufen. In diesen Alt-Anlagen gibt es keine Kapitalkosten mehr, und ihr Brennstoff ist billig. Leider allerdings verschmutzen sie die Atmosphäre kräftig mit Treibhausgasen.

Dem wollten wir in Europa mit dem Emissionshandel entgegentreten. Der wurde 2003 vom Europäischen Parlament beschlossen und trat 2005 in Kraft. Bei diesem System gibt man den Treibhausgasemissionen der Kraftwerke und Industrieunternehmen einen Preis. Wer ausstoßen will, muss dazu Rechte kaufen: »Emissionszertifikate«. Die kann man dann kaufen und verkaufen. Keiner darf CO_2 in die Luft pusten, der nicht für die entsprechende Menge solche Berechtigungsscheine erworben hat. Weil die Geld kosten, schafft man so Anreize für die Unternehmen, Emissionen zu verhindern und in Technologie zu diesem Zweck zu investieren.

Problem: Das funktioniert nur, wenn der Gesetzgeber, also der Europäische Rat und das Europäische Parlament, eine Gesamtmenge an Treibhausgasen festsetzt, die nicht zu hoch ist, wenn daher also nicht zu viele von diesen Zertifikaten auf dem Markt sind. Der Emissionshandel ist in den letzten Jahren zusammengebrochen. Die Emissionsrechte sind spottbillig geworden, es sind zu viele davon da. Man müsste große Mengen davon aus dem Markt nehmen.

Dass im europäischen Emissionshandel 2015 die Tonne CO_2 5,5 Euro und nicht mehr über 12 Euro wie 2011 kostet, hat damit zu tun, dass die EU auf Druck auch der Merkel-Koalition viel zu viele Zertifikate auf den Markt geworfen hat. Das ist der Grund, warum in Deutschland trotz Rekordausbau der Erneuerbaren seit 2009 die Verstromung der Braunkohle wieder stark zunimmt. CDU, CSU, SPD und FDP haben in den letzten Jahren alles dafür getan, dass wir einen Kohleboom erleben und Investitionen in die viel klimafreundlicheren und flexibleren Gaskraftwerke zurückgehen.

Billigen Strom gibt es nur mit mehr, nicht mit weniger Erneuerbaren. Das gibt die Große Koalition sogar zu. Zwar will auch sie nicht zurück zur Atomkraft, denn da würde die Kilowattstunde weit mehr als 12 Cent pro Kilowattstunde kosten (Katastrophen und Atommüll nicht mitgerechnet). Aber sie weist selbst darauf hin, dass neue fossile Kraftwerke mit Kohle oder Gas den Strom für mindestens 8 bis 11 Cent pro Kilowattstunde produzieren. Wind an Land und Sonnenstrom liegen heute schon deutlich darunter. Doch genau deren Ausbau will die Große Koalition bremsen oder hat ihn – bei den Freiflächen – ganz verboten.

Das ist umso unverständlicher, weil der Preis von 8 bis 11 Cent pro Kilowattstunde für die Kohlekraft eher schöngerechnet ist. Denn: Um ihre hohen Kapitalkosten wieder einzuspielen, müssten diese Anlagen über 6000 Stunden im Jahr laufen. Das ist schon heute schwierig zu erreichen, da die Erneuerbaren bereits 25 Prozent des Stroms liefern. Selbst beim gebremsten Ausbau der Erneuerbaren nach den Ideen der Großen Koalition würden sie 2025 45 Prozent unseres Stroms im Jahresmittel liefern. Die Kohlekraftwerke würden ganze Wochen nicht laufen.

Mit ihrem Anteil von heute 25 Prozent Erneuerbaren hat die Energiewende wohl den *point of no return* überschritten. Das bedeutet: Neue Kraftwerke werden künftig Erneuerbare sein. Dann stellt sich eine neue Frage: Wer baut sie?

Merkel und Gabriel wollen allem Anschein nach die Energiewende bremsen, damit die vier großen Energiekonzerne ihren Rückstand aufholen können. Anders gesagt: Sie wollen diejenigen, die bisher die Energiewende mit ihren Investitionen getragen haben, Bürgergenossenschaften und kleine Unternehmen, aus dem Markt drängen. Das ist der Effekt der Ausbaubremse. Ein weiterer Hebel gegen die Bürgergenossenschaften ist das System der Ausschreibungen, das die Einspeisevergütungen ersetzen soll. Es ist zwar teurer als das alte Modell, aber es begünstigt große Unternehmen – die sich die aufwendigen Ausschreibungsverfahren mit ihren großen Apparaten leisten können – und benachteiligt Bürgergenossenschaften.

Die Frage ist nur, wenn es noch teurer wird, baut dann überhaupt noch jemand und bleibt es bei der politischen Akzeptanz für die Energiewende? Ich bezweifele das. Der Rückhalt für die Energiewende ist groß, aber er beginnt zu bröckeln. Wenn niemand mehr investiert, weil es sich nicht mehr lohnt, wenn scharenweise Investoren aus dem Markt gedrängt werden und wenn die politische Akzeptanz für den weiteren Ausbau fehlt, was passiert dann?

Dann wird Deutschland bei abgehenden Altanlagen vom Stromexporteur zum Stromimporteur – eine schlechte

Nachricht für den Industriestandort Deutschland. Sollte die Große Koalition schließlich doch wieder auf den Neubau von fossilen Kraftwerken setzen, dann würde das verlängert, was heute schon Europas Souveränität und Wohlstand massiv einschränkt. Denn schon heute muss Deutschland immer mehr Geld für fossile Brennstoffimporte ausgeben. 2012 waren das 93,5 Milliarden Euro, von 2000 bis 2012 waren es insgesamt 742 Milliarden Euro.[108] Inzwischen geben wir 4 Prozent des Bruttoinlandsprodukts für Energieimporte aus, das sind heute 27 Milliarden Euro mehr als vor der Finanzkrise 2008.[109]

Einen kurzen Moment lang schien es, als wolle die große Koalition ihre Kohlefixierung aufgeben. Doch der Vorschlag einer Kohleabgabe, die den schmutzigen Kohlestrom endlich aus dem Netz hätte drängen können, wurde im Frühsommer 2015 von Merkel so schnell wieder abgeräumt, wie Gabriel – gedrängt von seinem grünen Staatssekretär Rainer Baake – ihn auf den Tisch gelegt hatte. Nun bekommen die großen Kohlekraftwerksbetreiber, anstatt eine Abgabe zahlen zu müssen, Milliardensubventionen für die Stilllegung von Kraftwerken, die sie zum großen Teil schon selbst zur Abschaltung angemeldet hatten. Das Lied von »Glück auf, der Steiger kommt« wird nicht nur bei den Roten, sondern auch bei den Schwarzen gerne gesungen.

Wer unsere Abhängigkeit von Energieimporten mindern will, wer langfristig faire Strompreise und eine gesicherte Energieversorgung will, muss die Erneuerbaren ausbauen, anstatt sie auszubremsen. Der braucht einen funktionierenden Emissionshandel mit Mindestpreisen, und er muss Kohlestrom schrittweise aus dem Netz verdrängen.

Sorgen wir bei der Energiewende dafür, dass es Marktwirtschaft auf dem Energiemarkt gibt, dass Mittelstand und Bürgergenossenschaften weiter Marktzugang haben und mit der Erzeugung von klimaschützendem Strom Geld verdienen können. Mindern wir unsere Importabhängigkeit von Öl, Gas, Kohle und Uran. Setzen wir auf 100 Prozent Erneuerbare.

WÄRME SPAREN UND VERKEHR WENDEN

Die Energiewende ist mehr als eine Stromwende. Erneuerbare, Energieeffizienz und Energiesparen müssen auch bei der Wärmebereitstellung und im Verkehr eine zentrale Rolle spielen. Rund 40 Prozent der Endenergie (also der Energie ohne Wandlungs- und Übertragungsverluste) wird in Gebäuden verbraucht. Beim Heizen verbrauchen wir verdammt viel Energie, und wir stoßen Treibhausgase aus. Vieles davon ist absolut unnötig, weil die Wärme durch schlechte Dämmung einfach verloren geht. Und wir geben unnötig viel Geld dafür aus. Heizen wird immer teurer, und die Preise steigen viel schneller als die Löhne. Steigende Heizkosten sind vor allem für ärmere Haushalte ein Riesenproblem. Klimaschutz wie soziale Gerechtigkeit sprechen dafür, dass wir uns intensiv um unsere undichten Gebäude kümmern.

Von den 17,3 Millionen Wohngebäuden in Deutschland sind drei Viertel vor 1979 gebaut und sehr schlecht gedämmt.[110] In allen nördlichen Industrieländern wie Deutschland werden 75–90 Prozent des aktuellen Gebäudebestands auch 2050 noch bewohnt sein.[111] Wir können bis 2050 einen weitgehend klimaneutralen Gebäudebestand haben. Dafür aber müssen wir jedes Jahr 3 Prozent der Häuser energetisch sanieren. Derzeit liegen wir in Deutschland aber nicht mal bei einem Prozent. Und auch hier tut die Große Koalition nichts, um die Entwicklung zu beschleunigen. So wird das nichts.

Die finanziellen Anreize über das KfW-Förderprogramm und einen Energiesparfonds müssten stark verbessert werden – das gilt auch für den Klimazuschuss für soziale Härtefälle. Das Ganze wäre auch ein wirtschaftlich sinnvolles Programm. Das DIW hat berechnet, dass schon eine Erhöhung der Sanierungsquote auf zwei Prozent rund 30 000 Arbeitsplätze schaffen würde.[112] Hält man das bis 2030 durch, würden wir für 9 Milliarden Investitionen schon 11 Milliarden Energiekosten sparen. 2050 hätten wir 14 Milliarden investiert und würden 32 Milliarden Euro Energiekosten sparen. Auch hier gilt: Klimaschutz lohnt sich.

Und er macht unabhängig. Mit einer solchen Strategie könnten im Jahr 2030 400 TWh Erdgas eingespart werden – so viel, wie wir heute jedes Jahr aus Russland importieren.[113]

Wie so etwas geht, hat Deutschland bei der Sanierung des Gebäudestands der DDR nach der Wiedervereinigung gezeigt. Wer damals in Sanierung investierte, konnte diese Investitionen gegen sein Einkommen rechnen und somit Steuern sparen. Dies sollte man für Investitionen in Wärmedämmung wieder ermöglichen.

Der Einwand dagegen lautet gemeinhin, das sei ungerecht, denn Menschen mit einem hohen Einkommen bekämen dann mehr vom Staat als jemand mit einem niedrigeren Einkommen und niedrigerem Steuersatz. Dem kann man begegnen, indem die Kosten nicht gegen das Einkommen, sondern gegen die Steuerschuld gerechnet werden. Wahr bleibt auch: Letztlich werden nur Leute, die Geld übrig haben, investieren. Aber das ist genau das, was wir wollen. Reiche sollen in regionale Wertschöpfung und in Klimaschutz investieren anstatt in Spekulation und Staatsverschuldung.

Ein solches System nutzt eine einfache Erkenntnis aus: Nie schmeißt der reiche Deutsche so gerne sein Geld aus dem Fenster, wie wenn er glaubt, damit den Staat bescheißen zu können. Die Erfahrung lehrt, dass in der Regel viel mehr ausgegeben wird, als bei kühler betriebswirtschaftlicher Kalkulation lohnend wäre. Also nutzen wir die Gier doch mal für was Vernünftiges. Die dadurch ausgelöste Wertschöpfung bringt die Steuerausfälle schon in wenigen Jahren wieder zurück. Diese Erkenntnis hatte sich im Jahr 2015 vorübergehend auch durchgesetzt. Doch CDU und SPD wurden von »Crazy« Horst Seehofer gestoppt, und die energetische Gebäudesanierung bleibt blockiert.

> Nie schmeißt der reiche Deutsche so gerne sein Geld aus dem Fenster, wie wenn er glaubt, damit den Staat bescheißen zu können.

Natürlich stoßen wir auch durch unsere Fortbewegung heute jede Menge Treibhausgase aus. Insgesamt war der Verkehr im Jahr 2011 für 16 Prozent der Treibhausgas-Emissionen in Deutschland verantwortlich.[114] Insgesamt fahren PKW heute durch viele umweltpolitische Vorgaben schadstoffärmer als früher, die CO_2-Emissionen allerdings sind von 1995 bis 2010 im Durchschnitt nur um 9 Prozent gesunken. Da der PKW-Verkehr insgesamt zugenommen hat, ist der Gesamtausstoß durch PKW nur um 2 Prozent gesunken. Auch LKW stoßen zwar im Schnitt 28 Prozent weniger CO_2 aus, doch da heute viel mehr Brummis fahren als früher, pusten sie insgesamt auch 11 Prozent mehr CO_2 in die Luft.[115]

Trotz einiger technischer Verbesserungen herrscht also beim Klimaschutz im Straßenverkehr Stillstand oder gar Rückschritt. Sowohl Schwarz-Gelb als auch die Große Koalition blieben untätig. Dabei könnte die Politik einiges tun, um den Wandel im Verkehr voranzutreiben. Sie könnte Anreize schaffen, Verkehr auf Schiene und Rad zu verlagern, sowie nachhaltige Logistikkonzepte für die Gewerbe fördern. Sie könnte schärfere CO_2-Grenzwerte für PKW setzen, die KfZ-Steuer an CO_2-Werte koppeln, die LKW-Maut ausweiten und das Dienstwagenprivileg abschaffen. Denn vor allem in diesem Bereich werden viele hochverbrauchende, ineffiziente Neuwagen beschafft, und es gibt keinen Grund, das *Viagra mit Allradantrieb* steuerlich zu fördern. Und um den Wandel zu den Autos der Zukunft zu beschleunigen, sollten wir den Kauf von Elektroautos mit jeweils 5000 Euro Kaufprämie bezuschussen, um 2020 mehr als eine Million Elektroautos auf den Straßen zu haben.

Auch hier gilt: Man sollte nicht das Autofahren verteufeln – oder die Bestellung bei Amazon. Es geht darum, Rahmen zu setzen, damit sparsamere Fahrzeuge auf den Markt kommen, damit Verkehr vermieden wird und damit zwischen Straße und Schiene, zwischen privatem und öffentlichem Verkehr Wettbewerbsgleichheit herrscht.

Sorgen wir für ein Gebäudesanierungsprogramm, finanziert über einen Abschlag von Steuerschuld. Schreiben wir endlich Obergrenzen für Spritfresser vor und begünstigen Elektromobilität durch eine Begrenzung des Dienstwagenprivilegs!

AGRARWENDE BESCHLEUNIGEN!

Immer mehr Menschen verstehen, wie wichtig die Agrarwende ist, und engagieren sich entsprechend. Seit 2011 ruft die Bewegung »Wir haben es satt« regelmäßig zu Großdemonstrationen auf. Immer mehr Menschen gehen hin, 2014 waren über 30 000 dabei.

Die Agrarwende ist neben der Energiewende das Umwelt-Großthema. Meine Partei hat daher während ihrer ersten Regierungsbeteiligung auf Bundesebene von 1998–2005 die Agrarwende unter Renate Künast zu einer Priorität gemacht. Das haben nachfolgende Regierungen nicht fortgesetzt.

Immer noch ist der Anteil der biologischen Landwirtschaft an den landwirtschaftlichen Nutzflächen in Deutschland niedrig: 2012 lag er bei 6,2 Prozent.[116] Auch im letzten Jahr ist der Anteil kaum mehr gewachsen. Anders als die Nachfrage nach Bio-Produkten, die wuchs 2013 um 7,2 Prozent. Immer mehr Biowaren kommen aus dem Ausland. Der Ökolandbau ist ein Feld mit großem Wachstumspotenzial, das viel mehr Arbeitsplätze bietet als die konventionelle Landwirtschaft und viel Wertschöpfung in den ländlichen Raum bringt. Die Bundesregierungen der letzten Jahre haben nichts für die Entwicklung dieser Branche getan.

Nicht umsonst haben sich daher die GRÜNEN in sechs der sieben Landesregierungen, an denen sie derzeit beteiligt sind, die Zuständigkeit für die regionale Landwirtschaft gesichert. Denn auch Landesregierungen können einiges tun, um Ökolandbau und kleinbäuerliche Landwirtschaft zu fördern. Sie nehmen etwa Einfluss auf die Vergabe der EU-Subventionen. So hat mein Parteifreund Christian Meyer in

Niedersachsen damit begonnen, systematisch kleine, ökologische Betriebe zu fördern, statt Großbetriebe mit Subventionen zu überschütten, wie es die CDU-Vorgängerregierungen getan haben.

Hartnäckig und engagiert müssen wir weiter an dieser Wende arbeiten und die Menschen überzeugen. Das ist nicht immer einfach.

Nehmen wir die Problematik der industriellen Fleischproduktion: In der Massentierhaltung wird billiges Fleisch in riesigen Mengen produziert. Dabei werden die Tiere unter schrecklichen Bedingungen gehalten. Ausbeutung von Arbeitern ist die Regel. Diese Form der Haltung ist auf den Einsatz großer Mengen von Antibiotika angewiesen. Dieser massenhafte Missbrauch von Antibiotika verstärkt die Bildung von Resistenzen, die auch in der Humanmedizin für große Probleme sorgen. Nach einer Studie des Tumorzentrums Aachen tragen über 6 Millionen Deutsche bereits Keime in sich, die gegen Antibiotika resistent sind.[117] So etwas wird auch durch überzogenen Einsatz in der Massentierhaltung mitverursacht. Enorme Mengen von Futtermitteln müssen importiert werden. Dabei werden Flächen verdrängt, auf denen entweder Wälder stehen oder Nahrung für Menschen angebaut werden sollten. Fast ein Drittel der Weltgetreideernte wird heute an Tiere verfüttert. Und darüber hinaus kommen zwischen 14,5 und 18 Prozent der globalen Treibhausgasemissionen aus der Intensivtierhaltung.[118]

Trotz dieses Skandals hatte meine Partei im letzten Bundestagswahlkampf große Probleme mit diesem Thema. Der sogenannte *Veggie Day*, der Vorschlag, in öffentlichen Kantinen einen vegetarischen Tag einzurichten, brachte GRÜNE in die Defensive. Doch die gesellschaftliche Bewegung für eine Agrarwende, meine Partei eingeschlossen, machte einen Fehler, der es den Gegnern sehr leicht machte: Wo das Problem in der Produktion liegt, gaben sie die Antwort auf der Ebene der Konsumenten. Wenn jeder weniger isst, so die Erwartung, dann würde auch weniger produziert. Und da man das nicht vorschreiben kann, sollte es beispielhaft vorgelebt werden: »Wir sind die Guten!«

Dieser pietistisch-gouvernantenhafte Ansatz scheitert in einer vom demokratisierten Konsum dominierten Kultur immer wieder – selbst wenn er in manchen Milieus erfolgreich ist. Die Deutschen essen heute weniger Fleisch, der Pro-Kopf-Verbrauch ist von rund 70 Kilogramm im Jahr 1988 auf rund 60 Kilogramm im Jahr 2014 zurückgegangen.[119]

Die Fleischproduktion stieg allerdings seit den frühen Neunzigern mit geringen Schwankungen kontinuierlich, zuletzt gab es 2013 wieder einen Zuwachs um 0,4 Prozent auf 8,1 Millionen Tonnen Fleisch.[120] 2013 wurden in Deutschland 58,6 Millionen Schweine, 613 Millionen Hühner und 3,4 Millionen Rinder geschlachtet.[121] Deutschlands Fleischexporte sind von 2001 bis 2010 um 250 Prozent explodiert.[122] 2015 wurde im ersten Halbjahr ein neuer Rekord aufgestellt. Gegenüber dem Vorjahr stieg die Fleischproduktion noch einmal um 2 Prozent. [123]

Wir müssen an die Wurzel des Übels heran, und das ist die Produktion. Man muss dieser Branche eine Wachstumsbremse verpassen. Ja, wir müssen sie schrumpfen. Das führt zu einem scharfen Konflikt mit denen, die an dieser Produktion viel verdienen.

Bestimmte Formen der Landwirtschaft sollten wir aus

ökologischen Gründen einfach nicht mehr zulassen. Dazu müssen wir die Agrarsubventionen um- und abbauen, den Stallbau einschränken. Der Drogenhandel im Stall mit Antibiotika muss beendet werden. Wir müssen den globalen Vormarsch der Gentechnik stoppen. Und wir dürfen solche demokratisch beschlossenen Verbote auch nicht durch internationale Handelsabkommen wie TTIP (Transatlantic Trade and Investment Partnership) aushebeln lassen.

An vielen Fehlentwicklungen ist die Agrarförderung schuld. In ihrer heutigen Form begünstigt sie Großbetriebe und subventioniert Exporte. Auf nationaler Ebene und auf EU-Ebene sollten wir den Ökolandbau viel stärker fördern, die Agrarsubventionen sollten nach ökologischen Kriterien ausgerichtet werden, die Ökolandbauprämien sollten wir aufstocken. Der Pestizideinsatz und die Stickstoffüberschüsse müssen drastisch reduziert werden. Statt billiger Agrarproduktion für den Export und Futtermittel-Import aus abgeholzten Regenwaldgebieten sollte sich unsere Landwirtschaft insgesamt regional ausrichten.

Wenn wir auf der Produktionsseite das ökologisch Schädliche einschränken, dann kann sich zweierlei ergeben: Die agrarwissenschaftliche Forschung und die Praxis der Landwirte stellen sich auf andere Methoden um, und es gelingt ihnen, ähnliche Erträge mit nachhaltigen Methoden zu erzielen. Oder aber der Preis für bestimmte Produkte steigt, weil sie nicht auf Dauer massenweise produziert werden können. So hat eine Agrarwende, die sich auf die Produktion konzentriert, dann wiederum auch Auswirkungen auf unseren Konsum.

Wir brauchen also nicht das agroindustrielle System von heute, aber wir können natürlich nicht auf alle Fortschritte der agrarwirtschaftlichen Technologie verzichten. Die Frage ist immer, ist es nachhaltig? Wenn etwa hochmoderne Treibhäuser sehr wassersparend produzieren können, wenn wir in stadtnahen Agroparks Wasser, Energie- und Flächenverbrauch sparen sowie Transporte verhindern, oder wenn wir Pflanzen über Nährstofflösungen züchten und dabei Wasser, Energie und Boden sparen, dann können solche Innovationen helfen, Erträge zu steigern, ohne langfristige Schäden anzurichten.[124]

Die Agrarwende ist keine altruistische Idee. Sie hat greifbare Vorteile. Weniger Antibiotika-Resistenzen dienen der Gesundheit. Was durch die Nichtabholzung der Regenwälder an CO_2 gespeichert wird, brauchen wir nicht in der Industrie teuer einzusparen. Vor allem aber: Regionale Kreisläufe halten Wertschöpfung im ländlichen Raum. Auch hier gilt: Umweltpolitik sichert Arbeit.

Deshalb müssen wir die Fleischproduktion beschränken. Export- und Großstallsubventionen müssen wir streichen und den ökologischen Landbau sowie regionale Vermarktung fördern.

FINANZMARKT ERDEN

Finanz- und Eurokrise sollten uns gelehrt haben, dass wir auch beim Geld endlich Politik nach dem Vorsorge- und Nachhaltigkeitsprinzip machen sollten. »Systemrelevant« und »Too Big to Fail« waren die Schlagworte der Krise und einer unprofessionellen Bankenrettung, die man besser und billiger hätte machen können, zu der man aber unter den gegebenen Umständen tatsächlich gezwungen war. Die Bundesregierung verband sie mit dem Versprechen, diese Umstände gründlich zu verändern. »Keine Bank darf so groß sein, dass sie wieder Staaten erpressen darf.« So forderte Angela Merkel es im September 2009, als die Zeit halt danach war.[125]

Sechs Jahre nach der Pleite der Lehman Brothers haben sich die Umstände nicht verändert. Auch eine Krise von historischem Ausmaß hat es nicht vermocht, die Blockade aufzulösen. Der Finanzsektor ist immer noch viel zu groß und viel zu mächtig. Die Bilanzsumme der Deutschen Bank zum Beispiel blieb zwischen 2008 und 2012 nahezu unverändert bei rund 2,2 Billionen Euro.

Dabei ist seit Langem bekannt, wie man zu einem Bankensektor kommen könnte, der seine Risiken selbst übernimmt, vernünftige Ausmaße hat und der Realwirtschaft wieder dient. Wichtig ist vor allem, die grenzüberschreitenden Tätigkeiten der Kapitalmarktjongleure auch grenzüberschreitend zu regulieren. Erst 2012 aber konnten sich die europäischen Staaten darauf einigen, eine europäische Bankenunion auf den Weg zu bringen. Dazu gehören eine europäische Bankenaufsicht, ein europäischer Mechanismus für die Abwicklung von Pleitebanken und ein von den Banken selbst gespeister Fonds, der anstelle der Steuerzahler für die Kosten solcher Abwicklungen einspringt.

Wer stand dabei die ganze Zeit auf der Bremse? Die deutsche Bundesregierung unter der Führung von Angela Merkel und Wolfgang Schäuble. Sie wollen im Interesse der deutschen Banken verhindern, dass die Entscheidung über Pleitebanken auf der europäischen Ebene getroffen wird. Nur so aber funktioniert ein solches System. Sonst retten nationale Regierungen ihre nationalen Banken, so wie es immer war.

Nun soll das Abwicklungsregime erst 2016 starten, und der Fonds soll erst in zehn Jahren aufgefüllt sein. Auch die vorgesehenen 55 Milliarden sind eher knapp gehalten. Bis 2016 mindestens haften Sie, liebe Leserinnen und Leser, weiter für Ihre Banken. Sie werden wieder Banken retten, wenn sie pleitegehen und drohen, die Volkswirtschaft mit herunterzureißen. Weil die deutsche Bundesregierung Europa blockiert hat. Stillstand made in Germany.

Für mindestens genauso wichtig wie diese zaghaften ersten Schritte halte ich eine »Schuldenbremse für Banken«. In der Fachwelt läuft diese Forderung unter dem Namen einer »Leverage Ratio«.

Wir brauchen eine Schuldenbremse für Banken.

Knapp gesagt: Für jeden ausgegebenen Kredit muss eine Bank eine bestimmte Menge an Eigenkapital vorhalten – für den Fall, dass diese Kredite ausfallen. Die Berechnungsmethoden für diese Quote sollten so einfach wie unmanipulierbar sein: Das Verhältnis von Eigenkapital zur Bilanzsumme der Bank darf 3 Prozent nicht unterschreiten. Man darf den Banken dabei nicht mehr erlauben, wie heute ihre Risiken durch interne Bewertungsmodelle herunterzurechnen. Durch eine grobe und einfache Quote auf die Bruttorisiken würden Banken effektiv davon abgehalten, zu viele hochriskante Kredite zu vergeben oder entsprechende Forderungen in ihren Büchern zu halten. Für normale Unternehmen ist eine Eigenkapitalquote von 3 Prozent absurd niedrig. Bei den Banken wäre sie gegenüber dem heutigen Zustand ein Fortschritt. Mittelfristig sollte die Leverage Ratio auf 10 Prozent angehoben werden. So fordert es die *Federal Deposit Insurance Corporation* (FDIC), der Einlagensicherungsfonds der USA.

Warum diese Bankenregulierung so wichtig ist, zeigt die Bilanz von Finanzkrisen. Eine Reihe von Studien von Wirtschaftshistorikern und Ökonomen hat gezeigt, dass Finanzkrisen in der Regel nicht aus öffentlicher Schuldenmacherei, sondern aus privater Verschuldung entstehen.[126] Die Kosten aber fallen nachher in den öffentlichen Haushalten an, durch Bankenrettungskosten, Steuerausfälle, ökonomische Folgekosten und Konjunkturmaßnahmen. Im Schnitt steigen die Staatschulden nach Finanzkrisen um 86 Prozent, wie die Ökonomen Kenneth Rogoff und Carmen Reinhardt im historischen Vergleich gezeigt haben.[127]

Auch nach der Finanzkrise von 2008 hat sich das wieder bestätigt. Viele europäische Staaten stürzten in Schuldenkrisen. In Südeuropa hat das bekanntlich katastrophale Ausmaße, doch auch Deutschlands Staatschulden sind explodiert, von 1643 Milliarden € (66,7 Prozent des Bruttoinlandsproduktes) im Jahr 2008 auf 2088 Milliarden € (81,2 Prozent des BIP) in 2011. Wir verwenden seither 11,1 Prozent des Bundeshaushaltes auf Zinsen, im Jahr 2011 waren das 32,8 Milliarden Euro.

Die Gewinne im Bankensektor kamen schnell wieder auf Vorkrisenniveau an. Und die private Verschuldung? Die liegt global heute um 43 Prozent höher als bei Ausbruch der Finanzkrise 2008. Laut der Bank für Internationalen Zahlungsausgleich (BIZ) sind heute Schuldtitel in einer Höhe von rund 100 Billionen Dollar auf den Finanzmärkten im Umlauf. Staaten, Unternehmen, Banken und Privatleute haben sich seit 2007 massiv weiter verschuldet.[128] Mit anderen Worten: Die Zeit drängt! Wir brauchen eine Schuldenbremse für Banken – damit Bankschulden Bankschulden bleiben und nicht Staatsschulden werden.

Bankschulden dürfen nicht Staatsschulden werden.

EXPORTWELTMEISTER MIT INVESTITIONSSCHWÄCHE

Deutschland investiert viel zu wenig. Das gilt für die privaten Unternehmen genauso wie für die öffentliche Hand. Das DIW spricht davon, dass seit 1999 ein Investitionsrückstand von rund einer Billion Euro aufgelaufen ist.[129] Wie können wir das verbessern?

Erst einmal müsste öffentlich mehr investiert werden. Auch hier bleibt die Große Koalition weit hinter dem Nötigen zurück. Sie nutzt die Spielräume der guten Konjunktur nicht, baut keine Subventionen ab und investiert viel zu wenig. Um die strukturelle Unterfinanzierung des Staates kümmert sich die Große Koalition nicht. Sie verlässt sich auf niedrige Zinsen und gute Konjunktur, bei strukturellen Reformen herrscht Stillstand.

Ihre einzige Idee ist es, das gescheiterte Modell der sogenannten »Öffentlich-Privaten-Partnerschaften« wiederzubeleben. Dabei wird privates Kapital eingeworben, und die öffentlichen Projekte müssen entsprechende Renditeforderungen einbringen. Seit Jahren ist klar, dass das für den Steuerzahler ein Minusgeschäft ist, für die privaten Kapitalgeber aber ein Geschäft ohne Risiko. Denn Verluste werden vom Steuerzahler gedeckt. Die Berichte des Bundesrechnungshofes sind voll davon.

Das Bild vom Staat, der im Geld schwimmt, ist falsch. Die meisten Finanzminister und Kämmerer unseres Landes wissen, dass ständig gespart werden muss und dass die Investitionen in öffentliche Güter wie Sicherheit, Bildung, Infrastruktur, Forschung und ökologische Modernisierung weit hinter dem zurückbleiben, was nötig wäre. Wir brauchen diesen Staat nicht, um sogenannte »Geschenke« zu verteilen, wie es die neoliberale Propaganda sagt, sondern um in das zu investieren, von dem unser Land mitsamt seinen Unternehmen in Zukunft leben wird: Köpfe, Wissen, Menschen, Straßen, Datennetze, Schienen, Polizisten, Lehrer, Künstler, Professoren.

Die gute konjunkturelle Lage, die sich in Deutschland durch die starken Unternehmensleistungen und die große Nachfrage nach deutschen Produkten in den Schwellenländern ergeben hat, hat auch zu konjunkturell guten Steuereinnahmen geführt. In absoluten Zahlen liegen diese Einnahmen höher als je zuvor, was das Bild der »sprudelnden Steuerquellen« so suggestiv macht. Bereinigt man diese Zahlen um die Preissteigerung, sieht das Bild schon anders aus.

Die inflationsbereinigten Steuereinnahmen stiegen in den letzten Jahren nicht permanent, sondern erreichten erst 2012 wieder das Niveau des Jahres 2008 vor der Finanzkrise.

Außerdem muss man die Steuereinnahmen immer in Beziehung zum Bruttoinlandsprodukt setzen. Dann erhält man die sogenannte Steuerquote. Diese Quote schwankt von 1991 bis 2012 zwischen 20 Prozent und 23 Prozent und lag beispielsweise im Jahr 2000 höher als im Jahr 2012.[130] Im internationalen Vergleich liegt die deutsche Steuerquote im Mittelfeld, die skandinavischen Staaten oder auch Großbritannien liegen zum Beispiel höher, die Slowakei liegt niedriger.[131]

Das falsche Bild eines Staates, der im Geld schwimmt, verleitet dazu, die langfristige Frage der Unterfinanzierung der öffentlichen Hand zu vernachlässigen. Seit Jahrzehnten schon nehmen wir tendenziell weniger ein, als wir für die Aufgaben des Staates benötigen. Deshalb müssen wir selbst in sehr guten Zeiten wie den letzten Jahren noch Schulden aufnehmen. Das gilt vor allem für die Bundesebene, aber auch für die Länder und die meisten Kommunen. Diese Situation wurde durch die Finanzkrise verschärft, im Moment steigen die Schulden langsamer, aber auf weit höherem Level.

Wir müssen eine Lösung finden, wie wir die ausreichende Investitionsfähigkeit der öffentlichen Hand wiederherstellen. Unnötige und umweltfeindliche Subventionen wie das Dienstwagenprivileg sollten gestrichen werden, bei öffentlichen Großprojekten sollten wir ein effektiveres Controlling einführen, und die ein oder andere unnötige Ausgabe muss auf den Prüfstand. Aber gerade in guten Zeiten sollten wir auch über Einnahmeverbesserungen nachdenken. Wer bezahlt für die nötigen Investitionen und all die zusätzlichen Schulden, die wir seit der Finanzkrise aufgehäuft haben?

Sollen das weiter all die Durchschnitts- und Geringverdiener über die Mehrwertsteuer oder die Einkommensteuer finanzieren? Oder wollen wir von den ungeheuren Zuwächsen an privatem Reichtum besonders bei den reichsten 1–7 Prozent dieser Gesellschaft einen fairen Beitrag zur Finanzierung der öffentlichen Hand über Vermögens-, Erbschafts- und Kapitalsteuern mobilisieren?

GRÜNE haben eine Vermögensabgabe gefordert, eine Erhöhung des Spitzensteuersatzes, eine moderate Erhöhung der Erbschaftssteuer und eine höhere Steuer auf Zinsgewinne am Kapitalmarkt. Das alles sind Einkommensquellen, die für ihre Bezieher in den letzten Jahren wahrhaftig sprudelten. Niemand wäre durch diese Maßnahmen ärmer geworden, die meisten wären nur etwas langsamer noch reicher geworden.

Dass der Staat zum Erhalt seines Vermögens und zur Überwindung seines Investitionsstaus mehr Geld braucht, ist banal, und es bleibt gegen alle Propaganda richtig. Es ist auch und gerade im Interesse der Vermögenden in diesem Lande selbst. Denn es ist ja nicht nur die Rettungspolitik, von der die Vermögenden in dieser Gesellschaft profitiert haben und die den Staat ordentlich Geld gekostet hat. Sie profitieren von öffentlich finanzierten Institutionen, einer gut ausgebildeten Bevölkerung, von sozialer Balance, funktionierendem Umweltschutz, Verkehrsinfrastruktur, einer gesunden Demokratie. Die Voraussetzungen für Vermögensaufbau werden öffentlich finanziert. Also sollten die Erfolgreichen sich wieder stärker an dieser Finanzierung beteiligen.

Doch nicht nur der Staat investiert zu wenig. Auch die Unternehmen investieren wenig. Ich habe weiter vorn geschildert, wie die hohen Unternehmensgewinne der letzten Jahre zum großen Teil nicht reinvestiert, sondern ausgeschüttet oder im Ausland auf den Finanzmärkten angelegt wurden.

Auch dagegen könnte man etwas tun. Man könnte etwa die Gewinne am Kapitalmarkt wieder höher besteuern und im Gegenzug Gewinne, die im Unternehmen bleiben und reinvestiert werden, niedriger besteuern als entnommene. Denn wir wollen ja nicht durch Besteuerung verhindern, dass Unternehmen in ihre Zukunft investieren.

WAS WIR KOMMENDEN GENERATIONEN WIRKLICH SCHULDEN

Mit ihrer Rentenreform hat die Große Koalition in diesem Jahr versucht, einige Ungerechtigkeiten zu beseitigen. Für den Kampf gegen die kommende Altersarmut setzt sie zwar an den falschen Stellen an, aber immerhin ist sie mit der Rente mit 63 und der Verbesserung der Mütterrente zwei diskutierbare Schritte gegangen. Das öffentliche Echo war verheerend. Es erhob sich ein Protestgeheul der Verbände und der medialen Meinungsführer.

Glaubt mensch dem Bundesverband der Deutschen Industrie, der Jungen Union, der Initiative Neue Soziale Marktwirtschaft (ein geradezu Orwellscher Lügenname), dann gibt es in Deutschland eine neue soziale Frage. Das größte Problem für Wirtschaft, Rentensystem und Staatsfinanzen ist demnach, dass Facharbeiter demnächst nicht mehr länger als 45 Jahre schuften müssen und dass diejenigen unserer Mütter und Großmütter, deren Kinder vor 1992 geboren wurden, etwa so behandelt werden wie diejenigen, die später ihre Kinder bekamen. Das hindere uns daran, ausreichend in Bildung und Betreuung zu investieren. Das ist absurd.

Nun halte auch ich diese beiden Maßnahmen nicht für die vordringlichsten der Rentenpolitik. An denjenigen, die wirklich von Altersarmut bedroht sind, zielt das vorbei. Dafür bräuchte man so etwas wie ein Garantierentensystem mit einer Rente oberhalb der Grundsicherung für alle NeurentnerInnen mit 30 Versicherungsjahren. Das hatten wir GRÜNE im Wahlkampf vorgeschlagen.

Altersarmut ist nicht mit Rentenpolitik zu verhindern.

Altersarmut ist nicht nur eine Frage des demografischen Wandels. Sie ist Folge prekärer Arbeit, sinkender Nettolöhne und fehlender Betreuungsangebote. Gegen Altersarmut helfen vor allem höhere Löhne. Mehr Gleichheit in der Primärverteilung erzeugt weniger Altersarmut. Vor allem Frauen sind von Altersarmut bedroht – wir brauchen daher eine höhere Erwerbsquote von Frauen und dafür bessere Kinderbetreuung.

Das zentrale Problem unseres Rentensystems ist ja noch immer, dass Leute über 60 aus unserer Arbeitswelt hinausgedrängt werden. Sie können also die längere Lebensarbeitszeit, die das neoliberale Plädoyer ihnen abverlangt, überhaupt nicht erreichen. Die Beschäftigungsquote der 60- bis 65-Jährigen steigt zwar an, doch sie lag 2012 immer noch bei nur 29,3 Prozent. Sie nennt den Anteil der Menschen mit einem sozialversicherungspflichtigen Job in der betreffenden Altersgruppe.[132] Nur 14,2 Prozent der 64 Jährigen hatten 2012 einen sozialversicherungspflichtigen Vollzeitjob. Diese Zahl sank sogar 2012.[133] Diesen Problemen müsste man sich vor allem stellen.

Viel zu oft wird der Begriff der »Generationengerechtigkeit« als Synonym des Kampfes der Alten gegen die Jungen verstanden. Wer in diesem Schema feststeckt, hat schon verloren. Die relevanten politischen Fronten in unserer Gesellschaft verlaufen nicht zwischen Alt und Jung, sondern zwischen Rechts und Links, Oben und Unten, kurz- und langfristigem Denken.

Wir schulden der nächsten Generation etwas, das ist richtig. Wir schulden ihr einen intakten Planeten, funktionierende Infrastrukturen, eine lebenswerte Gesellschaft. Wir schulden den kommenden Generationen soziale, technische, ökologische Investitionen. Und wir sollten ihnen keine Schulden hinterlassen, vor allem nicht in Form ökologischer Schäden.

Ja, diese Gesellschaft ist zukunftsvergessen. Sie investiert zu wenig in Bildung und Betreuung, sie investiert zu wenig in den Erhalt ihrer Infrastruktur wie in Klimaschutz und Ressourceneinsparung. Nicht weil sie Alte zu wenig quält, sondern weil sie nicht den Mut hat, ökologisch schädliche, ökonomisch unsinnige und sozial fragwürdige Subventionen abzubauen und große Vermögen und hohe Einkommen angemessen zu besteuern. Da liegt das Geld für die kommenden Generationen herum.

Diese Gesellschaft ist zukunftsvergessen.

Wer von Steuern schweigt und lieber Rentnerbashing betreibt, der will diese Gesellschaft nicht umsteuern.

WARUM WIR FÜR UNS SELBST KÄMPFEN, WENN WIR FÜR EUROPA KÄMPFEN

Als Antwort auf die Globalisierung müssen wir Europa heute verteidigen und alle Kräfte darauf richten, Europa für die soziale und ökologische Regulierung zum Modell zu machen. Wir müssen die Hoffnung auf die Idee Europa wieder neu erwecken, an die große Vergangenheit als Friedensidee anknüpfen. Die Europäische Union müssen wir zum Zukunftsmodell für eine neue Balance zwischen Markt und seiner sozialen und ökologischen, demokratischen Steuerung machen, zum Modell für einen sozial und ökologisch regulierten Wirtschaftsraum, für eine gelungene und gestaltete Globalisierung.

Wer Europa als reine und deregulierte Freihandelszone denkt wie der britische Tory-Premier David Cameron, der erntet Finanzkrisen, Staatsschulden und Wirtschaftskrisen mitsamt den antieuropäischen Ressentiments, die heute den Kontinent überschwemmen.

Das der Eurokrise zugrunde liegende Problem der ungleichen Wirtschaftskraft der Mitgliedsländer ist bis heute ungelöst. In einer Wirtschafts- und Währungsunion müssen solche Ungleichgewichte umsichtig und konstruktiv abgebaut werden. Exzessives Sparen und Reallohnsenkung in den Defizitländern würgt deren Wirtschaftsdynamik ab und führt zu einem faktischen Importstopp. Das mag man bei griechischen Rüstungsimporten noch in Kauf nehmen. Als Gesamtstrategie für die Defizite der europäischen Südländer taugt das nicht.

Natürlich können Überschussländer wie Deutschland ihre exportorientierten Industrien nicht willentlich lahmer machen. Eher müssen Defizitländer in die Lage versetzt werden, mehr zu exportieren. Zu diesem Ziel führen zwei Wege: Man macht sie durch gezielte Investitionen wettbewerbsfähiger, und man verbessert die Binnennachfrage in den Überschussländern. Dazu wird Deutschland vom IWF (Internationaler Währungsfonds) schon seit Langem aufgefordert.

Nachdem Deutschland im Jahr 2013 mit knapp 200 Milliarden Euro den höchsten Exportüberschuss der Welt erzielt hatte, stellte die EU-Kommission unser Land im Rahmen der neuen Verfahren zu Ungleichgewichten an den Pranger und kritisierte mangelnde Investitionen und schwache Binnennachfrage.

Der Stabilitäts- und Wachstumspakt muss durch das Ziel des außenwirtschaftlichen Gleichgewichtes ergänzt werden. Steuer-, Lohn- und Investitionspolitik müssen auf die Vermeidung solcher Ungleichgewichte und auf eine gleichmäßige Entwicklung ausgerichtet und koordiniert werden.

An diesem entscheidenden Punkt muss der kurzsichtige nationale Fühlreflex vermieden werden. Eine europäische Wirtschaftspolitik richtet sich eben *nicht gegen* deutsche Interessen, sondern sie ist *originäres deutsches Wirtschaftsinteresse*! Ein Exportüberschuss, dem nur wertlose Forderungen in Defizitländern gegenüberstehen, die schließlich mit Steuergeldern garantiert werden, nützt nur Spekulanten. Kontrollierte Investition in nachhaltige Entwicklung von Defizitländern und Stärkung der Binnennachfrage in Überschussländern hilft allen Europäern.

Europa wird nur aus der Krise kommen, wenn die notwendige Konsolidierung um eine nachhaltige Wachstumsstrategie und ein europäisches Investitionsprogramm ergänzt wird. Dazu brauchen wir einen europäischen Green New Deal mit Investitionen in die Energiewende, in Klimaschutz und in neue Infrastrukturen. Die europäischen Fördermittel in den Struktur- und Kohäsionsfonds sollten wir konsequent auf erneuerbare Energien, Klimaschutz, Ressourceneffizienz und Innovation ausrichten. Aus dem EU-Haushalt heraus, der endlich einen größeren Eigenanteil haben sollte, können wir mehr in neue moderne Netze investieren (»Connecting Europe Facility«), und die Europäische Investitionsbank kann Investitionen aus dem Privatsektor mit anstoßen.

Wir brauchen einen europäischen Green New Deal.

All das kann in den Defizitländern neue Jobs in neuen

Branchen mit aufbauen. Gleichzeitig sollten wir in den Überschussländern wie Deutschland die Binnennachfrage über höhere Löhne und einen gesetzlichen Mindestlohn ohne Ausnahmen stärken. Noch aber gilt in Deutschland das ideologische Mantra, wonach in Südländern wie Griechenland eisenharte Sparpolitik den Segen bringe und in den Nordländern hohe Löhne die Exportfähigkeit behindern. Doch wo werden in Deutschland die höchsten Löhne Europas gezahlt? – Gerade in jenen Branchen, die weit überdurchschnittlich exportieren. Dort, wo wir die höchsten Löhne haben, sind wir mit sehr niedrigen Lohnstückkosten sehr wettbewerbsfähig. Dort aber, wo wir die niedrigsten Löhne zahlen, vom Bewachungsgewerbe über Reinigungskräfte bis hin zu personenbezogenen Dienstleistungen sind wir kaum internationalem Wettbewerbsdruck ausgesetzt. Niemand fliegt zum Haareschneiden nach China, und nur wenige Fenster werden aus unseren Häusern ausgebaut, um in Polen geputzt zu werden. Eine Erhöhung der Löhne in diesem Bereich würde unsere Binnennachfrage steigern, ohne die Exportfähigkeit zu mindern. Langfristig geht es uns nur gut, wenn es den anderen auch besser geht. Solange wir aber Wirtschaftspolitik *gegen* die anderen machen, werden die Ungleichgewichte nicht abgebaut.

Neben einem Schuldenschnitt für die am stärksten überschuldeten Länder könnte ein Altschuldentilgungspakt, wie ihn der Sachverständigenrat der Bundesregierung vorgeschlagen hat, Teil einer europäischen Langzeittherapie sein. Alle Staatsschulden, die 60 Prozent des BIP übersteigen, wandern in einen Fonds, für dessen Anleihen wir den Zinsvorteil der prosperierenden Länder weitergeben. Nach vereinbarten Plänen zahlen alle Staaten ihre Schulden zurück und erhalten so günstigere Refinanzierungskosten. Zusätzlich sollten europaweit Vermögensabgaben eingeführt werden, denn der private Reichtum ist auch in einigen der Schuldenländer beträchtlich. Diesen Vorschlag machten lange Zeit nur die GRÜNEN. 2014 kam er dann – zumindest für die Situation eines drohenden Staatsbankrottes – auch von der Bundesbank.[134]

GLOBALE RISIKEN, EUROPAS CHANCEN, DEUTSCHLANDS VERANTWORTUNG

Die beiden großen Aufgaben unserer Zeit, nämlich die gerechte Globalisierung und die Wende zur Nachhaltigkeit, sind weltweite Herausforderungen. Bisher habe ich beschrieben, was wir hier bei uns dazu beitragen können, wie wir den Stillstand made in Germany überwinden können. Durch eine Politik des Ökologischen Materialismus und ein Mehr an Gleichheit. Was bedeutet aber die sozial-ökologische Transformation international?

Sie ist heute genau das, was internationale Politik vor allem ist: Sicherheits- und Friedenspolitik. Der Kampf für eine nachhaltige und faire Weltwirtschaft ist nichts anderes als Konfliktprävention. Er ist Außen- und Sicherheitspolitik mit Weitblick.

Eine immer größere Anzahl von Konflikten lässt sich heute auf vier globale Risiken zurückführen. Der Klimawandel mit seinen Wetterextremen von Dürre bis zur Überschwemmung ganzer Landstriche löst Migrationsbewegungen und regionale Konflikte etwa um Wasser aus. Damit einher geht als zweites Risiko die zunehmende Konkurrenz um knapper werdende Ressourcen – von Seltenen Erden, Coltan oder Diamanten in Afrika bis zu Konflikten um Öl, Gas, Kohle und Uran. Das ungelöste Problem absoluter Armut ist ein andauerndes drittes Risiko. Gesellschaften zerfallen über Not, Elend und Hunger, die die Menschen vom Land in die Armut der Städte treiben. Und das vierte Risiko ist die Verbreitung von Waffen und Rüstungsgütern – das reicht von High-Tech-Geräten, wie Deutschland sie Despoten in Libyen oder Saudi-Arabien liefert, bis zur Massenvernichtungswaffe Nr. 1, der AK47, die auf dem ganzen Globus millionenfach den Tod bringt.

Diese Risiken verstärken sich gegenseitig. Wo die Ressource Wasser wegen des Klimawandels knapp wird, werden die Konflikte darum gewaltsam ausgetragen, staatliche Legitimität zerfällt. Die Macht solcher Banden lässt Staaten weiter kollabieren. In diesem Strudel werden die Nachbarn mit hineingezogen, und manchmal wandert – wie am 11. September 2001 – die Gewalt aus diesen Konflikten bis in die Herzen der Metropolen der reichen Welt.

Die Weltgemeinschaft versucht an vielen Orten – vom Kongo über den Südsudan bis Afghanistan – diesen Bedrohungen entgegenzuwirken. Ziel ist die Wiederherstellung staatlicher Strukturen, der Herrschaft des Rechts. Dazu bedarf es Tausender Soldaten, Polizisten, Richter, ziviler Helfer und massiver finanzieller Hilfe. Solche Missionen schaffen Zeitfenster für zivile Lösungen – manchmal erfolgreich wie in Liberia, manchmal anhaltend erfolglos wie in Somalia, manchmal mit fragwürdigem Ausgang wie in Afghanistan und manchmal ohne Ende, wie bei der größten UN-Mission im Kongo, der seit fast zwei Jahrzehnten im Krieg ist.

Solche Missionen versuchen die Folgen der sich verstärkenden Risiken einzuhegen. Doch eine konsequente Sicherheits- und Friedenspolitik muss an die Ursachen heran. Nur so kann verhindert werden, dass sich Risiken in Bedrohungen manifestieren. Nur so kann man asymmetrischen Kriegen aktiv vorbeugen.

Gerade hier kommen der Überwindung globaler Armut und Ungleichheit, dem Klimaschutz und einer neuen Energiepolitik Schlüsselrollen zu. Besonders die Sicherheit der Energieversorgung steht bei den Ressourcen im Zentrum. Noch ist die Weltwirtschaft vor allem von den fossilen Ressourcen abhängig, und die Nachfrage steigt in den nächsten Jahren weiter stark an. In den klassischen Industrieländern verharrt sie auf hohem Niveau, aus den Schwellenländern steigt sie stark an, und in den nächsten Jahren werden weitere Staaten, etwa in Afrika, zu Schwellenländern werden. Damit steigen auch die Spannungen und das Konfliktpotential. Bisher reagieren die meisten Staaten mit einem verschärften Rennen um Rohstoffsicherung, um bilaterale Verträge und Partnerschaften. Auch »Diversifizierung« wird gerne gefordert, also einkaufen bei mehreren Rohstoffdealern. Doch all das kann höchstens vorübergehend helfen.

Langfristig wird es echte Energiesicherheit nur geben, wenn wir uns weltweit umorientieren und weniger abhängig machen von knappen fossilen Ressourcen. Wir müssen Schritt für Schritt unseren Rohstoffverbrauch reduzieren. Eine weltweite Wende hin zu erneuerbaren Energien mildert den Druck des Rennens um die letzten fossilen Rohstoffe.

Das klassische Denken der Rohstoffsicherung mit militärischen Mitteln in geostrategischer Allianzenbildung ist nicht im Interesse aller. Mit ihrem letzten großen Versuch, dem Irak-Krieg einer *coalition of the willing* unter Führung der USA, ist diese Strategie gescheitert. Hierbei geht es nicht nur um die Herkunft, sondern auch um die Transitwege. Auch sie können in Verbindung mit *bad governance* massive Krisen auslösen. So wurde aus einem Gaskrieg zwischen der Ukraine und Russland ein hybrider Krieg um Einflusssphären und Energieressourcen.

Es ist klüger, wenn sich die Staaten der Welt in multilateralen Organisationen über ihre Interessen verständigen und zur Kooperation finden. Für den Fall der Energiesicherheit sollte man neben einer Strategie der »drei E« (Erneuerbare Energien, Energieeffizienz und Energiesparen) vor allem die Internationale Energieagentur (IEA) für die wichtigsten Schwellenländer öffnen und zu einem Forum der Koordination und des Interessensausgleichs machen.

Auch für die anderen wichtigen Foren der internationalen Sicherheits- und Wirtschaftspolitik gilt diese Forderung. Sie müssen repräsentativer werden. Wir sollten nicht nachlassen beim Versuch, den UN-Sicherheitsrat zu reformieren und neuen Akteuren wie Südafrika, Brasilien oder Indien dort eine Stimme zu geben. Bereits heute hat der Sicherheitsrat viel Unterstützung verloren, da die fünf ständigen Mitglieder ihr Vetorecht immer wieder für nationale Interessenpolitik missbrauchen.

Für eine Übergangszeit ist eine Aufwertung der G20, in der sich die wichtigsten Industrieländer und Schwellenländer zusammenfinden, entscheidend. Denn ein Großteil des Welthandels wird von den dort versammelten Staaten bestimmt. Für Fragen etwa der Regulierung des internationalen Finanzmarktes ist ein solches Forum unverzichtbar. Auch wenn den großen Worten der G20 nach der Finanzkrise bisher nur sehr schleppend Taten folgten.

Europa ist in dieser globalisierten Welt eine Macht – eine

Macht, die sich vor allem auf *soft power*[135] stützt. Deutschland ist in Europa groß, aber für die Bewältigung globaler Risiken und Herausforderungen ist es zu klein. Dafür bedarf es eines gestärkten Europas.

Europa wird diese Rolle nur spielen können, wenn es handlungsfähiger wird. Es muss künftig auch in der gemeinsamen Außen- und Sicherheitspolitik in der EU mit Mehrheit entschieden werden – so wie heute schon in der Finanz-, in der Wirtschafts- und der Umweltpolitik. Europa ist nur ein globaler Akteur, wenn es nicht durch das Veto eines oder zweier Mitgliedstaaten durch den Zwang zur Einstimmigkeit blockiert werden kann – wie wir das etwa in der Syrien-Politik erleben mussten. Deshalb brauchen wir die Mehrheitsentscheidung in der Außen- und Sicherheitspolitik in Europa.

> Es muss künftig auch in der gemeinsamen Außen- und Sicherheitspolitik in der EU mit Mehrheit entschieden werden.

Jedes europäische Land muss seiner Verantwortung gerecht werden – auch Deutschland. Wenn von mehr deutscher Verantwortung die Rede ist, dann wird das oft leichtfertig auf das Militärische verkürzt. Ja, Deutschland wird sich stärker in solchen Missionen engagieren müssen – es bezahlt heute schon 7 Prozent der 7,83 Milliarden Dollar.[136] Aber internationale Verantwortung geht viel weiter. Militär – auch UN-Militär – schafft im günstigsten Fall Zeitfenster für politische Lösungen, für den Aufbau staatlicher Strukturen und demokratischer Institutionen. Sollen diese aber nach dem Ende eines solchen Einsatzes nicht wieder kollabieren, dann müssen die Ursachen von Staatszerfall und Krieg angegangen werden. Dann muss der Klimawandel begrenzt werden, dann muss es Zugang zu Energie geben, dann muss der Hunger bekämpft, die Armut und die Ungleichheit gemindert werden.

Bei seiner Eröffnungsrede zur 50. Münchener Sicherheitskonferenz im Jahr 2014 hat Bundespräsident Gauck die Verantwortung Deutschlands angemahnt, aber auch die Chancen eines solchen Engagements unterstrichen – gerade für ein mit der Welt verwobenes Deutschland. Er plädierte zu Recht für mehr Verantwortung in der deutschen Außenpolitik, »›Mehr Verantwortung‹ bedeutet eben nicht: ›mehr Kraftmeierei‹! Und auch nicht: ›mehr Alleingänge‹! Ganz im Gegenteil: Durch die Zusammenarbeit mit anderen Staaten, besonders in der Europäischen Union, gewinnt die Bundesrepublik Deutschland Gestaltungskraft hinzu.«[137]

Die angemahnte Verantwortung Deutschlands aber ist keine primär militärische. Sie liegt darin, einen Beitrag zu leisten, den Risiken und Gefahren für Frieden und Sicherheit entschlossen entgegenzutreten – dem fortschreitenden Klimawandel, der verschärften Rohstoffkonkurrenz, der wachsenden Ungleichheit und der Verbreitung von Waffen.

Für die Verantwortung Deutschlands gibt es deshalb auch eine einfache Zahl. Es ist ein selbst gewählter Indikator. Deutschland hat zugesagt, im Jahr 2015 mindestens 0,7 Prozent seines Bruttosozialprodukts für Entwicklungszusammenarbeit auszugeben. 2014 gab Deutschland mit 12,2 Milliarden Euro gerade einmal 0,41 Prozent aus, während Großbritannien dieses Ziel bereits 2014 übererfüllt hat. Der Stillstand made in Germany in der internationalen Politik wird nicht nur dazu führen, dass das Ziel 2015 verfehlt wird, sondern dass der Wortbruch danach fortgesetzt wird. Nun will die große Koalition zwar dem Ziel durch 8,3 Mrd. € zusätzlich bis 2019 näher kommen. Dieses dient aber vor allem der Kaschierung einer massiven Aufrüstung der Bundeswehr und zusätzlich 8 Mrd. € im Verteidigungshaushalt. Und die versprochenen 0,7 Prozent werden damit bei Weitem nicht erreicht.[138]

Wir brauchen einen Aufholplan bei der Entwicklungszusammenarbeit.

Wir brauchen einen Aufholplan bei der Entwicklungszusammenarbeit. Deutschland muss seinen Wortbruch beenden. Eine Verdoppelung der Investitionen in Klimaschutz und zur Bekämpfung der globalen Armut wäre ein zentraler Beitrag für die soziale und ökologische Transformation. Auch dafür müssen wir den Stillstand made in Germany überwinden.

5. BLOCKADEN LÖSEN – EINE STRATEGIE FÜR VERÄNDERUNG

Es ist paradox. Wir wissen, was wir ändern müssen. Die meisten von uns sind dafür. Dennoch trauen wir uns nicht, vom altbekannten Weg abzuweichen. Mit Karl Valentin gesagt: »Mögen hätte ich schon wollen, aber dürfen hab ich mich nicht getraut.«

Wie können wir den Stillstand made in Germany überwinden? Wie können wir den Durchbruch zu einem klimaschonenden und gerechteren Deutschland schaffen, das mithilft, Europa zu einem Vorreiter für eine klimaschonende und sozial gerechtere Welt zu machen?

Diese Frage können wir nicht allein und ausschließlich an Parteien delegieren, auch nicht an die GRÜNEN. Parteien sind wichtig. Ohne Parteien, die für einen solchen Wandel stehen, geht es nicht. Sie bündeln Kräfte, organisieren Mehrheiten und schaffen reale, rechtliche, gesellschaftliche und finanzielle Veränderungen. Aber Parteien können alleine einen umfassenden gesellschaftlichen Wandel nicht stemmen. Wir können sie nicht per Kreuz beauftragen und dann machen lassen.

Die Frage, wie der Stillstand überwunden werden kann, wie wir die sozial-ökologische Transformation wahr machen können, müssen sich alle Kräfte dieser Gesellschaft stellen. Wir alle, die Bürgerinnen und Bürger, müssen eine Antwort darauf geben.

Das ist die Strategiefrage. Glaubensbekenntnisse, Besserwisserei, Larmoyanz und Fatalismus sind keine Strategien. Der Wille zur realen Veränderung ist radikaler als ein lautes Bekenntnis.

Zunächst geht es schlicht darum, so viele Menschen wie möglich aufzuklären und zu überzeugen. Argumente und wissenschaftliche Erkenntnisse weiterzutragen, Ängste abzubauen, Werte zu vermitteln und Interessen ernst zu nehmen. Wissen spielt dabei eine wichtige Rolle. Als politischen Faktor dürfen wir Wissenschaft allerdings nicht überbewerten. Man muss den Wandel verständlich erklären, populär machen, attraktiv machen. Progressive Kräfte waren immer gut, wenn es um Inhalte ging. Die Gegenkräfte aber waren oft besser, wenn es um das geht, was Linguisten »Framing« nennen – also darum, in welchem Rahmen und in welchen Bildern Menschen die Welt wahrnehmen und bewerten.

Wir müssen Überzeugungen auch zur Geltung verhelfen, sie durchsetzen. Und da stockt es gewaltig. Wissenschaftler, Nichtregierungsorganisationen und Feuilletonisten alleine werden durch noch so viele visionäre Vordenkerbücher, kluge Aktionen und schöne Sprachbilder nicht erreichen, dass Subventionen gekürzt, Emissionen verteuert, Forschung finanziert, Vermögen besteuert, Banken reguliert werden.

Dazu braucht man Unterstützer an allen wichtigen Stellen der Gesellschaft, in den Verbänden, in den Medien, in den Verwaltungen. Wir brauchen sie in den Unternehmen ebenso wie in den Gewerkschaften.

Vor allem dürfen wir die sozial-ökologische Transformation nicht als Nischenprojekt einer Avantgarde begreifen. Wir müssen das Ganze denken. Wer sich nur auf einen kleinen Teilbereich konzentriert, kann plötzlich mit dem Rücken zur Wand stehen.

Deshalb brauchen wir eine Politik des Ökologischen Materialismus – und sie ist mehr als koalitionspolitische Farbenspiele.

ÖKOLOGIE IST GERECHTIGKEIT

Ökologische Transformation ist nur machbar, wenn es dabei fair und gerecht zugeht. Diese erste und wichtigste Einsicht wird immer wieder vergessen. Ärger und Unmut über grüne Reformprojekte können sehr leicht angeheizt werden, wenn sie unfair finanziert sind oder als Lifestyle-Hobby abgehobener Schnösel porträtiert werden können. Wenn der »Gutmensch« imagemäßig zum »Besserverdienenden« aufschließt, dann ist reichlich was schiefgegangen.

Die These von der Ökologie als Luxusproblem geht am Wesen der Ökologie vorbei. Der Kern der ökologischen Botschaft ist eine Gerechtigkeitsbotschaft. Sie zielt auf gerecht verteilten Zugang zu begrenzten Ressourcen, zu Lebenszeit und Lebenschancen über Generationen hinweg. Das ist politische Ökologie. Ihre Wertentscheidung ist die Grundlage für eine populäre Strategie der linken Mitte. Nur wenn es gerecht zugeht, wird es einen ökologischen Wandel geben. Ökologie ist nicht »postmateriell«. Ökologischer Materialismus will die gerechte Verteilung von Luft, Wasser, Nahrung und Gesundheit.

Grün und sozial, das sind zwei Seiten einer Medaille. Es gab von Anfang an einen engen Zusammenhang zwischen der sozialen und der ökologischen Dimension grüner Politik.

Das beginnt mit den Auswirkungen ökologischer Schäden. Von den besonders gravierenden menschengemachten Veränderungen, wie dem Klimawandel, der schrumpfenden Artenvielfalt, der Zerstörung der Böden und der Übernutzung der Ressourcen, sind zwar alle Menschen betroffen, aber eben – zunächst einmal – nicht gleich stark. Ärmere und Schwächere trifft es härter als Reichere und Stärkere.

Verschmutzte Flüsse und belastete Luft trafen auch in Europa lange Zeit vor allem die Armen. In unzähligen Schwellenländern ist dies bis heute so. »Das schlimmste Umweltgift ist die Armut«, sagte Indira Gandhi. Es ist ein Lieblingszitat des ehemaligen Umweltministers und langjährigen Chefs des UN-Umweltprogrammes (UNEP), Klaus Töpfer.

Der Klimawandel verursacht schon heute in vielen armen Ländern Konflikte um Ressourcen und Schäden durch Extremwetter. Und auch bei uns gibt es die Schieflage: Von Feinstaub und Verkehrslärm sind die Wohngebiete der Reichen seltener und weniger betroffen. Viele Umweltschäden treffen außerdem Generationen, die nichts mit den Ursachen zu tun hatten. Es geht bei ökologischen Fragen nicht um einen Lebensstil oder um Geschmacksfragen. Es geht um die materiellen Grundlagen unseres Lebens, um Atemluft, Nahrungsmittel, Bewegungsfreiheit, Gesundheit und lebenswichtige Ressourcen. In einem Ökologischen Materialismus sind gerechte und nachhaltige Politik nicht voneinander zu trennen.

Ein weiterer Zusammenhang zwischen Ökologie und Gerechtigkeit ist strategisch. Um eine nachhaltige Wirtschaftsweise zu erreichen, müssen wir extrem viel verändern. Wir müssen unsere Energieerzeugung, unseren Verkehr, unsere Chemieindustrie und den Maschinenbau, unsere Ressourcenverwendung und -verschwendung umgestalten. Dieser Umbau hat in Deutschland und vielen anderen Ländern der Welt gerade erst begonnen. Der Weg ist noch weit.

Dieser Wandel kann begeistern, bringt viele Vorteile, aber er verlangt den Menschen auch einiges ab. Umbau heißt Aufbau und Abbau. Viele müssen sich auf neue Technologien und Verhaltensweisen einstellen. Dieser Wandel kann nur gelingen, wenn er breiten Rückhalt in der Bevölkerung hat. Den gibt es in der Gesellschaft nur, wenn es dabei gerecht zugeht. Kosten, Lasten, Nutzen und Chancen müssen gerecht verteilt und verhandelt werden. Ohne Gerechtigkeit hat der Wandel keine Mehrheit.

Schließlich ergibt sich ein Zusammenhang von sozialer Gerechtigkeit und Ökologie aus der Entwicklungstendenz sehr ungleicher Gesellschaften, die ich oben beschrieben habe. Die Wachstumsperspektive macht den Ärmeren die hohe Ungleichheit erträglich durch das Versprechen auf zukünftige Teilhabe. Die ungleiche Verteilung von Wohlstand und Chancen durch ein Marktergebnis, das auf Gerechtigkeit nicht achtet und nicht achten kann, wird dann akzeptiert, da es in Zukunft für alle aufwärtsgehen soll. Eine gleichmäßigere Verteilung des gesellschaftlich produzierten Wohlstandes ist nicht nur in sich gerechter, sie mindert auch den Wachstumsdruck durch extreme Statusdifferenzen und weckt weniger Ansprüche durch die materielle Kluft zum Nachbarn. Balanciertere, weniger ungleiche Gesellschaften können umsichtiger mit ihren Ressourcen umgehen, müssen weniger neurotisch auf Wachstumsraten starren und müssen nicht unökologische Wachstumsmaßnahmen ergreifen, um ihren Bevölkerungen Teilhabeperspektiven zu geben.

Wegen dieses dreifachen inneren Zusammenhangs muss jede ökologische Transformation eine soziale Transformation einschließen. Das ist der Hintergrund für die grüne Politik in der Sozial-, Haushalts- und Steuerpolitik. Sie ist kein Hobby linker Umverteilungsfanatiker – die dem Kern des grünen Anliegens angeblich fremd wären –, sondern Baustein der ökologischen und sozialen Transformation. Dazu gehört Politik für gerechte Löhne, für eine gerechte Verteilung der Kosten der Energiewende, gegen Monopoltendenzen in Energie- oder Finanzmärkten, für besser verteilte Chancen über eine gut finanzierte Bildungspolitik.

Wer eine ökologische Transformation machen will, ohne auf Gerechtigkeit zu achten, erzeugt den Gegenwind, der den Stillstand bringt.

POLITISIEREN STATT PREDIGEN

Es spricht das grüne Über-Ich, das schlechte grüne Gewissen, der rigide Lehrer mit auf biedere Weise erhobenem Zeigefinger. Ganz schnell erwächst daraus eine ebenso resignative wie säuerliche Pose: Auf uns hört ja keiner! Und plötzlich wird aus Engagement Predigt und der Prediger zum Prediger in der Wüste.

Diese Pose macht es den Gegnern des Fortschritts einfach. Selbst wo die Bewegung im Zuge ihrer Erfolge und ihrer Professionalisierung die Predigerpose längst abgelegt hat, wird das Ressentiment von ihren Gegnern immer wieder befeuert.

Bis heute liefern viele Ökos und GRÜNE den Ressentiments allerdings immer wieder Nahrung. Gerade wer sich ständig in der Pose der moralischen Überlegenheit zeigt, wird dann an besonders strengen Maßstäben gemessen. Verfehlungen in den Reihen der »Gutmenschen« werden besonders gehässig und triumphierend geahndet. »Von denen lassen wir uns in Zukunft gar nichts mehr sagen!«, lautet das Credo. Das zieht sich von der Kritik an den wenigen GRÜNEN, die zu Wirtschaftsverbänden gewechselt sind, bis hin zur Kritik an marginalen Fehlern bei der Erstellung der Berichte des Weltklimarats.

Wenn ich das Predigen für eine schlechte Strategie halte, geht es mir nicht um einen Verzicht auf Moral. Die Zerstörung des Planeten ist ein moralischer Skandal. Ebenso die Ausbeutung vieler Menschen in der globalen Arbeitsteilung. Ohne Moral fehlt vielen Menschen die Empörung über Missstände, der Impuls zur Veränderung, der Antrieb fürs Engagement. Ohne Empathie und Verständnis für moralische Pflichten gegenüber anderen Menschen (oder Tieren), würde es in vielen Fällen keine Solidarität geben. Die Anliegen der Unterdrückten, der Erniedrigten und Ausgegrenzten hätten noch weniger Chancen.

Die Modernisierung und Humanisierung der deutschen Gesellschaft in den letzten Jahrzehnten wurde stark durch moralische Kräfte vorangetrieben. Wenn Rechte wie

Thilo Sarrazin, Matthias Matussek oder Jan Fleischhauer sich heute als Tabubrecher kostümieren, um dann alte Ressentiments wieder aufleben zu lassen (Schwule seien schlechtere Eltern als Heteros, Frauen könnten weniger als Männer, anatolische Bauern seien genetisch dümmer), dann ist das die Rebellion der Rechten gegen einen veränderten Wertekonsens dieser Gesellschaft. Rassismus, Homophobie oder Frauenfeindlichkeit im Rückwärtsgang wieder hoffähig zu machen, das ist ein moralischer Skandal!

> Rassismus, Homophobie oder Frauenfeindlichkeit wieder hoffähig zu machen, das ist ein moralischer Skandal!

Wenn ich den Begriff des »Predigers« hier kritisch benutze, möge man mich also bitte nicht missverstehen. Predigen ist kein Privileg für Angehörige von Religionen und Glaubensgemeinschaften. Es gibt sehr viele höchst weltliche Prediger. Und umgekehrt: Ohne das tatkräftige Engagement vieler Menschen aus kirchlichen Zusammenhängen für mehr globale Gerechtigkeit und mehr Ökologie wären die progressiven Bewegungen in Deutschland sehr viel schwächer.

Aber: Moral ist noch keine Politik. Wer seine Anliegen durchsetzen will, der kann sich nicht auf die Kraft des schlechten Gewissens verlassen. Moral und Rechthaberei alleine schaffen keinen Wandel.

Erst kommt das Fressen, dann die Moral: Diese Weisheit wurde den GRÜNEN mit der Anti-Veggie-Day-Kampagne im letzten Bundestagswahlkampf noch einmal sehr buchstäblich bestätigt. Am Ende steht das T-Shirt mit dem Spruch »Wenn es kein Fleisch mehr gibt, dann esse ich Vegetarier«. Ich habe darüber gelacht. In diesem Spruch steckt ein Element der Rebellion gegen die da oben, die auf dem moralisch hohen Ross.

Der Zeigefinger, die auferlegte Askese, Verbotserlasse und Verzichtsappelle der grünen Apostel, all das reicht nicht aus.

Genauso wenig wie der verantwortungsvolle Konsum lauter grün gewordener Einzelverbraucher. Bionade-Biedermeier als Lebensstil, als vorgelebtes richtiges Leben: Das wird nicht reichen. Wenn GRÜNE zu »Ökospießern« werden, verlieren sie Teile jener Subkultur, in der sie auch wurzeln.

Wir wollen uns nicht zynisch im Gegebenen einrichten. Einkaufen nach Fair-Trade-Standards und Ökosiegeln ist richtig und wichtig. Doch schlecht gelaunte gegenseitige Öko-Kontrolle geht nach hinten los. Zum moralischen Antrieb des politischen Engagements und zur Konsumentenmoral muss Politik hinzutreten. Regeln, Koordination, Umwelt- und Sozialstandards, Ordnungsrecht, klare Vorgaben für alle, demokratisch diskutiert, verabredet und von Mehrheiten durchgesetzt.

Also nicht »Top-down«, sondern demokratisch. Aber dann, als demokratisch legitimierte Politik, in der Konsequenz so, dass sich alle dran halten. Denn der einzelne Konsument kann sich niemals sicher sein, ob nicht Millionen andere die moralische Vorgabe ignorieren. »Warum soll ich aufs Autofahren verzichten, sieh dir mal die Millionen anderen an, die die Luft verpesten!«

Besonders deutlich wird die Naivität der Hoffnung auf einen spontanen Kulturwandel des Verzichtes, wenn man – mit dem Flugzeug, wohlgemerkt – Schwellenländer bereist und sich die Freude der Millionen Menschen in den dortigen neuen Mittelschichten am modernen Lebensstil anschaut, den ihre Eltern jahrzehntelang entbehren mussten. Um ihnen diese Freude zu vergällen, bräuchte man sehr viele, sehr gute Prediger, vielleicht eine neue Religion?

So wird das nichts. Die sozial-ökologische Transformation muss politisch erstritten und durchgesetzt werden. Dabei gibt es zwei Faustregeln, wie man die Fallen der Predigerpose verhindern kann. Erstens sollte man Regeln für die Produktion schaffen, statt Forderungen an die Konsumenten zu stellen. Und man sollte – über Politik – kurzfristige Interessen stärken, die den langfristigen Wandel vorantreiben.

Regeln für die Produktion statt Forderung an die Konsumenten.

An ökologischen Zielen orientierte Regeln für die Produktion steuern unseren Konsum um, ohne dass wir beim Einkaufen von schmerzlichen Gewissensfragen gequält werden. Einerseits ermutigen solche Regeln Forschung und Innovation. Sie bringen Unternehmen dazu, andere, ökologisch verträglichere Technologien zu entwickeln. Dazu müssen solche Regeln allerdings Bestand haben und langfristig verlässlich sein. Dann werden Unternehmen ihre Ressourcen in Technik und Erneuerung stecken, statt Lobbyisten zu bezahlen, die solche Regeln wieder abschaffen wollen.

Nun haben wir Ökos diese Lektion schon länger gelernt. Viele Umweltökonomen und ihre Institute beschäftigen sich heute damit, das Ziel des grünen Wandels von der hehren »Save-The-Planet«-Erklärung in die Sprache der Ökonomie zu übersetzen. Einer der spektakulärsten Vorstöße kam von Sir Nicolas Stern. Er hat versucht, die Kosten des Klimawandels und den Nutzen der Klimaschutzmaßnahmen auszurechnen. Sein *Stern-Review* hat durch diese weltweit beachtete Übersetzung in den herrschenden Diskurs der Ökonomie viel mehr erreicht als die vielen Aufkleber mit dem Spruch der Hopi-Indianer.

Wir schützen auf der Basis unserer Werte das Klima.

Aber richtig gehört wurde der Klimaschutz erst, als klar war, dass ein Überschreiten des Zwei-Grad-Ziels nicht nur den Nordpol schmelzen lässt, sondern die Welt bald zwischen fünf und zwanzig Prozent des jährlichen globalen Bruttoinlandsproduktes kosten kann. Man mag die Ökonomisierung des Denkens, die sich hierin ausdrückt, ärgerlich finden. Aber wenn man das Denken in Handeln überführen möchte, muss man sich darauf einlassen.

Grüner Wandel ist Politik für die Wirtschaft der Zukunft, die Arbeitsplätze der Zukunft, die Wettbewerbsfähigkeit der Zukunft. Dieser Ansatz war eine Weile lang sehr erfolgreich, und er bleibt gültig.

Das macht die Moral nicht überflüssig oder falsch. Doch wenn Moral zur Pose wird und sich absolut setzt, dann steht sie sich selbst im Weg.

VERLIERER SIND BLOCKIERER

Große Transformationen brauchen starke Allianzen. Ohne solche Allianzen kann man eine moderne Industriegesellschaft nicht umbauen.

Ein solcher Umbau ist kein Spaziergang. Wir lenken Investitionen und Gewinne in großem Stil um, bauen Produktionsstätten und ganze Wirtschaftszweige um, bauen neue auf und alte ab. Ich bin fest davon überzeugt, dass langfristig alle davon profitieren. Aber kurzfristig gibt es nicht nur Gewinner. Es gibt Verlierer der Veränderung.

Seit die Energiewende durch ihren großen Erfolg endgültig unumkehrbar scheint, haben sich die Börsenkurse der vier großen Energiekonzerne in Deutschland halbiert. Die Atomwirtschaft hat in Deutschland keine Zukunft mehr. Die vier großen Konzerne haben mit den Bürgergenossenschaften unzählige neue Konkurrenten bekommen. Würden wir die Energiewende richtig und konsequent klimafreundlich machen, hätte auch die Kohleverstromung keine Zukunft mehr. Die vier großen Energiekonzerne in Deutschland sind zunächst einmal Verlierer der Veränderung.

Vor Einführung des Dosenpfandes wurden in Deutschland 8 Milliarden Getränkedosen im Jahr verkauft – und vermüllt. (Ich wiederhole: 8000 Millionen Dosen aus Aluminium und Weißblech jedes Jahr!) Danach sank die Zahl auf unter 1 Milliarde. Die Getränkedosenhersteller wurden zu Verlierern einer aus ökologischen Gründen gewünschten Veränderung.

Würden wir den Finanzmarkt anständig und verbraucherfreundlich regulieren, würden Hunderte windiger Anlageberater ihren Job verlieren. Würden wir endlich entschlossen gegen unerlaubte Telefonwerbung vorgehen, würde die Telefonabzocke als Geschäftsmodell unattraktiv. Die Drückerkolonnen der Callcenter würden arbeitslos, ihre Chefs müssten ihre Unternehmen schließen, sie würden zu Verlierern des Wandels.

Ein Strukturwandel muss so organisiert werden, dass sich neue Perspektiven für die Verlierer des Wandels ergeben. Neue Jobs in gesellschaftlich wünschenswerten Bereichen müssen her, um die Arbeitnehmerinnen und Arbeitnehmer der Verliererbranchen unterzubringen. Es nützt allerdings nichts, den Konflikt zu verschweigen oder zum Erhalt aller Arbeitsplätze von einer notwendigen Transformation abzusehen. Wir können nicht weiter zusehen, wie die Braunkohleverstromung das Erdklima aufheizt und die

Landschaft zerstört, nur weil ein paar Bergleute dabei Arbeit finden. Diesen Menschen müssen wir andere Perspektiven bieten.

Bei ihren Arbeitgeberinnen und Arbeitgebern ist man versucht, weniger Nachsicht zu üben. Denn Verlierer eines drohenden Wandels können ja unterschiedlich reagieren. Sie können in andere Geschäftszweige investieren, sich umstellen, auf Zukunftsbereiche umschalten. Oder sie können all ihre Kraft darauf verwenden, den Wandel über Lobbymacht und Propaganda abzuwenden. Hier haben wir unterschiedliche Reaktionen gesehen. So gibt sich EnBW heute viel Mühe, sein Geschäftsmodell im veränderten Energiemarkt zu finden, während RWE und Vattenfall alles daransetzen, die Energiewende zu bremsen und rückgängig zu machen.

Eine politisch vorangetriebene Transformation muss nicht zum Untergang von Unternehmen führen. Sie müssen sich anpassen und mitwandeln. Eine Bestandsgarantie für überholte Geschäftsmodelle aber kann es nicht geben.

Für eine Strategie der Veränderung ist es wichtig, dass wir so sensibel wie möglich mit den Verlierern der Veränderung umgehen: Wir müssen sie so gut wie möglich in den Wandel einbinden. Um die Chancen für den Wandel zu verbessern, gilt es, die Zahl der hart konfrontativen Gegner zu verringern. Das kann man über den Dialog tun, über die zeitliche Streckung einer Reform, was den Unternehmen Zeit zur Umstellung gibt, über die staatlich finanzierte Beratung oder die Förderung anderer Geschäftsmodelle. Um den Stillstand zu überwinden, dürfen wir nicht zu viele Menschen und zu viele Unternehmen zu Verlierern ohne Perspektive machen.

KONFRONTATION WAGEN

Doch irgendwann ist klar: Wir werden nicht alle Verlierer umdrehen können, nicht alle werden zu Mitstreitern der Transformation. Und dann ist es Zeit, sich an etwas eigentlich Selbstverständliches zu erinnern: Politik ist Konflikt! Es gibt nicht immer die eine, über allem schwebende, richtige Lösung, die ein pragmatischer Manager-Politiker doch bitte einfach mal umsetzen soll, anstatt sich ständig mit seinen Gegnern zu streiten.

Es ist kaum zu fassen, wie groß die Sehnsucht nach diesem Präsidial-Neutralen, der säkularisiert-harmlosen Variante des wohlmeinenden Königs – oder etwas polemischer formuliert: des guten Führers – heute in Deutschland noch ist. Da hört man in Talkshows tatsächlich Vorschläge zu einer Art von »Rundem Tisch«, an dem doch alle Parteienvertreter mit Wirtschaft und Gesellschaftsvertretern unter Beratung von »Experten« unter Leitung des Bundespräsidenten die richtige Lösung für das Land installieren sollten. Was würde wohl herauskommen, wenn sich Klaus von Dohnanyi, Arnulf Baring, Peter Scholl-Latour, Heiner Geißler zusammen mit Alice Schwarzer unter der Leitung von – natürlich – Helmut Schmidt zusammenfänden? Die beste Lösung? Repräsentierte diese dann, anders als die Parteien in der Gesamtheit, *den* Willen *des* Volkes?

Die präsidiale Pose ist heute nichts anderes als Bestandteil politischer Konfrontation und wird daher nicht zu Unrecht als Höhepunkt politischer Raffinesse gelobt. Denn die im letzten Jahr inszenierte Figur der Kanzlerin als mütterlicher Kümmerin ist nur die superfreundliche Variante eines Politikmodells, welches klar interessengeleitete Entscheidungen als »alternativlos« darstellt und die Expertokratie zur höchsten Form der Demokratie verklärt.

Es geht bei politischen Entscheidungen nicht um die technokratisch beste Lösung. Es gibt weder einen einheitlichen »Willen des Volkes« noch eine »richtige Lösung«, die einfach gut für alle gleichermaßen ist. Solche »Visionen« erinnern an Platons Diktatur der Weisen. Mit Demokratie haben sie nichts mehr zu tun. Es ist eine durch und durch reaktionäre, antidemokratische Idee.

In der Demokratie werden in verrechtlichter Form Interessen ausgetragen. Wir sind 80 Millionen. Wir unterscheiden uns voneinander. In der Politik treffen wir aufeinander, mit unterschiedlichen Ideen, Interessen, Weltanschauungen und Lebensstilen. Hier wird um Hegemonie und um politische Maßnahmen gestritten, und ja, hier gibt es dann irgendwann Alliierte und Gegner, oder in der unverblümten Sprache Carl Schmitts: Es gibt Freunde und Feinde.

Und da gibt es Konfrontation. Diese Konfrontation müssen wir wagen und durchhalten. Am Ende der Konfrontation steht ein neuer Konsens. Dieses neu definierte Allgemeinwohl ist Ergebnis des Austragens von Interessenkonflikten. Er kann nicht durch Experten antizipiert werden.

Ich bin kein Gegner von Konsensen. Ich habe den ein oder anderen neuen Konsens mit durchgesetzt. Wir GRÜNE haben lange für den Ausstieg aus der Atomenergie gekämpft. Wir haben uns dafür beschimpfen, verlachen und verleumden lassen.

Wie viele Christopher Street Days musste es geben, bevor Schwule und Lesben sich verpartnern durften und wie Ehepaare bei Staatsempfängen behandelt werden?

Es gibt unzählige dieser Beispiele. Sie zeigen: Wer eine soziale und ökologische Transformation will, der muss auch Konfrontation wagen – nur so entstehen neue Konsense.

Transformation geht nicht mit der Methode Merkel, mit aussitzen, vage bleiben, abwarten, nichts tun und am Ende den kleinsten Nenner als eigene Entscheidung ausgeben. Geschichte muss man schon machen wollen, auch gegen andere Vorstellungen durchkämpfen. Man kann sie nicht aussitzen.

Wir wollen ein besseres Finanzsystem, das der Realwirtschaft dient und Risiken nicht auf den Steuerzahler abwälzt? Stellen Sie sich vor: Andere wollen das nicht! Wir wollen einen Verkehr, der die Luft nicht verpestet und das Klima nicht anheizt? Viele andere wollen das nicht! Wir wollen, dass Menschen von ihrer Arbeit leben können? Gute Idee, viele andere sind dagegen! Wenn wir die Konfrontation nicht wagen und politisch dagegenhalten, dann bekommen wir all das eben nicht. Wenn alle das nicht wagen, bekommen wir es garantiert nicht.

Die Sehnsucht, ohne Konfrontation auszukommen, ist parteiübergreifend weit verbreitet. Man glaubt, durch reine Überredungskünste im Dialog mit den Wirtschaftseliten des Landes deren Unterstützung zu erhalten für ein politisches Projekt, das ihre Macht massiv einschränken wird. Ich habe immer mit allen – außer mit Nazis – geredet. Als man mich zur Bilderberg-Konferenz eingeladen hat – verschrien als eine Art geheimes Verschwörungszentrum der globalen Polit- und Wirtschaftselite –, bin ich hingegangen. Dialog, politischer Streit, Wettbewerb der Argumente, so wird für die Transformation geworben.

Aber wie gut die eigenen Argumente auch sind, am Ende werden einige Fronten übrig bleiben, bei denen dem politischen Streit dann nicht mehr ausgewichen werden kann.

Dann gilt es abzustimmen, und dann wird es ganz altmodisch heißen: Wer hat die Mehrheit? Und auf welcher Seite stehst du?

Wer den Stillstand überwinden will, der darf die Konfrontation nicht scheuen. Man kann dabei verlieren. Man kann dabei gewinnen. Nicht immer, aber immer öfter.

AUS DEN ERFOLGEN DER VERGANGENHEIT LERNEN

Wir fangen nicht bei Null an. Viele fortschrittliche Impulse der letzten Jahrzehnte sind inzwischen durchgesetzt, Mehrheit geworden, bestimmen die deutsche Realität.

Bei allem Ärger über stockenden Fortschritt in den verschiedensten Bereichen müssen wir doch sagen, dass die neuen sozialen Bewegungen vieles in Deutschland zum Besseren verändert haben. Das Gesicht des Landes ist heute ein anderes als im Jahr 1965, ganz zu schweigen vom Jahr 1945.

Die gesellschaftlichen Modernisierungen in Deutschland haben vor allem auch mit den vielen kleinen Kämpfen vieler Menschen in Alltagssituationen zu tun, Frauen, die sich behaupten mussten, Schwule und Lesben, die der Diskriminierung und Herabwürdigung trotzen mussten. Dieser gesellschaftliche Modernisierungskampf wurde von vielen Medien positiv begleitet. Musik, Filme, Mode, Theater und Nachtleben trugen genauso zu dieser Emanzipationsgeschichte bei wie die politische Arbeit der gesetzlichen Gleichstellung, bei der wir bekanntlich noch immer nicht vollständig am Ziel sind. Hier gab es eine breite Allianz, die es sehr weit gebracht hat.

Wie ist es den progressiven gesellschaftlichen Kräften gelungen, Deutschland so zu verändern?

Wir haben polarisiert und popularisiert, wir haben Allianzen gebildet und Koalitionen geschmiedet, und wir haben die Konfrontation nicht gescheut. Die linke Mitte musste alle Erfolge, die sie errungen hat, gegen harte Widerstände durchkämpfen.

So wird es auch in Zukunft bleiben. Viele wollen das heute nicht mehr hören. Die Zeiten hätten sich doch geändert, mit Frau Merkel und Frau von der Leyen. Mag sein. Mit dem alten deutschen Konservatismus haben Teile der Unionsparteien heute nicht mehr viel zu tun. Aber: Der Großteil der deutschen konservativen Milieus und auch ihrer Parteien CDU/CSU hat den Zeitgeist höchstens widerwillig zur Kenntnis genommen, sich innerlich kaum damit abgefunden.

Viele Errungenschaften der gesellschaftlichen Modernisierung sind nicht nur Ergebnis von Kampf, sondern bleiben auch weiter umkämpft. Die Werte der Aufklärung müssen gegen den Radikalkonservatismus, den Rechtspopulismus, den neuen Rassismus, die neue Homophobie und andere Attacken verteidigt werden, wie es bei der von Fremdenfeindlichkeit und Ausländerhass geprägten Debatte um Zuwanderung und Freizügigkeit offenbar wurde. Vor ein paar Jahren stritten Eva Herrmann und Norbert Bolz gegen die Gleichstellung der Geschlechter, heute müssen wir Matthias Matussek, Akif Pirinçci, Frauke Petry und Thilo Sarrazin ertragen. Ein harmloser Versuch, an den Schulen Baden-Württembergs künftig junge Leute über verschiedene Formen der Liebe aufzuklären, erntete einen wütenden

Proteststurm in Form einer Online-Petition, die Hunderttausende unterschrieben.

Und bei aller Veränderung in der Union der Angela Merkel und Ursula von der Leyen: Von der Überzeugung, man müsse die deutsche Wirtschaft und Gesellschaft grün und gerecht umbauen, ist die Union immer noch meilenweit entfernt.

Mit der sozialen und ökologischen Transformation wollen wir mehr als bloß kulturelle Veränderungen. Es geht nicht mehr nur um die kulturelle Hegemonie in der Gesellschaft. Es geht um eine grundlegende Transformation. Es geht nicht ums Image der »modernen Großstadtpartei«, es geht um Geld. Und beim Geld hört der Spaß auf – gerade bei den Schwarzen.

Es geht nicht mehr nur um die kulturelle Hegemonie in der Gesellschaft. Es geht um eine grundlegende Transformation.

Während man heute für gesellschaftliche Modernisierungsanliegen leichter Allianzen schmieden kann, die bis weit in liberale Unternehmerkreise reichen, etwa für Frauen in Führungspositionen, für Diversity am Arbeitsplatz, für Arbeitnehmerfreizügigkeit und gegen Rassismus, so ist es beim Kampf für ein balancierteres Wirtschaftssystem und eine Gesellschaft ohne klaffende Abgründe zwischen Ober-, Mittel- und Unterschichten wesentlich schwieriger.

Je näher das Transformationsanliegen an den harten finanziellen Interessen liegt, desto schwerer wird es, die gesellschaftlichen Allianzen zu bilden, die man braucht, um es durchzubringen.

Dafür gilt es, aus den Erfolgen der Vergangenheit zu lernen. Es geht um eine Politik, die den Menschen auch im Alltag konkrete Vorteile bringt. Soziale Gerechtigkeit und

Ökologischer Materialismus sind die Leitlinien für eine Strategie hin zu einer Mehrheit der linken Mitte.

SCHWARZ-GELB ODER GROKO – WELCHEN STILLSTAND HÄTTEN SIE DENN GERNE?

Politik ist nicht gleich Parteipolitik. Eine soziale und ökologische Transformation unserer Gesellschaft muss aus dieser Gesellschaft selbst kommen und von ihr – oder zumindest von breiten Teilen – getragen werden. Aber letzten Endes braucht es dann auch eine Regierungskoalition, die den Wandel vorantreibt, die eine Transformation will, sie langfristig anlegt und dementsprechend handelt. Die nicht zögert, blockiert und opportunistisch schwankt. Was wir *nicht* brauchen, ist eine »inkrementelle Politik des kurzfristigen Krisenmanagements und der stets aufschiebenden Kompromissfindung« (so der wissenschaftliche Beirat der Bundesregierung für Globale Umweltveränderungen WBGU in seinem Gutachten zur großen Transformation über die Art und Weise, wie man heute *nicht* mehr regieren kann).

Auf Deutsch: Wir brauchen *nicht* die Methode Merkel.

Schon unter Schwarz-Gelb, der Wunschkoalition des besitzbürgerlichen Lagers, hat die Merkel-Methode zu nichts als ein wenig Klientelpolitik geführt, obwohl es doch hier eine ideologische Gemeinsamkeit zwischen den Partnern gab. Das großmäulig angekündigte marktradikale Durchregieren scheiterte kläglich. Angesichts der notwendigen Staatsinterventionen zur Bankenrettung und der dafür hoch getriebenen Staatsverschuldung fand die Idee »Privat vor Staat« keinerlei Akzeptanz mehr. Die FDP, die ihre Pro-grammatik faktisch auf den Punkt Steuersenkungen redu-ziert hatte, musste alle Wahlversprechen brechen. Sie wurde marginalisiert und flog aus dem Bundestag. Man muss der Euro- und Finanzkrise fast dankbar sein, dass das von Mer-kel und Westerwelle geplante Ausplündern und Umpflügen des Sozialstaates einfach nicht machbar war.

Heute haben wir eine Große Koalition, die sich ökolo-gisch praktisch nichts vorgenommen hat außer dem Brem-sen der Energiewende, die in Europa starrsinnig und zucht-meisterhaft ihre gescheiterte Sparpolitik durchkämpft und in der beim Sozialen ein Partner hier und da ein wenig rüt-telt, während der andere schön aufpasst, dass dabei nicht zu viele Möbel geschoben werden. Die SPD mag beim Min-destlohn oder der Rente ein paar Korrekturen am deutschen Stillstand vorgenommen haben. Bezeichnenderweise kom-mentierte das eine konservative Tageszeitung bereits mit dem ängstlichen Satz: »Die SPD regiert auf Hochtouren!« Gott behüte! Jemand regicrt! Das hat man in der Ära Merkel ja glatt vergessen, dass so etwas geht!

Dennoch: Gemessen an der Notwendigkeit der sozia-len und ökologischen Transformation schreibt die Große Koalition nur ein weiteres Kapitel Stillstand made in Germany. Sie ver-schwendet Zeit, die wir nicht haben.

Große Koalitionen produzieren regelmäßig ganz kleines Karo.

Große Koalitionen standen einmal in dem Ruf, wirklich große Reformen durchsetzen zu kön-nen, da sie breite Unterstützung quer zu den Lagern und Milieus der Gesellschaft organisieren könnten. Das hat sich nun schon mehrfach als Illusion erwiesen. Sie agieren auf der Basis eines minimalen gemeinsamen Nenners. Große Koalitionen produzieren regelmäßig ganz kleines Karo.

Von 2005 bis 2009 brachte die Große Koalition vor allem eine Rentenreform zustande, an der die SPD fast zugrunde ging und die für lange Zeit den Vorsprung der Union vor der SPD sicherte. Die zweite Große Koalition korrigiert nun scheibchenweise über die Rente mit 63 diese Reform. Weit entfernt ist Schwarz-Rot davon, das aufkommende Problem massenhafter Altersarmut aufgrund niedriger Löhne und prekärer Beschäftigung anzupacken.

Die zweite »große« Reform der Großen Koalition von 2005 bis 2009 war die Rache der CDU-Ministerpräsidenten an Rot-Grün. Sie hieß Föderalismusreform. Sie verbot dem Bund, sich an der Finanzierung der Bildung zu beteiligen – wie zuvor bei der Ganztagsbetreuung. Herzlichen Glückwunsch! Das zielte nicht nur vorbei, sondern das ging direkt nach hinten los.

Das Transformationspotenzial der großen Koalition ist sehr gering. Dagegen ist die Echternacher Springprozession (zwei Schritt vor – einen zurück) ein Spurt. Eine Große Koalition ist gewählt, aber sie entsteht, weil es keine klaren Mehrheiten in der einen oder anderen Richtung gibt. Die Große Koalition organisiert dann genau diesen Zustand der Unentschiedenheit. Ergebnis: Das allermeiste bleibt, wie es ist.

Und das droht angesichts des Aufschwungs der Rechtspopulisten zum Dauerzustand auch für Deutschland zu werden. In Österreich kann besichtigt werden, wohin dies führen kann. Eine jahrzehntelange Große Koalition hat dort die FPÖ stark gemacht. Sie regiert nicht mehr. Aber sie diktiert SPÖ wie ÖVP die Themen. Beide rückten nach rechts, ohne dass GRÜNE dort etwas anderes werden konnten als »Premi-

> **Wollen wir eine rechte Mehrheit verhindern, müssen wir den Stillstand der Großen Koalition überwinden.**

um-Opposition«. Trotz sehr guter grüner Ergebnisse wurde eine progressive Opposition marginalisiert.

Der Stillstand einer Großen Koalition kann in einer Rechtsverschiebung enden – verbunden gar mit einer strukturellen Unmöglichkeit, überhaupt noch Mehrheiten links der Mitte zu erreichen. Auch hier gilt: Nichtstun ist keine Alternative. Wollen wir eine rechte Mehrheit verhindern, müssen wir den Stillstand der Großen Koalition überwinden. Dies ist kein grünes Problem – es ist eine Verantwortung aller Kräfte der linken Mitte.

GESELLSCHAFTLICHE LAGER UND ARBEITSTEILUNG IN EINER KOALITION

In Deutschland wollen alle Mitte sein. Daran ist eines richtig: Nur wer die gesellschaftliche Mitte für sich gewinnt, wird mehrheitsfähig. Aus dieser Feststellung ergibt sich, dass die behauptete Auflösung der politischen Lager Unsinn ist. Wenn es kein Links und Rechts gibt, kann es auch keine Mitte mehr geben. Mitte definiert sich zwischen Polen, im Dazwischen. Gibt es diese Pole nicht mehr, gibt es keine Mitte mehr. Dann ist alles Mitte. Und damit ist alles Nichts.

Gut für die Mitte: Es gibt politische Lager – auch im Land des Stillstands made in Germany. Es sind keine Parteien, die diese Lager repräsentieren. Politische Lager entstehen aus den Werten und Einstellungen der Menschen einer Gesellschaft. Parteien und ihre Funktionsträger können sich sogar über die Grenzen ihres Lagers hinwegsetzen und tun das auch. Das heißt aber noch lange nicht, dass die sie tragenden Teile der Gesellschaft dieses Crossover mitmachen.

Wie strukturieren sich diese politischen Lager? Grob gesagt betont man im linken Lager eine weitgehende Gleichberechtigung der Menschen, im rechten eine hierarchische Ordnung, in der es ein klares Oben und Unten gibt. Im linken Lager sieht man verschiedene Geschlechter gleichberechtigt und gleich talentiert, im rechten hat der Mann seinen Platz und die Frau einen anderen. Alles was da unklar ist, wird bestenfalls »toleriert« – was davon zu halten ist, kann man bei Goethe nachlesen: »Dulden heißt beleidigen.«[139]

Links stellt man Traditionen infrage und akzeptiert sie dann, wenn eine öffentliche Debatte sie als richtig und erhaltenswert bestätigt hat. Rechts betont man den Wert des Gewachsenen und verteidigt es gegen gefährliche Experimente.

Links betont man den Konflikt zwischen Arm und Reich, Oben und Unten, Mächtigen und Ohnmächtigen. Rechts sieht man eher Konflikte zwischen Völkern und Ethnien, gelegentlich euphemisiert zu »Kulturen«.

Noch gröber zusammengefasst: Das progressive Lager will ökonomische Gleichheit, Anerkennung unterschiedlicher Lebensstile, Emanzipation von engen Traditionen, gleiche Freiheit für alle statt Freiheit als Privileg der Starken.

Im Großen und Ganzen ordnen sich die meisten Menschen entlang dieser Unterschiede zu. Es gibt in Deutschland zwischen den politischen Lagern zur Rechten wie zur Linken ein Kopf-an-Kopf-Rennen. Obwohl es in vielen Fragen Mehrheiten links der Mitte gibt, so entscheiden sich bei Wahlen die Deutschen häufiger für Mehrheiten rechts der Mitte.

Für eine soziale und ökologische Transformation ergibt sich aus diesem Kopf-an-Kopf-Rennen eine Alternative. Entweder die linke Mitte schafft es, ihre Meinungsmehrheit in vielen Fragen in eine eigene *politische* Mehrheit zu verwandeln. Oder Teile dieser linken Mitte versuchen Teile der Rechten für ihre politischen Ideen zu gewinnen und sichern ihnen im Gegenzug die Mehrheit.

Ohne Zweifel hat eine Mehrheit der linken Mitte ein höheres Transformationspotenzial als alle Konstellationen über die Lagergrenzen hinweg. Das ergibt sich, wenn man über die politische Arbeitsteilung nachdenkt, die es in Koalitionen gibt.

Politische Parteien genießen Unterstützung, sind vernetzt und haben Überzeugungskraft. Und zwar in jeweils unterschiedlichen Milieus, Interessengruppen und weltanschaulichen Blöcken innerhalb unserer Gesellschaft. Koalitionen repräsentieren daher immer auch zu einem gewissen Grad gesellschaftliche Allianzen unterschiedlicher Milieus und Interessen. Die Partner einer Koalition teilen sich also die Arbeit, haben unterschiedliche Ansprechpartner, werben um Unterstützung für Kompromisse und demonstrieren Verhandlungserfolge in verschiedene Milieus hinein.

Koalitionen sind immer auch Zumutungen für die Unterstützer einer Partei. Sie strapazieren den Rückhalt. Das kann dazu führen, dass Parteien aus Koalitionen geschwächt hervorgehen, weil manche ihrer Anhänger die jeweils »reine Lehre« verletzt sehen und sich betrogen fühlen. Das macht die Abwägungen vor dem Eintritt in eine Koalition immer riskant. Dieses Risiko wächst, wenn Parteien mit anderen koalieren, deren Milieus als sehr weit entfernt, sehr anders, ja gegnerisch wahrgenommen werden. Kurz: Eine Koalition ist riskant, ein Lagerwechsel ist riskanter. Dennoch kann es Situationen geben, in denen man ein Risiko eingehen muss.

Wollen wir die ökologisch-soziale Transformation wirklich, dann muss man sehr genau abklopfen, was die beste Veränderungskoalition ist und welche Aufgabe die verschiedenen Partner dabei erfüllen müssten. Blicken wir also auf das Koalitionsangebot jenseits der GroKo. Fangen wir rechts der Mitte an.

GEFAHR VON RECHTS

Derzeit ist unklar, ob es im Bundestag 2017 in Deutschland eine handlungsfähige Mehrheit rechts der Mitte gibt. Bei der Bundestagswahl hatten CDU, CSU, FDP und AfD mit 51 Prozent der Wählerinnen und Wähler eine Mehrheit, die sich nicht im Bundestag abbildete, weil die beiden Letzten knapp an der Fünf-Prozent-Hürde scheiterten.

Ein solches Ergebnis könnte sich 2017 wiederholen. Vom Sommer 2015 aus gesehen scheinen die Chancen der AfD nach der Abspaltung des neoliberalen Flügels um Parteigründer Bernd Lucke zwar gesunken und die Chancen der FDP auf Wiedereinzug in den Bundestag nach zwei erfolgreichen Landtagswahlen leicht gestiegen zu sein. Doch die Entwicklung bleibt offen – und die Summe der (Umfrage-)Stimmen dieses Lagers ist in zwei Jahren seit der Bundestagswahl 2013 sogar noch gewachsen.

Gerade nach der Spaltung der AfD macht die rechte Frauke-Petry-Partei eher der Union als der FDP Konkurrenz. Ihre weltanschaulichen Überschneidungen sind nach dem Auszug von Bernd Lucke, Hans Olaf Henkel, Joachim Starbatty & Co. mit CDU und CSU höher. Die AfD profiliert sich zunehmend auch über ein christlich-fundamentalistisches Familienbild und Kritik an Zuwanderung.

Und in der Familienpolitik vertritt die AfD nichts anderes als das, was jahrzehntelang Mainstream bei der Union war und woran die Erika Steinbachs der CDU noch heute glauben. Familie sind Mama, Papa, Kinder, und sie wurden christlich getraut.

In der Zuwanderung bewegt sich die AfD (»Wir sind nicht das Weltsozialamt«) in der Grauzone zwischen NPD (»Wir sind nicht das Sozialamt der Welt«) und CSU (»Wer betrügt, fliegt«). Sie ist aggressiv gegen Multikulturalismus – bis hin zu Äußerungen in AfD-nahen Blogs wie »Multikulti hat die Aufgabe, die Völker zu homogenisieren und damit religiös und kulturell auszulöschen.«[140]

CDU und CSU werden vor den nächsten Wahlen ihr Verhältnis zu diesen Kräften klären müssen. Will man diese Ideologie offensiv bekämpfen oder durch Teilübernahme hoffähig machen? Die CDU ist bis zum Sommer 2015 konsequent geblieben in ihrer Abgrenzung. Die CSU tat das Gegenteil, sie biederte sich in der Griechenland-Frage und beim Flüchtlingsthema rechtspopulistisch an. Das hat ihr bei der Europawahl 2014 immerhin nichts genutzt, trotzdem hält sie daran fest. Was soll nun der Kurs der Union sein? Dass die Union in solchen Fragen pragmatisch statt prinzipiell sein kann, belegte sie nach der Deutschen Einheit, als sie die Blockparteimitglieder der alten DDR pauschal durch Handlauflegen von Helmut Kohl zu Demokraten erklärte.

Sollte sich hingegen die Union für einen Kurs klarer Abgrenzung entscheiden, hat das Lager rechts der Mitte das gleiche Problem wie das der linken Mitte: Mehrheiten unter den Wählerinnen und Wähler führen nicht zwangsläufig zur Regierungsfähigkeit.

Deshalb wird so viel über Lagerwechsel nachgedacht.

AMPEL-GEHAMPEL

So wäre es bei der Ampel: Die FDP liefe über. SPD und GRÜNE haben – bei allen Problemen und Entfremdungsprozessen – seit Jahren einen relativ stabilen Grundvorrat an gemeinsamen Positionen und Zielen. Der macht Rot-Grün bis heute zur ersten Option für diese beiden Parteien, dort, wo diese Mehrheit in Wahlen zustande kommt. Mit der FDP haben beide Parteien hingegen relativ wenige Überschneidungen, jedenfalls auf programmatischer Ebene.

Politische Themen, wo eine Annäherung zwischen GRÜNEN und FDP einfach scheint, wie etwa der Bereich der Bürgerrechte, des Datenschutzes oder der Familien- oder Zuwanderungspolitik, werden von der FDP seit Jahren eher kleingeschrieben und nicht zur primären Profilbildung und Wählermobilisierung genutzt. Mit der SPD könnte sich die FDP auf einen Vorrang von Industrieinteressen gegenüber ökologischen Ansinnen schnell verständigen – da ist der Zoff mit den GRÜNEN vorprogrammiert.

So viel zur Papierform. In Wahrheit kann man aber nur mit einer Partei koalieren: mit der, die im Parlament ist. Und alle Strategien, die FDP zurück in den Bundestag zu bringen, führen sie weiter von SPD und GRÜNEN weg.

In einer Situation, in der ein Chor von Kritikern aus der Verbände- und Medienlandschaft nach wie vor weniger Sozialstaat und mehr Konzernfreundlichkeit verlangt, kann die FDP es sich gar nicht erlauben, das Wasser dieser Stimmung nicht auf ihre Mühlen zu lenken.

Ein letztlich national orientierter Wirtschaftsliberalismus, der vor allem die Interessen von deutschen Unternehmen und ihren Eigentümern gegenüber inländischen Arbeitnehmern und ausländischen Konkurrenten vertritt, hat die deutsche Wirtschaftselite bisher an die FDP gebunden. Nach der Spaltung der AfD und der unattraktiven Neugründung des Bernd Lucke, dessen ALFA wohl schnell zum Omega der Bedeutungslosigkeit werden wird, wird die FDP diese Bindung an die Wirtschaftseliten zurückgewinnen wollen. Der FDP fehlt daher der Raum für Experimente. Für einen Lagerwechsel fällt die FDP deshalb aus. Die Ampel bleibt dunkel.

VON HINTEN DURCH DIE BRUST INS AUGE? SCHWARZ-GRÜN

Seit Jahren tippen sich viele Journalisten die Tastaturen glänzend, um Schwarz-Grün herbeizuschreiben. Auch innerhalb der beiden Parteien gibt es seit Längerem kleine, jeweils minoritäre Gruppen, die ein solches Bündnis aus ideologischer Überzeugung anstreben. Die Motive sind ganz unterschiedlich.

Oft wird Schwarz-Grün von Kommentatoren als eine Art Versöhnung der Bürgerkinder mit ihren Eltern beschrieben.

Auf vielen Umwegen kehren die Kinder aus gutem Hause von ihrer 68er-Revolte und den rebellischen Flausen der 80er-Jahre zurück in die Arme ihrer besitz- und bildungsbürgerlichen Eltern – und auch Großeltern. Mit ihnen gemeinsam bringen sie dann die begonnene Modernisierung Deutschlands zu Ende. Die CDU repräsentiert dabei das konziliant gewordene alte Bürgertum, das sich mit Frauenquote, Homo-Ehe und Bioläden arrangiert, während die GRÜNEN sich endgültig von den linken Träumen verabschieden und einsehen, dass die Sozis keine Klassenverwandten sind. Was man ja schon an ihrem schlechten Geschmack bei Essen und Kultur sieht.

So ähnlich jedenfalls geht die Erzählung. Lässt man das unpolitisch Alberne mal beiseite, bleibt als Kern, dass die eher grünen Anhänger sich von Schwarz-Grün durchaus Transformationspotenzial erhoffen. Allerdings um einen Preis – den Verzicht auf mehr Gerechtigkeit.

Denn obwohl die Union nicht die FDP ist: Die Partei der Angela Merkel verteidigt bis heute ein hierarchisches Gesellschafts- und Wirtschaftsverständnis, das die große Ungleichheit unserer Gesellschaft letztlich für berechtigt hält. Einer Politik für mehr Gleichheit tritt die Union konsequent entgegen. Das tut sie sogar bei Konsensthemen wie dem Mindestlohn, ganz zu schweigen von einer Korrektur der Verteilung von Vermögen und Einkommen in Deutschland. Wenn es richtig ist, dass es eine große ökologische Transformation nur mit mehr Gerechtigkeit gibt, dann hätte es diese Transformation mit Schwarz-Grün sehr schwer.

Die Anhänger dieser Koalition bestreiten das. Ihr Argument lautet dagegen: Man kann die ökologische Reform mit der Union viel besser durchsetzen als mit der SPD. Denn dann hat man die – für die Union eher erreichbaren – Wirtschaftseliten und Unternehmensverbände mit im Boot, kann sie einbinden und ihren Widerstand schwächen, der bei einer von Rot-Grün oder gar Rot-Rot-Grün durchgeführten Großreform mit Sicherheit enorm wäre.

GRÜNE müssten sich ja der CDU/CSU nicht angleichen, so das Argument, es wäre eher eine »Komplementär«-Koalition. Man ergänzte einander. Die GRÜNEN lieferten die Ideen für eine schnelle und ambitionierte ökologische Modernisierung der Wirtschaft in allen Schlüsselbereichen, und die Union sorgte dafür, dass dabei alles noch mit »rechten Dingen« zugeht, und verkaufte es den klein- und großbürgerlichen Milieus sowie den Chefetagen.

Bei Schwarz-Grün wird die ökologische Transformation mit den Kräften der Beharrung gemeinsam am Runden Tisch verabredet. Sie käme quasi von hinten durch die Brust ins Auge des BDI. Was du in offener Feldschlacht nicht erreichen kannst, das jubelst du der Wirtschaftslobby mit Merkels Hilfe klammheimlich unter.

Aber ist das realistisch? Der Einfluss der Beharrungskräfte und Interessenvertreter des Status quo auf die Union ist viel größer als umgekehrt – darüber täuscht die miese Performance der CDU-Mittelstandsvereinigung und ihrer Abgeordneten Michael Fuchs und Christian von Stetten hinweg. Die CDU ist eng verflochten mit den oberen Etagen der deutschen Unternehmen und der wichtigsten Wirtschaftsverbände. Das kann man im Verzeichnis der Nebentätigkeiten von Abgeordneten nachlesen oder an der langen Liste der Seitenwechsler sehen. Roland Koch, Matthias Wissmann, Reinhard Göhner, Ronald Pofalla, Eckart von Klaeden, Hildegard Müller, Steffen Kampeter, die Liste ließe sich lange fortführen.

Es gibt wenig Grund zu erwarten, dass die Union unter Schwarz-Grün plötzlich zu einem leidenschaftlichen Antreiber eines ökologischen Umbaus unserer Wirtschafts-strukturen würde. Gerade wenn es um den ökologischen Umbau der Industriegesellschaft geht, ist die CDU/CSU noch strukturkonservativer als die SPD. Die Union war bei fast allen Fragen ökologischer Modernisierung dagegen, jahrzehntelang. Vom Atomausstieg über den Emissionshan-del bis zum EEG, die CDU blockierte selbst dann noch, als selbst die IG BCE und der Seeheimer Kreis der SPD sich damit abgefunden hatten. Und Sachsens CDU-Minister-präsident Stanislaw Tillich lässt sich in seiner Bejahung von Vattenfalls klimaschädlicher Braunkohle auch nicht von der rot-roten Landesregierung in Brandenburg übertrumpfen. Bis heute ist die CDU der parlamentarische Arm der indus-triellen Massentierhaltung.

Von der großen Ausnahme der Zeit Klaus Töpfers an der Spitze des Bundesumweltministeriums einmal abgesehen: Alle Fortschritte in der Agrarwende und in der Energiewen-de mussten immer *gegen* die Union durchgesetzt werden. Die deutschen Konservativen haben Fortschritte immer erst akzeptiert, wenn sie nicht mehr rückgängig zu machen waren.

Nein, gerade die ökologische Transformation würde un-ter Schwarz-Grün nur wenig vorankommen. Ökologisch wäre Schwarz-Grün eine Verlängerung der institutionali-sierten Mutlosigkeit und Beharrung, repräsentiert durch Angela Merkel, veredelt durch das unverbindliche Bio-Siegel einer entmutigten grünen Partei. Schwarz-Grün, das riecht nach dem *Corporate-Ethics-Bericht* der deutschen Wirtschaft. Broschüren für den Papierkorb der Jahreshaupt-versammlung, bevor es zum kalten Buffet geht.

Wenn hier Generationen zusammenkommen, dann weil GRÜNE die wirtschaftspolitischen Vorstellungen ihrer Eltern übernehmen, während die Alten sich im Ruhestand einen Facebook-Account zulegen.

Die Überschrift von Schwarz-Grün lautet: *second best.* Zwischen den Alternativen Rot-Grün oder Schwarz-Grün, zwischen eigener Mehrheit und Crossover gibt es keine Äquidistanz, sondern eine klare Priorität.

Schwierig ist es, wenn diese Alternativen eben gerade nicht auf dem Tisch liegen. Also wenn man nicht die Wahl hat. 2013 hatte der Wahlsieger CDU keine Mehrheit. Die Parteien links der Mitte hatten zwar eine Mehrheit an Sitzen, aber keine Mehrheit der Wählerinnen und Wähler. Zudem war die LINKE gegen eine Regierungsbeteiligung. Allem Rot-Grün-Rot-Gerede von Gregor Gysi zum Trotz hatte die LINKE alles unterlassen, was Voraussetzung für ein Regierungsbündnis gewesen wäre.

Deshalb haben wir GRÜNEN mit der Union sondiert. Schließlich muss jemand das Land regieren. Das kann nicht automatisch die Große Koalition sein. Wir haben es versucht, obwohl es für eine solche Option fast keine Voraussetzungen gab. Wer ernsthaft die Option einer Schwarz-Grünen Mehrheit in Deutschland anstrebt, der fährt gegen das Spitzenpersonal der GRÜNEN keine dermaßen verleumderische persönliche Kampagne, wie es die CSU unkritisiert von der CDU 2013 tat. Hier wurde Schwarz-Grün nicht nur nicht vorbereitet, sondern mit allen Tricks zu verhindern gesucht.

Wir haben dennoch sondiert, ob man mit CDU und CSU wenigstens einzelne Schritte zu einer ökologisch-sozialen Transformation gehen könnte. 2013 war die Union nicht bereit dazu.

Es zeigte sich, dass die Union angesichts des Drucks ihrer Klientel nicht bereit war, den für Schwarz-Grün notwendigen Preis zu zahlen. Uns GRÜNEN war klar, dass wir von Angela Merkel nicht den Bruch ihres einzigen konkreten Wahlversprechens verlangen konnten. Wir forderten daher keine Steuererhöhungen und konzentrierten uns stattdessen auf drei Ziele: den Erfolg der Energiewende, mehr Geld für Klimaschutz und Bildung, eine Politik für mehr Europa.

In der Europapolitik verweigerte die Union jede Bewegung. Trotz einer 50-Prozent-Arbeitslosigkeit von unter 25-Jährigen in Griechenland und Spanien, trotz der massiven Kritik des IWF an der eigenen Sparpolitik in der Troika waren Merkel, Seehofer und Schäuble nicht bereit, sich auch nur einen Millimeter vom Austeritätskurs zu entfernen.

Das hat sich dann zwei Jahre später mit der Griechenland-Erpressung vom Sommer 2015 dramatisch bestätigt – als Angela Merkel Schäuble erlaubte, den Versuch zu machen, Griechenland aus dem Euro zu mobben. Es waren Frankreich und Italien zusammen mit der EU-Kommission, die den deutschen Versuch stoppten, durch einen *Grexit* zum ersten Mal einen institutionellen Rückschritt der Europäischen Union zu provozieren.

Bei der Energiewende gab es ein striktes Nein zu Mindestpreisen für CO_2 sowie für Mindesteffizienzstandards bei Kraftwerken. CDU und CSU boten weniger, als selbst die NRW-SPD vertrat. Parallel zu den Verhandlungen blockierte Merkel im Interesse von BMW in Brüssel einen zwischen Parlament, EU-Kommission und EU-Rat ausgehandelten Kompromiss über Verbrauchsgrenzen für Spritfresser im Interesse von BMW. Industrielobbyismus statt Klimaschutz lautete ihr Beitrag zu den Sondierungen. Auch hier hat Merkel dieser Linie zwei Jahre später durch die Verhinderung des Klimabeitrags Taten folgen lassen.

Nachdem alle finanziellen Wünsche der Schwarzen, der

GRÜNEN und der Länder summiert waren, kamen wir auf 30 Milliarden Euro. Die Union weigerte sich, auch nur einen Euro durch den Abbau ökologisch schädlicher und sozial widersinniger Subventionen hereinzuholen, sei es das Dienstwagenprivileg oder die Mehrwertsteuersubvention für Hoteliers. Schäuble bot am Ende für 2016 und 2017 gut zwölf Milliarden Euro Spielraum an, die aber durch den Unionswunsch der ausgebauten Mütterrente und durch die Eingliederungshilfe schon verfrühstückt waren. Mehr Geld für Bildung und Klima – Fehlanzeige!

Wer so sondiert, will nicht ernsthaft verhandeln und schon gar nicht abschließen. Die Union suchte in diesen Sondierungen mit den GRÜNEN lediglich eine andere, freundlichere Variante ihres Machterhalts. Ihre Politik des *business as usual* sollte mit einem neuen Label fortgesetzt werden. Merkel wollte den Stillstand made in Germany verlängern – nur diesmal mit den GRÜNEN.

Schwarz-Grün hätte es für die GRÜNEN 2013 nur zum Nulltarif gegeben. Dazu waren wir nicht bereit. Zum Nulltarif zu haben war die SPD, und die Große Koalition hatte zudem den Vorteil einer breiten Unterstützung mächtiger Lobbys. BDI, BDA und DIHK waren dafür, IG Metall und IG BCE sowie die Spitze des DGB.

Ob die Situation 2017 anders wird? Für eine ökologisch-soziale Transformation wird Schwarz-Grün nach wie vor keine prioritäre Option sein. Es sei denn, in der Union bewegt sich in den nächsten Jahren sehr viel. Danach sieht es im Sommer 2015 in der Europapolitik und in der Energiepolitik ganz und gar nicht aus.

Und die Union hat mit der AfD ein neues Problem: Gerade wenn sie sich auf einen Kurs der Abgrenzung zur AfD einlässt, spricht das aus ihrer Sicht nicht automatisch für

Schwarz-Grün. Genauso, wie der Lagerwechsel der SPD zur CDU die Linkspartei stark gemacht und dauerhaft im Westen etabliert hat, würde eine Koalition mit den GRÜNEN den Erosionsprozess am rechten Rand der Union weiter beschleunigen.

CDU und CSU werden abzuwägen haben, ob diese Verluste mit einer Großen Koalition, basierend auf dem sozialpartnerschaftlichen Konsens des Industrielobbyismus nicht besser zu minimieren sind als mit den schwul-lesbischen Multikultis von den GRÜNEN.

Die Methode Merkel spricht dafür, auf die jetzige Große Koalition erneut eine Große Koalition des Stillstands folgen zu lassen – wenn es nicht doch noch zu einer schwarz-gelben Koalition kommen sollte.

Was ist die Antwort der Kräfte der linken Mitte auf diese Herausforderung? Mit welcher Strategie wollen sie eine sozial-ökologische Transformation für mehr Gleichheit mehrheitsfähig machen?

GRÜN FÜR LINKSABBIEGER: ROT-GRÜN-ROT

Im Bundestag gibt es diese Mehrheit heute schon, eine numerische Mehrheit der Sitze.

Selbst wenn es die parlamentarische Mehrheit für Rot-Grün-Rot 2017 wieder geben sollte – was bei einem Ersteinzug der AfD oder einem Wiedereinzug der FDP schwer wird –, müssten sich LINKE, SPD und GRÜNE bis dahin ausreichend aufeinander zubewegt haben. Die erste Halbzeit der Legislatur ist für diese Arbeit bereits verloren, es wurden eher neue Gräben aufgerissen.

Die LINKE hat sich in einer dogmatischen Falle angeblichen »Pazifismus« verrannt. Sie demonstrierte dieses fragwürdige Verständnis von Pazifismus bei der Abstimmung über Deutschlands Beteiligung an der Vernichtung der syrischen Chemiewaffen. 35 ihrer Abgeordneten stimmten gegen die Beteiligung an der Zerstörung dieser Massenvernichtungswaffen – angeführt von der Parteivorsitzenden Katja Kipping. Der traditionelle Pazifismus forderte weltweite Abrüstung und »Schwerter zu Pflugscharen«. Der neue »Pazifismus« der LINKEN ist kein Pazifismus, sondern urdeutscher Isolationismus. Deutschland soll sich nicht einmal dann an Einsätzen der Bundeswehr beteiligen, wenn diese der Abrüstung dienen oder wie im Südsudan der Überwachung von Friedensabkommen.

Ein solche Haltung nimmt die LINKE nicht von der Sache her ein. Relevante Teile der Partei glauben, dass die LINKE in einer Regierung zu viele Kompromisse schließen müsste und sehr viele ihrer Anhänger verlöre. Sie wollen beim Modell der Veränderung durch Opposition im Parlament bleiben. Daher werden mögliche Kompromisse mit GRÜNEN und SPD nicht vorbereitet, sondern aggressiv torpediert. Wenn sich das nicht ändert, kann es die linke Regierungsmehrheit nicht geben.

Sollte die LINKE in den nächsten Jahren ihre Strategie mehrheitlich-geschlossen ändern, dann kämen jenseits der Befindlichkeiten allerdings noch andere Herausforderungen auf alle Parteien zu.

Sie müssten für eine solche Regierungskoalition ausreichend gesellschaftliche Unterstützung sammeln. Auch da bleibt noch viel zu tun – bei Umweltverbänden, Gewerkschaften, Initiativen und in der Zivilgesellschaft. Nach heutigem Stand gäbe es für diese Koalition auch medial keinerlei Unterstützung. Der anti-grüne Steuerwahlkampf von 2013 wäre ein laues Lüftchen dagegen.

Lohnt diese Aufregung? Wäre die Agenda einer solchen Regierung wirklich so radikal? Der Mix aus einer beschleunigten Energiewende, Investitionen in Bildung und Klimaschutz, Transferverbesserungen für sozial Schwache, moderaten Steuererhöhungen und einer anders gestimmten Europapolitik, der im Koalitionsfalle wohl herauskommen würde, wäre ziemlich nah an Positionen, die bei Befragungen der Deutschen oft Mehrheiten bekommen, oft sogar große. Ein Rückhalt in Werteüberzeugungen der Bevölkerung ist vorhanden.

Aber: Die linke Mitte ist bisher nicht in der Lage gewesen, vorhandene gesellschaftliche Mehrheiten in politische zu überführen. Und dort, wo politische Mehrheiten erreicht wurden, konnten sie nicht genutzt werden – weder in Nordrhein-Westfalen noch in Hessen. Die Kräfte links der Mitte sind heute tief gespalten. Gräben verlaufen zwischen allen drei Parteien, und sie werden von den jeweils radikalen Flügeln bei jeder Gelegenheit vertieft.

Die Selbstblockade des linken Spektrums in Deutschland sichert der Union ein Dauer-Abo auf die Macht. Sarah Wagenknecht ist »Merkels Machtgarant« (Spiegel Online). Unter diesen Bedingungen wird aus der von manchen GRÜNEN gerne behaupteten »Eigenständigkeit« im Sinne einer Äquidistanz zwischen Schwarz-Grün auf der einen und Rot-Rot-Grün auf der anderen ein faktischer Vorteil für die Schwarzen. Von einer Umsetzung grüner Inhalte, von der sozialen und ökologischen Transformation wäre man sehr weit entfernt.

Die Teile der Linkspartei, die auf der fundamentaloppositionellen Variante von Politik bestehen, müssen sich – von den progressiven Kräften dieser Gesellschaft, von ihren eigenen Realos, von den Menschen, die unter der wachsenden Ungleichheit leiden – fragen lassen, ob das von ihnen verursachte Dauer-Abo der CDU auf die Macht mit ihrer Programmatik zu vereinbaren ist.

Für die SPD spitzt sich die Frage auf eine ganz andere Weise zu. Solange die Große Koalition regiert, so lange stellt die CDU die Kanzlerin. Die SPD kann nur mit Rot-Grün-Rot den oder die KanzlerIn stellen.

Was ist ihre Strategie? Was sind die Angebote an die LINKE – wo folgen den Signalen der Normalisierung der Verhältnisse machtpolitische Angebote – jenseits der gemeinsamen Verteidigung des Braunkohleabbaus in Brandenburg? Wo versucht sie mit dem einzigen Modellprojekt – Thüringen – auf Bundesebene zu punkten? Hierauf wird die SPD in den nächsten Jahren Antworten finden müssen.

Die Ängstlichen in der Linkspartei haben recht. Für eine andere Mehrheit in Deutschland sind bei der LINKEN programmatische Veränderungen notwendig. Sie müssen eine klare Haltung zu einem gemeinsamen Europa einnehmen. Und sie müssen Inkonsistenzen korrigieren: Bis heute fordert die LINKE das Primat der Vereinten Nationen und lehnt gleichzeitig jeden friedenssichernden Einsatz von Soldaten unter UN-Mandat ab. Solche Haltungen sind nicht links, sondern ignorant und arrogant. Das wissen die klugen Köp-

Manche Haltungen der LINKEN sind nicht links, sondern ignorant und arrogant.

fe der Linken – aber sie wagen es bisher nicht, diesem Wissen in der eigenen Partei zur Mehrheit zu verhelfen.

Um nicht missverstanden zu werden: Natürlich müsste nicht nur die Linkspartei in einer solchen Koalition Kröten schlucken. Zur Vorbereitung eines solchen Bündnisses müssten alle drei Parteien innerparteilich und in ihren Milieus viel arbeiten. Für den Seeheimer Kreis der SPD wären die Anpassungen der Sozialpolitik, ohne die man die Linkspartei niemals in eine solche Koalition bekäme, nicht leicht zu akzeptieren – dafür bekämen sie einen SPD-Kanzler. Grüne bekämen es mit zwei industrialistisch bornierten Partnern zu tun. Was aber in jeder Koalition so wäre – und auch in der Opposition so bliebe.

Die Angst vor solchen Szenarien ist der beste Wahlhelfer für die CDU und der größte Feind einer progressiven Agenda für unser Land. Wird Rot-Grün-Rot 2017 nicht Wirklichkeit, dann wird die CDU einen neuen Rekord im Kanzleramt aufstellen. Das kann man Europa nicht wünschen. Der Stillstand made in Germany verkäme zum Dauerzustand.

SCHLUSSBETRACHTUNG

Es ist an der Zeit, den Stillstand made in Germany zu überwinden. Nicht nur Deutschland ist blockiert. Der Stillstand hindert Europa, im Kampf gegen den Klimawandel zum Vorreiter zu werden. Er verhindert eine Regulierung entfesselter Finanzmärkte und eine gerechtere Verteilung des Wohlstandes.

Deutschland wird im Biedermeier 2.0 nicht seine Zukunft gestalten können. Wirtschaftskönig, Exportweltmeister ist man nur, solange auf den globalen Märkten Nachfrage besteht. Ein sich beschleunigender Klimawandel und eine wachsende Ungleichheit stellen die Grundlagen des globalisierten Kapitalismus selbst infrage.

Wir haben das Wissen, wir haben die Technologien, wir haben die wirtschaftliche Kraft umzusteuern – in Deutschland und in einem gemeinsamen Europa. Und wir haben eine gesellschaftliche Mehrheit gegen Klimawandel und Ungleichheit.

Aus einzelnen Überzeugungen politische Mehrheiten

zu machen ist die Voraussetzung für eine große soziale und ökologische Transformation. Diese Mehrheit wird es nur geben, wenn zum Wissen und zur Moral auch das Interesse der Menschen kommt. Deshalb brauchen wir eine Politik des Ökologischen Materialismus.

Ökologie ist nicht »postmateriell«. Ökologischer Materialismus will die gerechte Verteilung von Luft, Wasser, Nahrung und Gesundheit. Ökologie und Gerechtigkeit gehören zusammen.

Es geht um mehr Gleichheit – und es geht darum, wachsen zu können, aber es nicht zu müssen.

Für eine solche Transformation bedarf es breiter gesellschaftlicher Bündnisse – und am Ende auch politischer Mehrheiten. An einer Mehrheit der linken Mitte zu arbeiten – das ist nicht nur Aufgabe einer oder mehrerer Parteien. Es ist die Herausforderung aller Kräfte, denen Klimawandel und Ungleichheit nicht egal sind.

Wenn wir aus Einstellungen nicht politische Mehrheiten machen, dann droht die Große Koalition eine Große Koalition zur Nachfolgerin zu haben. Der Stillstand made in Germany würde zum Dauerzustand. Doch wenn wir die Politik nicht ändern, dann werden sich Klimawandel und Ungleichheit weiter verschärfen. Und es droht ein weiterer Aufstieg rechtspopulistischer Kräfte. Die Krise und die nachfolgenden Verteilungskämpfe haben sie in Europa heute schon sehr stark gemacht.

Wir wissen, welche konkrete Politik auf die beiden großen Herausforderungen unserer Zeit, die Klimakrise und die Ungleichheit im globalisierten Kapitalismus antworten kann, von der Energiewende über einen europäischen Green New Deal bis zur Schuldenbremse für Banken.

Ich finde, es lohnt sich, für eine solche Politik zu kämpfen.

Denn: Ein anderes Land ist möglich. Und es ist im Interesse einer großen Mehrheit der Menschen. Es geht um unsere eigenen Interessen, nicht um Altruismus.

Und es geht um die Interessen unserer Kinder und Enkel. Denn:

Wir haben die Erde von unseren Kindern nur geborgt. Bewahren wir sie. Bauen wir sie um.

TEXTNACHWEISE

An unterschiedlichen Stellen dieses Buches habe ich Passagen aus früher erschienenen Artikeln von mir verwendet:

»Ökologischer Materialismus. Wie die Natur politisch wird.« In *polar. Politik – Theorie – Alltag*. Halbjahresmagazin. Ausgabe 6 / 2009. Frankfurt, Campus Verlag.

»Die sichtbare Hand.« *Frankfurter Allgemeine Zeitung*, 6.7.2007.

»Ein fairer Anteil.« *Frankfurter Allgemeine Sonntagszeitung*, 23.9.2012.

»Grün muss sozial sein.« *Cicero – Magazin für politische Kultur*, 25.8.2013.

»Kämpfen oder Schmollen. Eine Antwort auf Harald Welzer.« *DER SPIEGEL* 27/2013 vom 1.7.2013.

»Was Europa ins Gleichgewicht bringt.« *Wirtschaftswoche*. 29.11.2010.

ENDNOTEN

1. Diese Einschätzung stammt aus dem Sommer 2014. Diese Taschenbuchausgabe erscheint zu Beginn des Jahres 2016. Zum Zeitpunkt der Drucklegung war noch nicht absehbar, wie die Ergebnisse des Klimagipfels von Paris im Dezember 2015 zu bewerten sind. Dies bleibt nun den Leserinnen und Lesern überlassen.

2. Der Begriff des ökologischen Materialismus wurde von Carl Amery 1976 bereits einmal verwendet, in seiner Schrift »Natur als Politik. Die ökologische Chance des Menschen« von 1976, einem wichtigen Text aus der Frühzeit der deutschen Ökologiebewegung. Ich verwende ihn in vielerlei Hinsicht anders, doch ein Vergleich ist interessant. Amery kreidet dem alten, »inkonsequenten« Materialismus, den er als eine Konsequenz der christlichen Tradition deutet, eine unzulässige Trennung zwischen Mensch und Natur an und fordert einen »konsequenten« Materialismus, der den Menschen als Teil der Natur bzw. Materie begreift und daher zum ökologischen Materialismus wird. Der »inkonsequente« Materialismus führe in die Zerstörung der ökologischen Systemstabilitäten und damit des Menschen selbst. Dieser relativ simple Grundgedanke bleibt gültig. Amery folgert daraus allerdings, der Mensch müsse konsequent aufgeben, sich selbst in den Mittelpunkt seiner Weltdeutung zu stellen, und kommt zu einer sehr radikalen menschlichen Selbstbescheidung. Dem können wir heute aus zwei Gründen nicht mehr folgen. Der erste ist pragmatisch: Wir wissen heute mehr denn je, dass wir mit ökofundamentalistischer Rhetorik das Ziel der »Stabilisierung der ökologischen Kreisläufe« niemals erreichen werden. Der zweite ist grundsätzlich. Ich glaube nicht, dass wir eine anthropozentrische Perspektive aufgeben müssen. Wohlverstandenes Eigeninteresse des Menschen ist ökologisch orientiert. Das alte Verständnis exzessiver Naturausbeutung und -zerstörung richtet sich ja schließlich gegen ihn selbst, ist also gerade kein wohlverstandenes, anthro-

pozentrisch orientiertes Eigeninteresse. Amery selbst versteht das, wenn er seine Perspektive als »nicht antihuman«, sondern als »einzig noch möglichen Humanismus« darstellt. Eine seiner »Elf Thesen« drückt das so aus: »Der Tod des Verletzlichen signalisiert den Tod der Menschheit selbst. Das Heil des Verwundbarsten ist das Heil der Menschheit selbst. Es ist auf der zarten Vielfalt der Lebensketten erbaut, die zu schonen und zu respektieren unsere zentrale politische Pflicht für jede vorstellbare Zukunft ist und bleiben wird.« (S. 185) Ökologischer Materialismus, wie ich ihn verstehe, hat aber noch eine andere, politisch-taktische Pointe. Er richtet sich gegen das Missverständnis der Umweltbewegung als »postmaterialistisch«, eine Deutung, die sich in den letzten Jahrzehnten in so manchem Kopf festgesetzt hat. Das ordnet die ökologische Frage völlig falsch ein und unterschätzt ihr Gewicht. Es geht nicht um Kultur und Lifestyle, sondern um harte materielle, existenzielle Fragen. Um ihnen zur Geltung zu verhelfen, müssen wir an unmittelbaren Interessen der Menschen ansetzen. Auch an solchen, die sich im Rahmen eines für Amery inakzeptablen alten Deutungssystems artikulieren, mit dem er radikal Schluss machen wollte. Der in diesem Buch vertretene Ansatz würde für Amery unter das Verdikt veralteten Denkens und taktisch-technokratischer Kurzsichtigkeit fallen – eine Perspektive, die er mit allen ökologischen Fundamentalisten teilt und die bis heute überdauert. Ihre Forderungen mag man verstehen oder oft sogar teilen, doch ihre realen Chancen, die Welt der 9 Milliarden zu beeinflussen, sind gering. Wer die »ökologische Chance« nutzen will, braucht einen pragmatischen Ökologischen Materialismus, wir er hier vorgeschlagen wird. Der Wille zur realen Veränderung ist radikaler als ein radikales Bekenntnis.

3. Eurostat, zitiert nach *Frankfurter Allgemeine Sonntagszeitung*, 21. Oktober 2012; für die USA Kushnir´s Research Center: www. de.kushnirs.org/makrookonomie/industry/industry_usa.html [zuletzt abgerufen am 16.06.2014].

4. Dem widersprechen allerdings mittlerweile auch neoliberale Ökonomen, siehe www.spiegel.de/wirtschaft/soziales/hartz-reformen-in-deutschland-studie-entzaubert-den-mythos-a-950620.html [zuletzt abgerufen am 16.06.2014], besonders die dort zitierte Studie *Dustmann, C., Fitzenberger, B., Schönberg, U., Spitz-Oener, A. (2014):*

»From Sick Man of Europe to Economic Superstar: Germany's Re-surgent Economy.« *Journal of Economic Perspectives 28 (1), pp. 167–188.* Für den Erfolg der deutschen Wirtschaft sind demnach nicht die Hartz-Reformen, sondern die Tarifautonomie und die spezifischen Umstände der deutschen Wiedervereinigung verantwortlich.

5. Alle Zitate nach www.stern.de/wirtschaft/news/hoeness-sprueche-das-ist-doof-aber-ich-zahle-volle-steuern-2000254.html[zuletzt abgerufen am 16.06.2014].

6. Klaus Schwab, Organisator des Weltwirtschaftsforums in Davos, schätzte sie auf fünf Billionen Euro, siehe www.sueddeutsche.de/wirtschaft/kosten-der-finanzkrise-dollar-1.372559 [zuletzt abgerufen am 16.06.2014]. Commerzbank Research schätzte etwas großzügiger auf 10,5 Billionen Euro, siehe www.welt.de/wirtschaft/article4418941/Finanzkrise-vernichtete-bislang-10-5-Billionen-Dollar.html [zuletzt abgerufen am 16.06.2014].

7. So eine Studie der DZ Bank und der Berenberg Bank, siehe www.welt.de/wirtschaft/article119813280/Deutschland-ist-einer-der-groessten-Verlierer-der-Krise.html [zuletzt abgerufen am 16.06.2014].

8. So die Studie »Globalisierungsreport 2014« der Prognos AG im Auftrag der Bertelsmann Stiftung 2014.

9. Der Berechnung liegen die Angaben folgender Quellen zugrunde: *destatis.de de.statista.com* und *ihk.de* – Zu Deutschland siehe destatis.de/DE/PresseService/Presse/Pressekonferenzen/2014/BIP2013/Pressebroschuere_BIP2013.pdf?__blob=publicationFile [2013] und destatis.de/DE/PresseService/Presse/Pressekonferenzen/2009/BIP2008/Pressebroschuere_BIP2008.pdf?__blob=publicationFile [2008] – Zu Frankreich siehe www.de.statista.com/statistik/daten/studie/14396/umfrage/bruttoinlandsprodukt-in-frankreich/ – Zu Spanien siehe www.de.statista.com/statistik/daten/studie/19358/umfrage/bruttoinlandsprodukt-in-spanien/ – Zu Irland siehe de.statista.com/statistik/daten/studie/188776/umfrage/bruttoinlandsprodukt-bip-in-den-eulaendern/ [2013] und heilbronn.ihk.de/ximages/1421325_wirtschaft.pdf (2008) – Zu Portugal siehe de.statista.com/statistik/daten/studie/14411/umfrage/bruttoinlandsprodukt-bip-in-portugal/ [alle Quellen zuletzt aufgerufen am 16.06.2014].

10. Zur Rolle von BILD im Bundestagswahlkampf siehe die Studie von Hans-Jürgen Arlt und Wolfgang Storz »Missbrauchte Politik. BILD und BamS im Bundestagswahlkampf 2013«. Eine Studie der Otto Brenner Stiftung. Frankfurt am Main 2014.

11. Thomas Piketty, *Capital in the Twenty-First Century*. Cambridge / London 2014.

12. »Nichtwähler in Deutschland«, Herausgegeben von der *Friedrich-Ebert-Stiftung* und *forsa*, 2013; »Gespaltene Demokratie«, Herausgegeben von der *Bertelsmann Stiftung* und dem *Institut für Demoskopie Allensbach*, 2013; »Dann bleib ich mal weg«, Herausgegeben von der *Konrad-Adenauer-Stiftung*, 2013.

13. So etwa der *Wissenschaftliche Beirat der Bundesregierung Globale Umweltveränderungen* mit Bezug auf Johan Rockström et al. »A safe operating space for humanity« in *Nature 461*, 472–475 (24 September 2009).

14. Ich beziehe mich im Folgenden hauptsächlich auf drei Quellen: 1. »Welt im Wandel. Gesellschaftsvertrag für eine Große Transformation«, Hauptgutachten 2011, *Wissenschaftlicher Beirat der Bundesregierung Globale Umweltveränderungen* (im Folgenden: WBGU 2011); 2. Schlussbericht der *Enquete-Kommission* »Wachstum, Wohlstand, Lebensqualität – Wege zu nachhaltigem Wirtschaften und gesellschaftlichem Fortschritt in der Sozialen Marktwirtschaft.« Deutscher Bundestag, Drucksache 17/13300 (3.5.2013) (im Folgenden: Enquete 2013); 3. Fünfter Sachstandsbericht des Weltklimarates der Vereinten Nationen, *Intergovernmental Panel on Climate Change*, IPCC, Summary for Policymakers (SPM) of the Working Group I contribution to the IPCC Fifth Assessment Report (im Folgenden: IPCC 2013)

15. IPCC 2013: SPM (Summary for Policymakers).

16. Enquete 2013: 381.

17. WBGU 2011: ZfE (Zusammenfassung für Entscheidungsträger).

18. IPCC 2013: SPM.

19. IPCC 2013: SPM.

20. WBGU 2011: ZfE.

21. IPCC 2013: SPM.

22. WBGU 2011: ZfE.

23. IPCC 2013: SPM.

24. www.umweltbundesamt.de/themen/klima-energie/klimaschutz-energiepolitik-in-deutschland/treibhausgas-emissionen/emissions-quellen [zuletzt abgerufen am 16.06.2014].

25. Zahlen des Umweltbundesamtes, dpa-Meldung vom 11. März 2014.

26. *Spiegel Online* vom 19.11.2013 mit Bezug auf das »Global Carbon Project« am *Tyndall Centre for Climate Change Research* an der *University of East Anglia*.

27. WBGU 2011: ZfE.

28. Enquete 2013: 404.

29. Enquete 2013:405.

30. Enquete 2013: 385.

31. Zahlen der *Food and Agriculture Organisation* der Vereinten Nationen (FAO), nach www.de.globometer.com/wald-abholzung-welt.php [zuletzt abgerufen am 16.06.2014].

32. Enquete 2013: 415.

33. Enquete 2013: 383.

34. Enquete 2013: 416.

35. Statistisches Bundesamt, siehe www.bmub.bund.de/themen/strategien-bilanzen-gesetze/nachhaltige-entwicklung/strategie-und-umsetzung/reduzierung-des-flaechenverbrauchs/ [zuletzt abgerufen am 16.06.2014].

36. Enquete 2013: 405/415.

37. Enquete 2013: 405.

38. WBGU 2011: ZfE.

39. Ebda.

40. Enquete 2013: 406.

41. Ebda.

42. Siehe *welt online* vom 15.2.2012, www.welt.de/13870606, oder direkt unter www.waterfootprint.org [zuletzt abgerufen am 16.06.2014].

43. Ebda.

44. Enquete 2013: 401.

45. WBGU 2011: ZfE.

46. Enquete 2013: 401, mit Bezug auf die Untersuchung *The Economics of Ecosystems and Biodiversity (2010)*. Malta. Auch das *Millennium Ecosystems Assessment* der UNEP nimmt diese Perspektive ein.

47. WBGU 2011: ZfE.

48. Enquete 2013: 414.

49. *Erhalten was uns erhält.* Bündnis 90 / Die Grünen Bundestagsfraktion, Broschüre zur Biodiversität, auch unter www.pflanzenforschung.de/de/themen/pflanzenforschung-deutschland/pflanzen-als-chemiker/ [zuletzt abgerufen am 16.06.2014].

50. Enquete 2013: 414.

51. Enquete 2013: 415, mit Bezug auf Johan Rockström et al. »A safe operating space for humanity« in *Nature 461,* 472–475 (24. September 2009).

52. Enquete 2013: 386.

53. Enquete 2013: 398.

54. Enquete 2013: 374.

55. Enquete 2013: 387.

56. Ebda.

57. Enquete 2013: 389 und das abweichende Votum S. 395.

58. Enquete 2013: 414.

59. Enquete 2013: 361.

60. Enquete 2013: 375.

61. Zahlen und Informationen aus einer Präsentation des *VDI Zentrum Ressourceneffizienz GmbH* bei der grünen Bundestagsfraktion 2011. Siehe auch www.ressource-deutschland.de [zuletzt abgerufen am 16.06.2014].

62. www.footprintnetwork.org; oder auch www.de.wikipedia.org/wiki/Ökologischer_Fußabdruck [zuletzt abgerufen am 16.06.2014].

63. So der vierte Armuts- und Reichtumsbericht der Bundesregierung im Jahr 2012.

64. *Aufkommens- und Verteilungswirkungen einer Grünen Vermögensabgabe. Forschungsprojekt im Auftrag der Bundestagsfraktion Bündnis 90 / Die Grünen.* DIW Berlin, Politikberatung kompakt 59, 2010. Aufgrund der schlechten Datenlage über besonders hohe Vermögen weichen die Zahlen verschiedener Studien oft voneinander ab. Die EZB spricht in einer neuen Studie ihres Chefvolkswirts davon, dass einem Prozent ein Drittel des Vermögens in Deutschland unf fünf Prozent über die Hälfte davon gehören. Die Dimensionen sind aber immer ähnlich.

65. DIW Berlin, Deutsches Institut für Wirtschaftsforschung. Wochenbericht 26/2013. Dazu Pressemitteilung des DIW vom 24.6.2013.

66. In aller Ausführlichkeit widmet sich diesem Problem: Joseph Stig-

litz, *Der Preis der Ungleichheit. Wie die Spaltung der Gesellschaft unsere Zukunft bedroht.* Siedler Verlag, München 2012.

67. *Growing Unequal? – Income Distribution and Poverty in OECD Countries,* OECD October 2008; *Divided We Stand – Why Inequality Keeps Rising,* OECD December 2011.

68. Enquete 2013: 87. Betrachtet man den Gini-Index bei Vermögen, so ist die Ungleichheit noch größer als bei den Einkommen. Er beträgt in Deutschland 0,78 – fast so viel wie in den USA mit 0,81 (http://www.boeckler.de/22741_22745.htm).

69. Enquete 2013: 83, 170.

70. Jan Priewe und Katja Rietzler, *Deutschlands nachlassende Investitionsdynamik 1991–2010.* Expertise im Auftrag der Abteilung Wirtschafts- und Sozialpolitik der Friedrich-Ebert-Stiftung, Berlin 2010. Auch: Deutscher Gewerkschaftsbund (DGB), *klartext 8/2011.*

71. DIW Berlin, Deutsches Institut für Wirtschaftsforschung. Wochenbericht 26/2013, S. 3.

72. Bach, Stefan; Corneo, Giacomo; Steiner, Victor: From Bottom to Top: The entire income distribution in Germany 1992–2003, Review of Income and Wealth 2009 S. 303–330. Auch: DIW-Wochenbericht Nr. 33/2009.

73. 0,547 im Jahr 2009, in den Neunzigerjahren lag der Wert über 0,6. Zahlen der Weltbank.

74. Siehe dazu die unterschiedlichen Voten in der Enquête-Kommission »Wachstum, Wohlstand, Lebensqualität«, Enquête 2013: 86 und Enquête 2013: 172.

75. Studie »Globalisierungsreport 2014« der Prognos AG im Auftrag der Bertelsmann Stiftung 2014. Siehe auch www.spiegel.de/wirtschaft/studie-deutschland-gehoert-zu-den-groessten-globalisierungsprofiteuren-a-960362.html [zuletzt abgerufen am 16.06.2014].

76. Thomas Piketty, *Capital in the Twenty-First Century.* Cambridge / London 2014.

77. Wolfgang Streeck »Die Krisen des demokratischen Kapitalismus. Inflation, staatliche Defizite, private Verschuldung, faule Kredite.« *Lettre International.* Winter 2011.

78. Ebda.

79. Gerhard Schick, *Machtwirtschaft – Nein danke. Für eine Wirtschaft, die uns allen dient.* Campus Verlag, Frankfurt 2014.

80. McKinsey Global Institute, September 2009.

81. www.ftalphaville.ft.com/2013/02/13/1385282/global-financial-assets-there-are-lots/; Auch: www.economist.com/node/21524908 [zuletzt abgerufen am 16.06.2014].

82. McKinsey Global Institute, Januar 2012, S.17.

83. Bundesbank Monatsbericht 1/2014.

84. McKinsey Global Institute, Januar 2012, S. 13.

85. Daniel Mohr: Dax über 10 000 Punkten – Nicht alle haben Grund zu feiern, FAZ vom 05.06.2014

86. Eine eher umfassende Betrachtung der Vorteile von mehr Gleichheit für Gesellschaften haben bekanntlich Richard Wilkinson und Kate Pickett geliefert: *Gleichheit ist Glück. Warum gerechte Gesellschaften für alle besser sind.* Deutsche Übersetzung 2010.

87. IfW Kiel, *Konjunktur für den Klimaschutz?* Kieler Diskussionsbeiträge, Nr. 464, April 2009.

88. Zahlen des BAFA nach: www.de.wikipedia.org/wiki/Umweltprämie [zuletzt abgerufen am 16.06.2014].

89. Obwohl ich nicht mit allen seinen Folgerungen übereinstimme, glaube ich, dass Ralf Fücks die Sackgassen der Wachstumskritik richtig beschrieben hat: Ralf Fücks, *Intelligent Wachsen. Die grüne Revolution.* Hanser Verlag, München 2013.

90. Zu der deutschen Übersetzung dieses Buches habe ich selbst ein Vorwort beigesteuert. Tim Jackson, *Wohlstand ohne Wachstum. Leben und Wirtschaften in einer endlichen Welt.* Herausgegeben von der Heinrich Böll Stiftung. Oekom Verlag München 2009.

91. Sebastian Dullien und Till van Treeck, *Ein neues »Magisches Viereck«.* Werkbericht Nr. 2, Denkwerk Demokratie, Oktober 2012. Im Herbst 2015 gab das Denkwerk Demokratie eine Anschlussstudie heraus: Sebastian Dullien, *Das neue magische Viereck im Realitätscheck.*

92. Siehe *Spiegel Online* am 17.1. 2014: www.spiegel.de/wissenschaft/natur/co2-emissionen-rangliste-der-staaten-bei-klimaerwaermung-a-944155.html [zuletzt abgerufen am 16.06.2014].

93. (»Sollen wir Deutsche die Erde alleine retten?« *Bild* 4.3.2007, siehe auch die Bildungsbürgervariante auf faz.net vom 11.9.2010: »Ökonomen mahnen: Allein kann Deutschland das Klima nicht retten.«).

94. *Zeitreihen zur Entwicklung der Erneuerbaren Energien in Deutsch-*

land – Unter Verwendung von Daten der Arbeitsgruppe Erneuerbare Energien Statistik (AGEE-Stat); Zentrum für Sonnenenergie- und Wasserstoff-Forschung Baden-Württemberg (ZSW), Stuttgart, Dezember 2013.

95. Ebda. Es waren 20,4 Prozent.

96. Quelle: BDEW. Siehe http://www.unendlich-viel-energie.de/strommix-deutschland-2014.

97. Es waren 2012 beim Strom 101 Millionen Tonnen, mit Wärme und Verkehr 144 Millionen. *Erneuerbare Energien in Zahlen – Internet Update.* Arbeitsgruppe Erneuerbare Energien Statistik (AGEE-Stat); c/o Zentrum für Sonnenenergie- und Wasserstoff-Forschung Baden-Württemberg (ZSW), Stuttgart, Dezember 2013.

98. Allerdings zeigen sich aufgrund der Politik von Schwarz-Gelb wie der Großen Koalition mittlerweile die ersten Bremsspuren gerade auf dem Arbeitsmarkt. Der Beschäftigtenrekord lag 2012 bei 399.800, 2013 waren es nur 371.000 (http://www.bmwi.de/BMWi/Redaktion/PDF/B/bericht-zur-bruttobeschaeftigung-durch-erneuerbare-energien-jahr-2013,property=pdf,bereich=bmwi2012,sprache=de,rwb=true.pdf).

99. *Erneuerbare Energien in Zahlen – Internet Update.* Arbeitsgruppe Erneuerbare Energien Statistik (AGEE-Stat); c/o Zentrum für Sonnenenergie- und Wasserstoff-Forschung Baden-Württemberg (ZSW), Stuttgart, Dezember 2013.

100. Kurs der RWE-Aktie am 4.1.2010: 68,96 €. Kurs am 3.1.2014: 25,55 €. Der Kurs der Aktie von E.on sank im gleichen Zeitraum von knapp unter 30 € auf rund 13 €.

101. *Spiegel Online* am 28.2.2014.

102. http://www.sueddeutsche.de/wirtschaft/eon-und-rwe-in-der-krise-warum-deutschlands-energieriesen-taumeln-1.2386558

103. *Was Strom wirklich kostet. Vergleich der staatlichen Förderungen und gesamtgesellschaftlichen Kosten von konventionellen und erneuerbaren Energien.* Studie im Auftrag von Greenpeace Energy eG und BWE EV, 2012.

104. Quelle: www.bafa.de/bafa/de/energie/besondere_ausgleichsregelung_eeg/ [zuletzt abgerufen am 16.06.2014].

105. Ebenfalls Zahlen der BAFA, hier zitiert nach *Frankfurter Allgemeine Zeitung* vom 11.2.2014 oder auch www.handelsblatt.com/unterneh-

men/industrie/eeg-umlage-hunderte-weitere-unternehmen-entlas-tet/9462616.html [zuletzt abgerufen am 16.06.2014].

106. ZDF heute-journal vom 18.12.13, siehe www.zdf.de/ZDFmediathek/ beitrag/video/2054394/Gabriel-Aerger-mit-Europaeischer-Union#/ beitrag/video/2054394/Gabriel-Aerger-mit-Europaeischer-Union [zuletzt abgerufen am 16.06.2014].

107. Die Zahl der Ausnahmen wurde von Gabriel sogar noch erweitert, dass die Summe der Subventionen leicht sank, ist auf das Sinken der gesamten EEG-Umlage zurückzuführen. http://www.iwr.de/news. php?id=29201

108. *Die Kosten fossiler Energieimporte 2000–2012. Kurzstudie im Auftrag der Bundestagsfraktion Bündnis 90 / Die Grünen.* Steffen Bukold, Energy Comment, August 2013.

109. Felix Chr. Matthes: New Energy Import Data www.twitter.com/ felixmatthes/status/452487106615472128/photo/1 [zuletzt abgerufen am 16.06.2014].

110. Zahlen des *VDI Zentrum Ressourceneffizienz.* www.ressource-deutschland.de/branchen/bauen/energetische-sanierung/.

111. Siehe www.energycomment.de/energetische-gebaeudesanierung-weltweit-iea-fordert-2-sanierungsquote/ [zuletzt abgerufen am 16.06.2014].

112. Deutsches Institut für Wirtschaftsforschung, DIW Wochenbericht Nr. 4 / 2014, 22. Januar 2014.

113. Dr. Stefan Bofinger, Christoph Richts, Michael Beil, Fabian Sandau: Erdgassubstitution durch eine forcierte Energiewende, Abschluss-bericht Fraunhofer IWES, www.gruene-bundestag.de/fileadmin/ media/gruenebundestag_de/themen_az/energie/PDF/Erdgassubs-titution.pdf [zuletzt abgerufen am 16.06.2014].

114. Zahlen des Verbandes der internationalen Kraftfahrzeughersteller, VdiK: www.vdik.de/arbeitsgebiete/umwelt/klimaschutz.html [zuletzt abgerufen am 16.06.2014].

115. Zahlen des Umweltbundesamtes: www.umweltbundesamt.de/da-ten/verkehr/schadstoff-treibhausgas-emissionen-des [zuletzt abgerufen am 16.06.2014].

116. Siehe: www.umweltbundesamt.de/daten/land-forstwirtschaft/ landwirtschaft/oekologischer-landbau [zuletzt abgerufen am 16.06.2014].

117. *Folgen des massenhaften Einsatzes von Antibiotika in Human- und Veterinärmedizin.* Tumorzentrum Aachen 2013. Gutachten im Auftrag der Bundestagsfraktion Bündnis 90 / Die Grünen.

118. Die Zahlen schwanken wegen unterschiedlicher Berechnungsmethoden. Siehe *Fleischatlas 2013*, Herausgegeben von der Heinrich Böll Stiftung, dem BUND und Le Monde diplomatique, S. 30. Auch: www.fao.org/news/story/en/item/197608/icode/; oder: www.vebu.de/umwelt/klimawandel/93-klimawandel-tierisch-gut?start=3 [zuletzt abgerufen am 16.06.2014].

119. So der Vegetarierbund Deutschland: www.vebu.de/aktuelles/presse/pressemitteilungen/1733-2013-08-07-10-45-17 [zuletzt abgerufen am 16.06.2014].

120. Statistisches Bundesamt: www.destatis.de/DE/PresseService/Presse/Pressemitteilungen/2014/02/PD14_039_413.html [zuletzt abgerufen am 16.06.2014].

121. Ebda.

122. Zahlen laut: www.klimaretter.info/ernaehrung/nachricht/10401-deutschlands-fleischexporte-explodieren [zuletzt abgerufen am 16.06.2014].

123. Es waren 2,76 Millionen t Schweinefleisch (+ 2,5 %), 544 900 t Rindfleisch (+ 1,7 %) und 750 800 t Geflügelfleisch (+ 0,5 %) http://db.zs-intern.de/uploads/1438867538-Pressemitteilung_Fleischerzeugung_2015.pdf.

124. Diesen Hinweis verdanke ich Ralf Fücks und dem Kapitel »Die Zukunft der Landwirtschaft« aus seinem Buch *Intelligent Wachsen*, München 2013.

125. Siehe *Spiegel Online* vom 24.9.2009.

126. Siehe *Spiegel Online* vom 26.3.2014 mit Bezug auf Arbeiten des Bonner Ökonomen Moritz Schularick.

127. Kenneth S. Rogoff, Carmen M. Reinhart, *The Aftermath of Financial Crises*. National Bureau of Economic Research. Working Paper 14656. January 2009.

128. Siehe *Spiegel Online* vom 9.3.2014.

129. Deutsches Institut für Wirtschaftsforschung, DIW Wochenbericht Nr. 26 / 2013, 24. Juni 2013.

130. Siehe Statistisches Bundesamt, www.de.wikipedia.org/wiki/Steuerquote, www.annotazioni.de/post/1180 [zuletzt abgerufen am 16.06.2014].

131. Siehe www.bundesfinanzministerium.de/Content/DE/Monatsberichte/2013/05/Inhalte/Kapitel-5-Statistiken/5-1-17-steuerquoten-im-internationalen-vergleich.html [zuletzt abgerufen am 16.06.2014].

132. Bundesagentur für Arbeit, Arbeitsmarktberichterstattung: Der Arbeitsmarkt in Deutschland, Ältere am Arbeitsmarkt, Nürnberg 2013.

133. Antwort des BMAS vom 23.01.2013 auf schriftliche Fragen von Matthias W. Birkwald (MdB, DIE LINKE).

134. So im Januar 2014, siehe www.tagesschau.de/wirtschaft/bundesbank192.html [zuletzt abgerufen am 16.06.2014].

135. Der Begriff wurde von Joseph Nye in die Debatte eingeführt. Joseph S. Nye: *Soft Power. The means to success in world politics.* New York 2004.

136. www.unric.org/html/german/dpi1634dt.pdf Friedenssicherungseinsätze der Vereinten Nation, Stand Februar 2014 [zuletzt abgerufen am 16.06.2014].

137. www.bundespraesident.de/SharedDocs/Reden/DE/Joachim-Gauck/Reden/2014/01/140131-Muenchner-Sicherheitskonferenz.htm [zuletzt abgerufen am 16.06.2014].

138. Informationsbrief Weltwirtschaft&Entwicklung 05/14.

139. Das vollständige Zitat lautet: »Toleranz sollte eigentlich nur eine vorübergehende Gesinnung sein; sie muß zur Anerkennung führen. Dulden heißt beleidigen [...] Die wahre Liberalität ist Anerkennung.« (Johann Wolfgang Goethe, Maximen und Reflexionen, Nr. 151f., in: Hamburger Ausgabe, Bd. 12 (1953), S. 384f.

140. Roland Woldag: Nach den Ermächtigungsgesesetzen, Die Freie Welt, www.freiewelt.net/nach-den-ermachtigungsgesetzen-5440/ [zuletzt abgerufen am 16.06.2014].